Gruppen souverän leiten

Karin de Galan

Gruppen souverän leiten

Wie Trainer Stolpersteine erkennen und mit schwierigen Situationen umgehen können

aus dem Niederländischen übersetzt von
Waltraud Heitzer-Gores

hogrefe

Titel der Originalausgabe:
Karin de Galan (m.m.v. Gonnie Kügel): Goed voor de Groep. Hét eerste zelfhulpboek voor trainers
Erste Auflage 2013 © Karin de Galan / Thema, Uitgeverij van Schouten & Nelissen, Zaltbommel

Bibliografische Information der Deutschen Nationalbibliothek
Die Deutsche Nationalbibliothek verzeichnet diese Publikation in der Deutschen Nationalbibliografie; detaillierte bibliografische Daten sind im Internet über http://dnb.dnb.de abrufbar.

Hogrefe Verlag GmbH & Co. KG
Merkelstraße 3
37085 Göttingen
Deutschland
Tel.: +49 551 999 50 0
Fax: +49 551 999 50 111
E-Mail: verlag@hogrefe.de
Internet: www.hogrefe.de

Umschlagabbildung: © Izabela Habur – istockphoto.com
Illustrationen: Maaike Blom
Satz: Mediengestaltung Meike Cichos, Göttingen
Druck: Hubert & Co, Göttingen
Printed in Germany
Auf säurefreiem Papier gedruckt

1. Auflage 2016

(E-Book-ISBN [PDF] 978-3-8409-2678-5; E-Book-ISBN [EPUB] 978-3-8444-2678-6)
ISBN 978-3-8017-2678-2
http://doi.org/10.1026/02678-000

Inhaltsverzeichnis

1 Bestens gerüstet vor der Gruppe und für die Gruppe – oder doch nicht?

Wie ist das möglich? Nun bin ich schon so lange als Trainerin tätig und trotzdem kommt es immer wieder vor, dass ich bei der Arbeit gestresst bin. Ein Training, das zäh verläuft, ungerechtfertigte Kritik auf einem Evaluationsbogen, unerwartet heftige Emotionen in einer Gruppe – das sind alles Dinge, die mich auch jetzt noch aus dem Tritt bringen können.

Das hatte ich so nicht erwartet, als ich vor mehr als zwanzig Jahren mit dem Trainerberuf anfing. Dass ich als Neuling die Trainings oft aufregend fand, schien mir normal, aber ich ging davon aus, dass sich das mit zunehmender Erfahrung ändern würde. Irgendwann, so dachte ich, würde ich das Fach so gut beherrschen, dass ich immer gelassen bleiben würde. Ich sah mich als die weise Trainerin, die auf alles eine Antwort weiß. Und sollte das einmal nicht der Fall sein, so dachte ich, würde ich erwachsen genug sein, dies zu erkennen und ruhig zu bleiben.

Und, so viel Ehrlichkeit muss sein: Meistens geht es ja gut. Aber eben nicht immer. Aus Gesprächen mit Kollegen weiß ich, dass ich nicht die einzige bin, die manchmal strauchelt. Auch bei den Kollegen laufen die Trainings in der Regel reibungslos, aber auch sie werden manchmal von irgendetwas, das in der Gruppe läuft, völlig aus dem Konzept gebracht. Egal, wie lange man schon im Geschäft ist, der Trainerberuf bleibt offenbar immer spannend und ab und zu stolpert man. Woran liegt das?

Rolle und Person

Beispiele:

Ein Kollege ärgert sich über seine passive Gruppe: „Warum muss ich den Leuten alles vorkauen, sie können doch auch selbst aktiv werden!" Als ich mir dann seine Geschichte anhöre, finde ich die Reaktion der Gruppe durchaus legitim und mir fallen vom Fachlichen her sofort drei Dinge ein, die er tun könnte.

Ich muss ein Training vorbereiten und stecke fest: Es gibt so vieles, was ich tun könnte, und ich ändere immer wieder meine Meinung. Ich komme allein auf keinen grünen Zweig. Als ich dann eine Kollegin anrufe, ist in einer Viertelstunde klar, was ich tun muss. Ich verstehe nicht, dass ich das nicht allein hingekriegt habe.

Wenn ich Kollegen bitte, sich eine Situation anzusehen, in der ich unsicher bin, was zu tun ist, fällt es den meisten leicht, Rat zu geben. Umgekehrt habe auch ich meistens keine Schwierigkeiten mit Situationen, die anderen Probleme bereiten. Durch unsere Professionalität finden wir den richtigen Weg. Aber anscheinend gelingt uns das nicht immer, wenn es um uns selbst geht. Es passiert dann etwas in unserem Kopf, wodurch der Zugang zu unserem professionellen Wissen und unseren Kompetenzen abgeschnitten scheint. Was ist da los?

Um der Sache auf den Grund zu gehen, unterscheide ich in diesem Buch zwischen „Rolle" und „Person". Unter „Rolle" verstehe ich alle Überzeugungen, Qualitäten und Fähigkeiten, die wir als Trainer bewusst und effektiv einsetzen. Mit „Person" meine ich diejenige Person, die wir privat sind. Dazu gehören auch die Erfahrungen, Überzeugungen, Gewohnheiten, die wir zwar zu Hause zeigen, aber nicht im Training, weil sie für den Lernprozess nicht relevant oder hilfreich sind.

Für die Teilnehmer ist die Unterscheidung zwischen Rolle und Person des Trainers[1] oft nicht sichtbar: In ihren Augen *ist* man der Trainer. Aber ein Trainer weiß selbst sehr gut, dass er manche Aspekte seiner Persönlichkeit in einem Training nicht zeigt. Sollte er einmal – in Wirklichkeit – schlecht gelaunt sein, wird er im Training die gute Laune „anstellen". Das ist nicht dasselbe wie etwas vorspielen oder Theater spielen, sondern es bedeutet, dass er die Seiten seiner Persönlichkeit, die für das Training funktional sind, aufruft. Der Trainer ist authentisch, aber eben selektiv authentisch.

Bestens gerüstet vor der Gruppe: eins mit der Rolle sein

Wenn es gut läuft im Training, fühlt man sich in seiner Rolle wohl. Man hat Zugang zu seinen eigenen Ressourcen und kann auch bestimmte Dinge abschirmen. Stellen Sie sich vor, Sie haben vereinbart, dass die Teilnehmer eine Aufgabe erledigen und drei Viertel haben nichts gemacht. Als Person könnten Sie sich ganz schön darüber ärgern, wenn andere ihre Zusagen nicht einhalten. Aber als Trainer zeigen Sie professionelle Empathie und Verständnis, Sie klären, was los ist, und treffen vermutlich neue Absprachen. Sie fühlen sich nicht persönlich angegriffen oder verletzt, denn diese Art von kleinen Hürden gehört nun einmal dazu. Ihre Reaktion ist eine bewusst gewählte Intervention: Sie wissen, was Sie tun und können das auf Nachfrage erklären.

[1] In diesem Buch ist oft von (dem) „Trainer" und (den) „Trainern" die Rede. Selbstverständlich meint diese Berufsbezeichnung auch weibliche Personen. Beim Lesen ist die konsequente doppelte Benennung (die Trainerin bzw. der Trainer/Trainerinnen und Trainer) allerdings auf Dauer irritierend, deshalb wurde hier darauf verzichtet. Dasselbe gilt für Teilnehmerinnen und Teilnehmer, Kolleginnen und Kollegen.

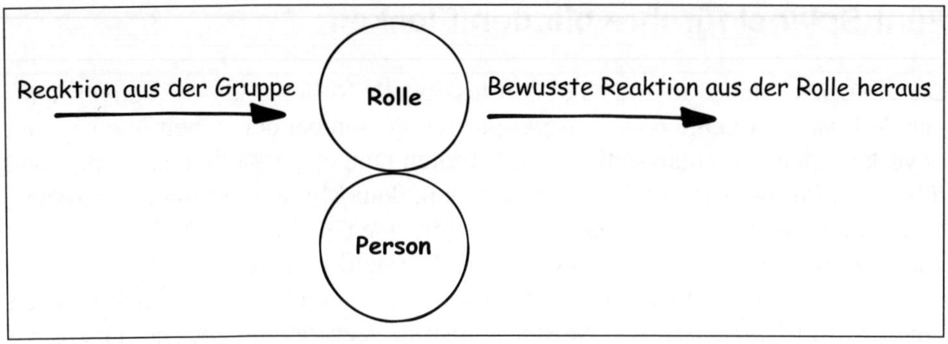

Abbildung 1: Professionelle Reaktion

Nicht gut gerüstet vor der Gruppe: Sie nehmen Dinge persönlich

Manchmal gelingt es nicht, professionell zu reagieren. Dann übernimmt die (Privat-)Person. Sie reagieren nicht bewusst und professionell, sondern instinktiv: Sie ärgern sich wirklich über die Teilnehmer, wenn diese Absprachen nicht nachkommen, oder Sie fühlen sich, als wären Sie als Trainer gescheitert. Wodurch das kommt, ist von Person zu Person verschieden: So können Situationen, die Sie erbärmlich finden, mich kalt lassen und umgekehrt. Wenn man aber so berührt wird, reagiert man als Person und nicht mehr als *professioneller* Trainer.

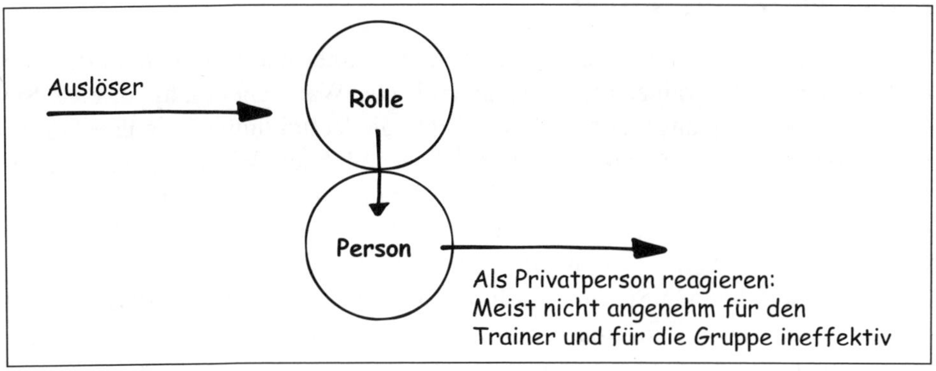

Abbildung 2: Instinktive Reaktion

Fünf Spiegel für Ihre blinden Flecken

Dass man als Trainer ab und zu die professionelle Rolle verlässt, ist unvermeidlich. Wir sind schließlich mit unserer ganzen Person bei der Arbeit und so kann es vorkommen, dass man sich von bestimmten Dingen persönlich angesprochen fühlt. Das Problematische ist, dass man es in dem Moment, in dem es passiert, oft gar nicht merkt. Gerade weil die Reaktion eine persönliche ist, finden wir sie völlig selbstverständlich. Natürlich ärgern Sie sich! Es ist doch lächerlich, dass die beteiligten Personen sich nicht an Absprachen halten! Bei anderen Menschen sehen wir oft haarscharf, wie sie sich selbst im Weg stehen, aber bei uns selbst ist das schwieriger.

Mit diesem Buch möchte ich Ihnen helfen, solche blinden Flecken aufzuspüren und besser mit ihnen umzugehen. Dafür habe ich fünf bekannte Modelle aus der Psychologie auf schwierige Trainingssituationen übertragen. Der entscheidende Grund, warum ich gerade diese Modelle gewählt habe, ist der, dass ich mich davon überzeugen konnte, dass sie funktionieren. Sie helfen uns zu verstehen, was in schwierigen Situationen passiert, und geben praktische Tipps, wie man wieder in seine Rolle zurückfinden kann. Außerdem ergänzen sich diese Modelle; jedes Modell betrachtet schwierige Situationen aus einer anderen Perspektive.

Die fünf Modelle, die Ihnen im weiteren Verlauf des Buches immer wieder begegnen werden, möchte ich hier zunächst in Kürze vorstellen:

Kampf, Flucht, Erstarrung

Gruppen sind immer stärker als ein einzelner Trainer und schon allein deshalb ist Ihre Arbeit als Trainer immer spannend. Die Wahrscheinlichkeit, dass Sie sich dann und wann angegriffen fühlen und in die Verteidigung, in eine Kampf-, Flucht- oder Erstarrungsreaktion gehen, ist deshalb hoch. Wir werden uns damit beschäftigen, wie Sie diese Mechanismen erkennen und sie überwinden können. Und wir werden uns mit dem Stress und der Stressreaktion des Teilnehmers beschäftigen. Wie erkennen Sie bei ihm eine Kampf-, Flucht- oder Erstarrungsreaktion und was können Sie tun, um ihm wieder herauszuhelfen? Abschließend lesen Sie, wie Sie – solange das Training andauert – sich Ihr Gefühl von Sicherheit erarbeiten und bewahren können.

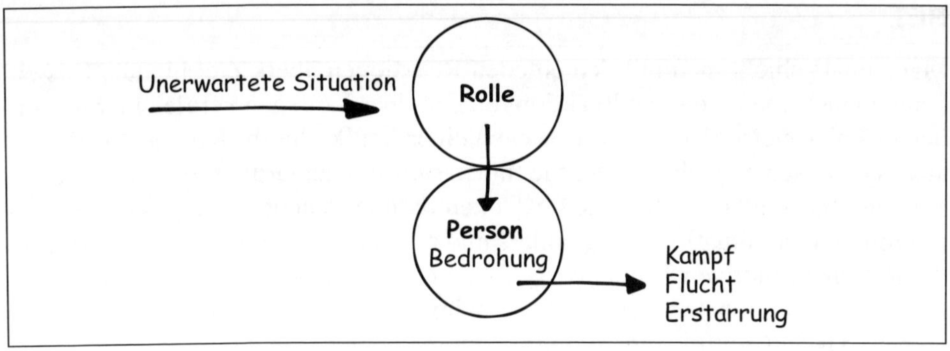

Abbildung 3: Modell der Kampf-, Flucht- oder Erstarrungsreaktion

Transaktionsanalyse

Eine wichtige Ursache für die Unsicherheit der Trainer ist, dass sie die Reaktionen der Teilnehmer manchmal nicht verstehen. „Warum ist jetzt plötzlich jeder still?“, „Was ist der Grund dafür, dass sie so übermütig werden?“, „Wie ist es zu erklären, dass sie so schlecht vorbereitet sind, obwohl ich das doch deutlich mit ihnen vereinbart habe?“ Anhand der Ich-Zustände der Transaktionsanalyse können Sie erkennen, wie Sie selbst – unbewusst – solche unerwarteten Reaktionen auslösen können. Wird bei den Ich-Zuständen bewusst variiert, lassen sich unerwartete Reaktionen größtenteils vermeiden und Sie bekommen die Gruppe, die Sie haben wollen.

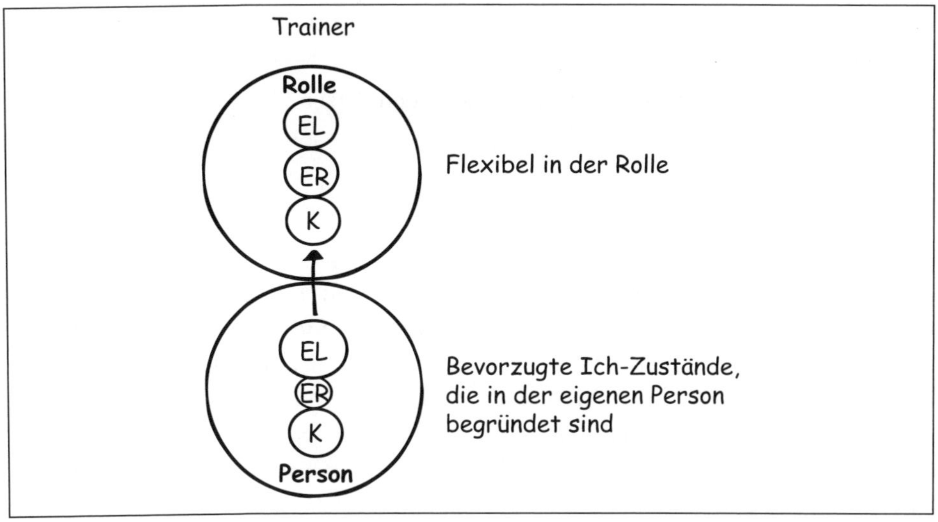

Abbildung 4: Zusammenhang zwischen Rolle und Person nach dem Modell der Transaktionsanalyse

RET

Manchmal schießt man mit den eigenen Reaktionen übers Ziel hinaus. Das erkennt man, wenn man seine Reaktion mit der eines Kollegen vergleicht. Sie werden beispielsweise richtig zornig wegen einer Kritik, die Ihr Kollege als durchaus angemessen betrachtet. Oder Sie fühlen sich von der Gruppe zurückgewiesen, während Ihr Kollege sich keine Gedanken darüber macht. Kurz gesagt: Sie interpretieren die Situation völlig anders und reagieren deshalb zu heftig. Mithilfe der Rational Emotiven Therapie (RET) kann man Einsichten in die dahinter liegenden dysfunktionalen Denkmuster gewinnen und sich ein Handwerkszeug aneignen, das dabei hilft, weniger extrem zu reagieren.

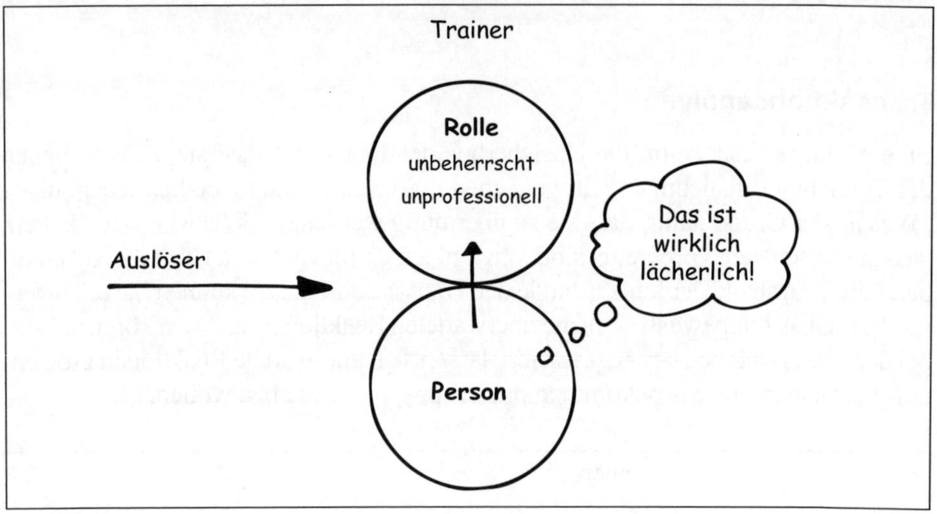

Abbildung 5: Zusammenhang zwischen Rolle und Person nach dem Modell der RET

Übertragung

Manchmal reagieren Teilnehmer recht heftig. Die Wahrscheinlichkeit, dass Sie das erschreckt und aus dem Konzept bringt, ist groß. Ich werde erkunden, welche Mechanismen sich dahinter verbergen und wie Sie sich von diesen Mechanismen fernhalten können. Dafür nutze ich die Theorie der „Übertragung" und „Gegenübertragung". Sie erfahren, wie Übertragung und Gegenübertragung funktionieren, und warum es sich dabei um ein Problem handelt. Anschließend beschreibe ich, was Sie als Trainer tun können, um die Teilnehmer rechtzeitig aus der Bewunderung oder Irritation herauszuholen, und wie Sie mit Eskalation umgehen können.

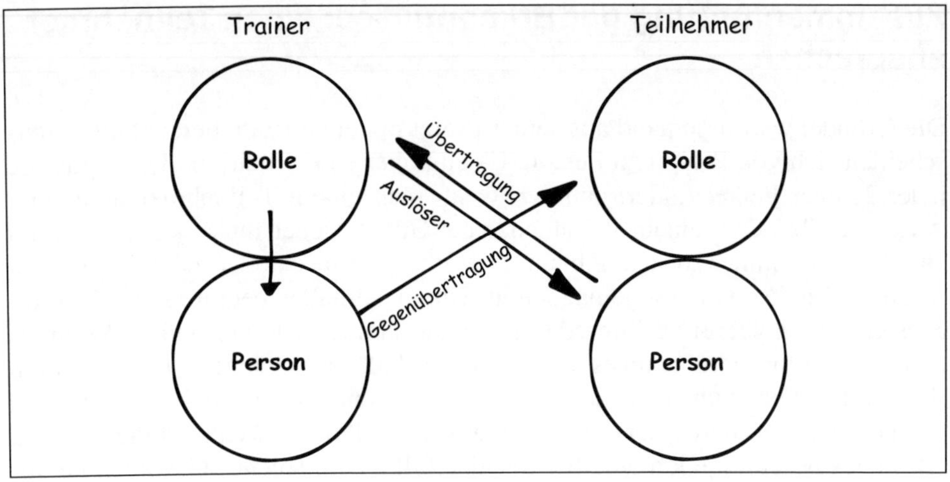

Abbildung 6: Modell der Übertragung und Gegenübertragung

Kognitive Dissonanz

Damit Sie als Trainer wachsen können, ist es unerlässlich, dass Sie sich erlauben, Fehler zu machen und aus den Fehlern zu lernen. Das ist Teil Ihrer Rolle, aber in der Praxis nicht immer einfach. Fehler zu machen ist oft eine schmerzhafte Erfahrung und es ist deshalb keine kleine Aufgabe, das Geschehene zu analysieren und zu erarbeiten, wie man es besser machen kann. Mithilfe der Theorie der kognitiven Dissonanz entdecken Sie, dass es völlig normal ist, Fehler zu leugnen oder wegen gemachter Fehler niedergeschlagen zu sein. Sie lesen, was Sie tun können, um Fehlern mit mehr Leichtigkeit zu begegnen, und wie diese Lektionen auch dahingehend genutzten werden können, dass Ihre Teilnehmer besser lernen.

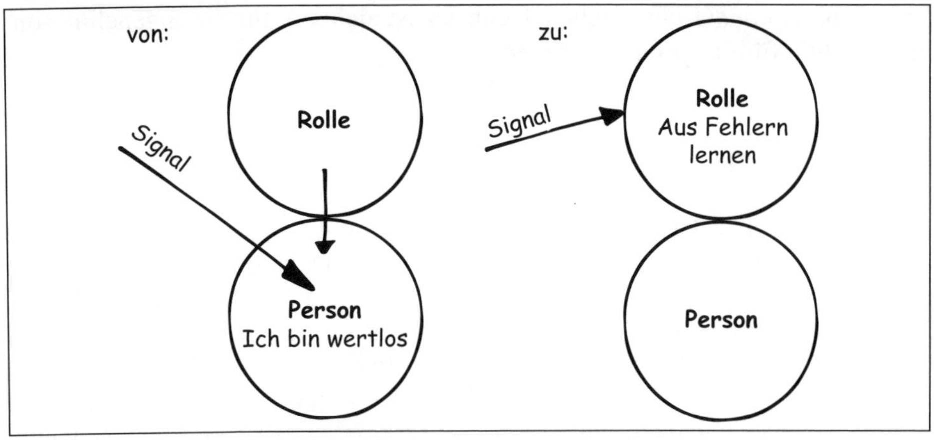

Abbildung 7: Zusammenhang zwischen Rolle und Person nach dem Modell der Kognitiven Dissonanz

Zusammenführung der Erkenntnisse: einen Teilnehmer ansprechen

Die Gründe, warum jemand aus seiner professionellen Rolle herausfällt, unterscheiden sich von Person zu Person. Es gibt aber eine Situation, die so gut wie jeder Trainer heikel findet, nämlich wenn man einem Teilnehmer unter vier Augen Feedback zu seinem Verhalten in der Gruppe geben muss. Jemand kommt zum Beispiel immer zu spät, gibt nur kritisches Feedback oder redet viel zu ausführlich. Wie kann man so jemanden in seinem Verhalten beeinflussen? Ein solches Gespräch gehört zu Ihren Aufgaben als Trainer, ist aber heikel: Wenn es nicht gut geführt wird, kann es eskalieren. Deshalb ist es wichtig, dass Sie gut in Ihrer Rolle bleiben und sich nicht von den Reaktionen des Teilnehmers oder den eigenen Ängsten und Überzeugungen aus dem Gleichgewicht bringen lassen. Als erstes beschreibe ich, wie Sie im Idealfall an ein solches Gespräch herangehen. Welche Fallstricke sind von Ihrer Seite aus zu erwarten und welche manchmal auch seitens des Teilnehmers? Und wie können Sie sich dagegen wappnen?

Bestens gerüstet vor der Gruppe

Training wird immer ein spannender Bereich bleiben: Gruppen sind unvorhersehbar und Ergebnisse in der Vergangenheit sind keine Garantie für die Zukunft. Aber das macht unser Fachgebiet ja gerade so faszinierend. Ich hoffe, dass Sie mithilfe dieses Buches künftig ein wenig früher erkennen können, wann Sie sich nicht mehr richtig vor Ihrer Gruppe wohlfühlen und Handwerkszeug brauchen, um zurück in Ihre Rolle zu finden. Damit Sie anschließend wieder souverän und kompetent vor der Gruppe stehen. Denn das ist nicht nur für Sie angenehm, sondern wichtig für die gesamte Gruppe.

Danksagung

Ich lerne viel über das Trainerdasein, indem ich mich mit anderen austausche, indem ich übe und indem ich darüber schreibe. Als ich anfing, über dieses Buch nachzudenken, habe ich eine Mitstreiterin gesucht und gefunden: Gonnie Kügel. Im Herbst 2010 machten wir uns an die Arbeit: Fallbeispiele besprechen, Modelle austauschen, schwierige Situationen zu Ende spielen und konkrete Tipps erarbeiten. Anschließend war es an der Zeit, unsere Ideen in der Praxis zu überprüfen. Wir haben gemeinsam zwei Trainings von jeweils vier Tagen gehalten. Das erste mit einem mehr oder weniger geplanten Programm, das zweite als eine Art freie Supervision. Im Laufe des Prozesses merkten wir, was funktionierte und was nicht, und so nahmen die Fallbeispiele und die Checklisten weiter Form an. All diese Erfahrungen und Experimente liegen diesem Buch zugrunde.

Für das Kapitel über die Übertragung habe ich Riekje Boswijk-Hummel sehr viel zu verdanken. Ihr Buch *Liefde in wonderland* (De Toorts, 1997) hat mir die Augen geöffnet und das Training zur Übertragung, das ich bei ihr absolviert habe, hat mir noch viele Einsichten in die Funktionsweise der Übertragung und Gegenübertragung gebracht.

Roderik Bender und Alice Zandbergen, beide geschätzte Kollegen und die RET-Experten schlechthin in den Niederlanden, haben mich im Lauf der Jahre oft „geRETet“ und mich für diese Methode begeistert. Roderik danke ich auch für seine Ergänzungen im Kapitel über RET.

Chris Tils danke ich für seinen zugespitzten Kommentar. Es ist ein Geschenk für jeden Autor, mit jemandem zu tun zu haben, der genau spürt, wo der Schuh drückt und der es offen ausspricht.

Danken möchte ich auch meinen Kolleginnen und Kollegen Marleen de Bruijn, Marike van Gemert und Remko van der Drift für ihre Ermutigungen und Ergänzungen und so manchen Punkt auf dem i.

Am allermeisten danke ich den Teilnehmern an den Trainingssitzungen, die voller Vertrauen ihre schwierigen Szenarien geteilt haben und bereit waren, zu lernen. Sie alle sind ein Beispiel für das, was ich in Kapitel 6 skizziert habe: Wie kann man sich mit seinem eigenen Verhalten konfrontieren und daraus lernen? Zur Wahrung der Anonymität der Fallbeispiele nenne ich Sie hier nicht mit Ihrem Vor- und Nachnamen, was aber meine Dankbarkeit Ihnen gegenüber keineswegs schmälert.

2 Zurechtkommen mit dem Stress des Jobs: Kampf, Flucht, Erstarren

Die meisten Trainer kennen das: Im Traum erscheint einem eine Gruppe, die nicht zuhören will, eine Situation, in der man nach Worten ringt oder ein Moment, in dem man von allen ausgelacht wird. In einem solchen Traineralptraum erinnert uns unser Unterbewusstsein daran, dass Gruppen potenziell bedrohlich sind. Wenn es im Training gut läuft, ist man sich dieser Tatsache nicht immer bewusst, aber Gruppen kann man in ihren Reaktionen nie sicher einschätzen. Außerdem sind – aus Sicht des Trainers – die Teilnehmer in der Mehrzahl. Unvorhergesehene Ereignisse können schon allein deshalb bedrohlich wirken. Eine flapsige Bemerkung oder unerwartete Zwistigkeiten können dann einen uralten Reflex auslösen und der Trainer geht in die Verteidigung, in eine Flucht-, Kampf- oder Erstarrungsreaktion.

Ein Teilnehmer, der sagt, er finde das Training langweilig, eine Gruppe, die geschlossen eine halbe Stunde zu spät aus der Mittagspause zurückkommt, eine Gruppe, die immer wieder gemeinsam erklärt, für sie würde das Gesagte nicht zutreffen: All das ist nicht lebensbedrohlich, aber es sind Momente, die Stress erzeugen. In diesem Stressempfinden reagiert man nicht mehr professionell, sondern mithilfe von Verteidigungsmechanismen: Kampf, Flucht, Erstarren. Der Trainer nimmt den Kampf mit den Teilnehmern auf und will gewinnen. Er versucht, zu gefallen, in der Hoffnung, dass der Angriff abschwächt oder er schaltet auf Autopilot und denkt: „Irgendwann ist es 17.00 Uhr."

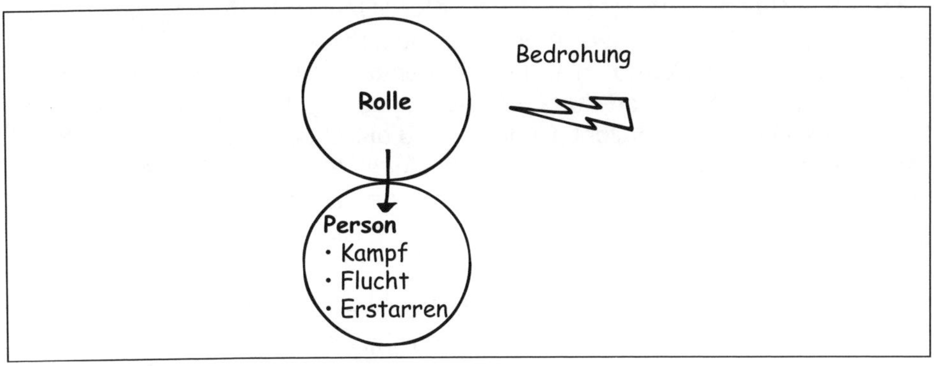

Abbildung 8: Ausgangspunkt – Bedrohung

Um solche Erfahrungen geht es in diesem Kapitel. Es geht nicht darum, möglichst dafür zu sorgen, dass sie nie mehr unter Stress stehen, denn das wäre unrealistisch. Die Verteidigungsmechanismen sind seit Jahrhunderten in unseren Körpern einprogrammiert und der Trainerberuf ist und bleibt eine aufregende Herausforderung, es gehört also dazu. Was Sie tun können, ist, Ihre eigenen Reaktionen zu kennen und zu entdecken, wie Sie sich selbst aus Ihrer Flucht-, Kampf- oder Erstarrungsreaktion befreien können, um dann wieder professionell zu agieren.

Worum geht es in diesem Kapitel?

Im ersten Abschnitt lesen Sie, wie die Flucht-, Kampf- und Erstarrungsreaktion jeweils funktionieren und – im zweiten Abschnitt – wie Sie die entsprechende Reaktion erkennen können: Was tun Sie und was fühlen Sie bei jeder dieser drei möglichen Reaktionen? Im dritten Abschnitt zeige ich Ihnen Auswege aus der Reaktion, und wie Sie den Weg zurück in Ihre (Trainer-)Rolle finden können. Anschließend lenke ich meinen Blick auf die Teilnehmer: Auch sie können sich angegriffen fühlen und in die Verteidigung gehen. Wie können Sie erkennen, was bei Ihrem Teilnehmer vor sich geht (Abschnitt 4) und was können Sie dafür tun, dass er einen Ausweg findet (Abschnitt 5)? Im letzten Abschnitt lesen Sie, was Sie während eines Trainings strukturell für Ihr Gefühl von Sicherheit tun können, damit Ihr Risiko, sich angegriffen zu fühlen, gesenkt wird.

2.1 Kampf-, Flucht- oder Erstarrungsreaktion: die automatische Verteidigung

Kampf-, Flucht- oder Erstarrungsreaktion:

Die Kampf-, Flucht- oder Erstarrungsreaktion wurde erstmals von dem US-amerikanischen Physiologen Walter Bradford Cannon (1871–1945) benannt. Er hatte entdeckt, dass viele in die Enge getriebene Tiere drei typische Reaktionen zeigen: Sie kämpfen, fliehen oder erstarren (bzw. sie stellen sich tot). Diese Reaktionen werden durch die Ausschüttung der Hormone Adrenalin oder Noradrenalin ermöglicht. Dadurch wird die Atmung schneller, die Herzschlagfrequenz steigt, ebenso der Blutdruck, die Aktivitäten der Verdauungsorgane werden verlangsamt usw. Die Tiere sind dadurch in einem hohen Maß wachsam und das müssen sie auch sein, denn jede dieser Reaktionen muss schnell erfolgen und kostet viel Energie.

Entscheidend ist, dass die physiologische Vorbereitung auf die Kampf-, Flucht- oder Erstarrungsreaktion automatisch geschieht. Und zwar im vegetativen Nervensystem, das alle routinemäßigen Funktionen des Körpers reguliert, wie die Atmung, die Verdauung oder den Kreislauf. Wenn Tiere in eine Bedrohungssituation geraten, erhöht sich ihre Wachsamkeit und Handlungsbereitschaft von selbst. Sind sie einmal in der Situation, haben sie keine andere Wahl mehr, außer zu kämpfen, zu fliehen oder sich tot zu stellen. Das kann man auch gut nachvollziehen, weil andere Reaktionen die Überlebenschancen entscheidend einschränken würden.

Die Kampf-, Flucht- oder Erstarrungsreaktion läuft instinktiv ab: So reagiert unser Körper am effektivsten auf Bedrohungen. Früher waren Bedrohungen vor allem physischer Natur, in einem Training sind es in erster Linie soziale Situationen, die als bedrohlich empfunden werden können. Schließlich stehen Sie als Trainer dort allein vor der Gruppe, sodass sich das jedes Mal, wenn ein Teilnehmer oder eine Gruppe nicht das tut, was Sie wollen, oder Ihnen widerspricht, für Sie wie ein Angriff anfühlen kann.

Beispiele:

- Sie erklären eine Übung, es folgt Totenstille, eine Person seufzt tief auf.
- Sie beginnen mit dem Training und sogleich fragt jemand in einem ziemlich aggressiven Ton: „Können wir auch um vier Uhr Schluss machen? Das ist meine normale Arbeitszeit."
- Sie haben schon im Vorfeld gehört, dass die Gruppe schwierig ist und ja, von den acht Personen kommen fünf zu spät.
- Der erste Tag verläuft zäh. Am späten Nachmittag bitten Sie die Teilnehmer, etwas über den Tag zu sagen und dabei ernten Sie hauptsächlich Kritik.
- Wenn Sie etwas erklären, reagiert immer dieselbe Teilnehmerin, die wirklich alles infrage stellt. Und die Gruppe pflichtet ihr auch noch bei.

Dies sind keine seltenen Ereignisse in einem Training, sie können sich aber bedrohlich anfühlen. Das bedeutet, dass Sie als Trainer ins Wanken kommen können und dass Sie nicht mehr professionell reagieren, sondern aus Selbstschutz, wie ein Kaninchen im Scheinwerferlicht eines Autos. Für Sie ist dies ein unangenehmes Gefühl und die Teilnehmer spüren meist direkt, dass Sie sich nicht wirklich wohlfühlen: „Dieser Trainer ist etwas instabil." Oder: „Offensichtlich geht ihm das nahe." Oder: „Meiner Meinung nach fühlt er sich nicht wohl in seiner Haut."

2.2 Wie sieht Ihr Verteidigungsmechanismus aus?

Sie können die Kampf-, Flucht- oder Erstarrungsreaktion nie völlig ausschließen – manchmal passiert etwas Aufregendes und die Reaktion erfolgt ganz automatisch. Man kann aber lernen, die Reaktion bei sich selbst zu erkennen, sodass man bewusst wieder herausgehen kann. Deshalb können Sie in diesem Abschnitt für jeden der Mechanismen lesen, was dabei mit Ihrem Körper, Ihren Emotionen, Ihren Gedanken und Ihrem Verhalten geschieht. Am ausführlichsten beschäftige ich mich mit dem jeweiligen Verhalten, weil das manchmal wie eine legitime Intervention durch den Trainer wirkt, aber aus der Kampf-, Flucht- oder Erstarrungsreaktion hervorgeht. Zum Schluss beschreibe ich, mit welchen Reaktionen aus der Gruppe Sie rechnen müssen, wenn Sie von einem der Mechanismen geleitet sind.

Kampfreaktion

Beispiel:

Herr Renes (Trainer): Frau Mark hat zum x-ten Mal ihr eigenes Beispiel vorgebracht. Zum Verrücktwerden. Kapiert sie nicht, dass sie mir damit das Training ruiniert? Ich habe sie ziemlich abrupt unterbrochen und ihr gesagt: „Vielen Dank, Frau Mark, für Ihr interessantes Beispiel, ich glaube aber, dass Sie das mit Blick auf die Uhr hier beenden müssen. Ich würde mein Programm noch gern zu Ende bringen und ich denke, dass wir doch alle rechtzeitig in die Mittagspause gehen wollen, oder nicht?“ Ein paar Gruppenmitglieder nickten, Frau Mark schwieg und ich konnte mit meiner Sache fortfahren. Am Nachmittag sagte sie nicht mehr viel und, ehrlich gesagt, war mir das gerade recht so. Das Gejammere die ganze Zeit, sie hat die ganze Gruppe aufgehalten.

Körper

Die Kampfreaktion zeigt sich an der Körperhaltung: energiegeladen und aufrecht. Oder wenn Sie sitzen: nach vorn gerichtet. Der Kopf ist aufgerichtet, vielleicht sogar ein wenig angehoben, die Arme sind übereinander geschlagen und Sie halten Augenkontakt. Ihr Gang wird etwas forscher, so wie man das von Hunden kennt, die sich dominant einem anderen Hund nähern.

Gefühl

Die Kampfreaktion können Sie gut an Ihrem Gefühl erkennen. Sie spüren Ärger: Wenn Sie es gemäßigt formulieren müssten, würden Sie von Irritation sprechen, aber genau genommen sind Sie verärgert, empört. Sie finden, dass jemand Grenzen überschreitet: „Das macht man doch nicht! Wie ist das möglich? Was für ein Idiot!“

Gedanken

Wenn Sie schnell in den Kampfmodus hineinschlittern, hat das seine Ursache oft in verborgenen Urteilen und Bewertungen. Sie finden es unpassend, dass die Teilnehmer so etwas tun und Sie sind empört.

Verhalten

Ihre erste Reaktion besteht darin, einen Gegenangriff zu starten. Fressen oder gefressen werden! Sie reagieren aus der „Oben“-Position. Sie sind kurz angebunden und sagen Dinge wie „Sie müssen“, „ich finde“, „ich will“. Sie lassen wenig Raum für Reaktionen und offensichtlich bewerten Sie das Geschehen. Sie können sarkastisch werden, zum Überzeugen neigen und der Großteil der Gesprächszeit entfällt auf Sie. Der Unterton lautet: Du bist nicht okay!

Die Kampfreaktion kann sehr subtil sein. Wenn jemand zum Beispiel zu spät hereinkommt und der Trainer sagt mit leicht sarkastischem Unterton: „Schön, dass Sie uns doch noch gefunden haben.“ Sie kann auch schärfer werden, etwa wenn der Trainer ungehalten auf ein zum x-ten Mal vorgebrachtes „Ja, aber“ reagiert. Am Flip-Chart stehend, Kinn nach oben gereckt, sagt der Trainer mit erhobener Stimme: „Lassen Sie uns jetzt erst einmal damit arbeiten, wir können ja dann hinterher wieder diskutieren. Okay??!“ Die Kampfreaktion kann sich auch sehr angemessen anfühlen, wenn sich beispielsweise eine Gruppe unzufrieden zeigt in Bezug auf ein Programm, mit dem Sie schon so gute Erfolge erzielt haben: „In den zehn Jahren, in denen ich dieses Training abhalte, sind Sie die erste Gruppe, die derart negativ darauf reagiert.“ Das mag zwar richtig sein, aber diese Reaktion ist eindeutig eine Kampfreaktion.

Effekt auf die Teilnehmer

In einer Gruppe löst die Kampfreaktion Widerstand aus, offen oder, was öfter vorkommt, verdeckt. Offener Widerstand äußert sich in Form von Kritik und sarkastischen Bemerkungen seitens der Gruppe (Kampfreaktion), verdeckter Widerstand äußert sich durch Stille: Flucht- oder Erstarrungsreaktion.

Flucht

Beispiel:

Herr Berkham (Trainer): Ich erkläre etwas und in der Gruppe kommt es zur Diskussion. Jemand überlegt laut, ob das, was da an der Tafel steht, richtig sein kann und dafür bekommt er Beifall von den anderen. Mist, sie sind eindeutig nicht mit meinem Text einverstanden. Ich fange an, auch zu überlegen, ob es so stimmt. Ich bitte um Beispiele und glücklicherweise kommt jemand aus der Gruppe mit einem Beleg dafür, dass die Sache doch richtig ist, so wie ich sie aufgeschrieben habe. „Können wir also daraus folgern, dass es so doch richtig ist?", frage ich. „Soll ich mit dem Programm fortfahren?" Glücklicherweise sagen sie ja.

Körper

Physisch spürt man die Fluchtreaktion an der flachen Atmung, der höheren Herzschlagfrequenz und einem wackeligen Gefühl im Körper. Sie spüren wenig Kontakt zu Ihren Füßen und zum Boden. Sie schauen andere nicht direkt an. Wenn Sie etwas erklären, spüren Sie, wie Ihre Augen an den Menschen vorbeisehen und nicht länger bei einer Person ruhen, um wirklichen (Augen-)Kontakt herzustellen.

Gefühl

In der Fluchtreaktion ist das beherrschende Gefühl Angst. Sie wollen am liebsten auf und davon, Sie fürchten sich und fühlen sich unsicher. Es ist ein „kleines Kind"-Gefühl: Sie fühlen sich kleiner als die Gruppe bzw. die Teilnehmer und wollen am liebsten fliehen.

Gedanken

Hinter der Angst ist oft ein Katastrophengedanke zu finden: „Wenn dieses Training nicht gut läuft, ist das eine Katastrophe.“ Oder: „Wenn dieser Teilnehmer nicht mitmacht, habe ich versagt.“

Verhalten

Bei Flucht ist Ihre erste Reaktion, fliehen zu wollen. Das geht natürlich nicht wirklich, aber aus Ihrem nonverbalen Verhalten ist abzulesen, dass Sie nicht zu Ihrer Sache stehen, dass Sie eingeschüchtert wirken. Sie lächeln viel, reden etwas umständlicher und verwenden Wörter wie „eigentlich“, „vielleicht“, „ein wenig“. Sie reden um den heißen Brei herum, Sie wechseln das Thema. Sie fragen die Teilnehmer nach Ihrer Meinung, in der Hoffnung, dass sie die heißen Kohlen für Sie aus dem Feuer holen. Natürlich kann dieses Vorgehen auch eine rationale Trainer-Intervention sein, aber aus der Flucht heraus ist es ein Hilfeschrei. Sie können das bei sich selbst daran erkennen, dass Sie sich erleichtert fühlen, wenn ein Teilnehmer die gleiche Meinung vertritt wie Sie. Wenn Sie fest im Sattel Ihrer Rolle als Trainer sitzen, empfinden Sie die Zustimmung wesentlich neutraler oder vielleicht sogar leicht enttäuschend. Schließlich wissen Sie immer dann, dass die Leute etwas gelernt haben, wenn Sie nicht mit Ihnen einer Meinung sind.

Kommt jemand zu spät, lachen Sie freundlich und ein wenig untertänig. Vielleicht fragen Sie denjenigen noch, ob er Kaffee möchte und erlauben, dass er hörbar mit den Tassen herumhantiert, während Sie mit Ihrem Vortrag warten. Und die Gruppe wartet mit Ihnen und sieht, wie unsicher Sie sich dabei fühlen: den Kopf leicht schief, ein Lächeln im Gesicht, die Beine übereinander geschlagen. Sie beenden Diskussionen oft mit Fragen, die auf Zusammenarbeit zielen: „Können wir das so vereinbaren?“ Sie fassen oft zusammen und wollen dabei alle Meinungen berücksichtigen; Sie fügen keine eigene Schlussfolgerung oder Meinung hinzu. Sie hoffen, dass die Gruppe Sie immer noch nett findet, nachdem Sie gesagt haben, was Sie zu sagen haben. Am Ende Ihrer Sätze geht Ihre Stimme im Ton nach oben. Im Unterton schwingt mit: Ich bin nicht okay.

Die Flucht kann sich noch stärker zeigen, wenn Sie der Gruppe buchstäblich nachgeben. Die Teilnehmer halten einen Programmpunkt für Unsinn („Feedback geben können wir schon“) und Sie lassen den Punkt fallen, obwohl es mit dem Auftraggeber anders abgemacht war. Wenn Widerstand gegen ein Modell gezeigt wird, sagen Sie: „Es geht natürlich darum, was Sie damit anfangen können, das überlasse ich gerne Ihnen selbst“, anstatt weiter das Modell zu vertreten. Sie sagen sich vielleicht, es sei besser, direkt bei der Gruppe anzuknüpfen – eine Aktion Ihres willkürlichen Nervensystems – aber der Chef ist Ihr vegetatives Nervensystem.

Effekt auf die Teilnehmer

Die Flucht des Trainers löst bei den Teilnehmern häufig Unbehagen aus: „Wer hat denn hier nun die Leitung?" Manchmal kann die Flucht zu fürsorglichen Gefühlen führen, aber auch das ist nicht besonders effektiv: Es gibt dann einen Teilnehmer, der sich für den Trainer verantwortlich fühlt. Bleibt der Trainer lange in der Flucht, sind Genervtsein und Geringschätzung die Folge. Es kann so weit gehen, dass die Teilnehmer austesten, wie weit sie gehen können, bevor der Trainer eingreift. Sie attackieren den Trainer dann immer offener, in Form von Kritik auf den Raum, auf das Programm, auf die Arbeitsweise. Das ist eine klare Aufforderung, seine Autorität wahrzunehmen.

Erstarren

Beispiel:

Das Training war schon fast zu Ende und zum Abschluss haben wir eine spannende Übung gemacht. Das war offenbar zu viel, denn in der Schlussrunde im Plenum fingen drei Frauen hintereinander zu weinen an. Nicht nur ein paar verstohlene Tränen, sondern richtig lautes Weinen. Ich wusste nicht, was ich tun sollte. Ich habe in die Runde geschaut, in der Hoffnung, dass jemand ein erlösendes Wort sprechen würde, aber es kam nichts. Es war an mir, etwas zu tun, aber mir fiel nichts ein. Ich war leer.

Körper

In der Erstarrungsreaktion ist der Kopf leer und der Betroffene fühlt keine Verbindung mit seinem Körper. Es fühlt sich an, als wäre man gar nicht da.

Gefühl

Ihr Gefühl steht still. Sie sind versteinert, wie ein Kaninchen, das in die Scheinwerfer eines Autos starrt.

Gedanken

In der Erstarrung hat man entweder gar keinen Gedanken mehr oder sehr viele. Der beherrschende Gedanke kann sein: „Ich weiß es nicht!" Aber da dies oft im Widerspruch zu persönlichen Überzeugungen und Werturteilen steht, kommt schnell ein anderer Gedanke hinzu: „Und ich muss es aber wissen!" Es kann auch so sein, dass allerlei Gedanken durch Ihren Kopf spuken wie bei einem wildgewordenen Flipperkasten. Sie sind aber zu vage und zu flüchtig, um einen davon zu greifen.

Verhalten

Wenn Sie erstarren, wissen Sie nicht, was Sie tun sollen. Manchmal werden Ihnen Worte fehlen und die Teilnehmer sehen, dass Sie nichts mehr sagen und nichts mehr tun – so als wären Sie vorübergehend nicht mehr da. Sie selbst fühlen sich verwirrt. Sie sind völlig leer oder werden überspült von allerlei Gedanken und Gefühlen, wissen aber nicht, was Sie tun oder sagen sollen. In der Erstarrung können Sie auch in Ihre Standardreaktionen zurückfallen. Dabei haben Sie keinen Kontakt zu Ihren eigenen Emotionen und Sie wirken unecht. Und das sind Sie auch: Sie sind nicht wirklich da, Sie sind vorübergehend abgemeldet. Wenn Sie auf Autopilot sind, stellen Sie möglicherweise immer noch die „offenen Fragen" oder Sie erläutern ein Stück Theorie, aber Ihr Herz ist unbeteiligt. Sie klingen flach, wiederholen sich oder sind extrem kurz angebunden.

Es kommt vor, dass man sich in einer Gruppe derart bedroht fühlt, dass man längere Zeit in der Erstarrung bleibt. Die Teile des Trainings, die im Plenum stattfinden, finden Sie dann besonders bedrohlich, weil Sie dabei Kontakt mit der Gruppe haben müssen. Sie können einen Ausweg in langen Präsentationen („Fragen gerne am Ende, ich möchte gern zuerst meine Inhalte vortragen") und auch in vielen Übungen finden. Dann fassen Sie alles in „gelungene Arbeitsformen", sodass die Gruppe beschäftigt ist. Auch für die Nachbesprechung einer Übung lassen Sie sich eine neue Arbeitsform einfallen, um vor allem die Kontrolle über den Prozess zu behalten. Wenn die Teilnehmer in Untergruppen arbeiten, gehen Sie der Form halber ein wenig umher, Sie hören aber nicht wirklich, was vor sich geht. Wenn Sie sich einmischen, können Sie schließlich knapp daneben liegen. Da Sie aber nicht in Kontakt treten, wird die Erstarrung nur noch schlimmer.

Effekt auf die Teilnehmer

Die Teilnehmer spüren die Distanz: Sie werden im Plenum stiller und in den Pausen suchen sie untereinander Kontakt. „Findest du nicht auch, dass das hier alles seltsam läuft?" Beide Parteien sitzen das Training bis 17.00 Uhr aus und gehen dann frustriert nach Hause.

Tabelle 1: Überblick über Kennzeichen und Auswirkungen der Kampf-, Flucht- und Erstarrungsreaktion

Bereich	Kampf	Flucht	Erstarrung
Körper	Stechender Blick, aufrecht, viel Energie.	Flache Atmung, Bauchschmerzen.	Kein Kontakt mit dem eigenen Körper, der Kontakt endet etwa beim Nacken. Benommenheit im Kopf.
Gefühl	Verärgert, irritiert, empört.	Angst, Unsicherheit.	Verwirrung: Sie wissen nicht, was Sie fühlen.
Gedanke	Urteil: Das macht man doch nicht!	Das kann ich gar nicht!	Bleiben weg.
Verhalten	Viel „ich". Wenig Raum für andere. Suggestivfragen. Bewertend. Viel Sprechzeit beanspruchen.	Verkleinerungswörter wie „eigentlich", „vielleicht", „ein wenig". Viel Lächeln. Nicht auf den „gefürchtetsten Teilnehmer" eingehen. Unterstützung suchen bei Menschen, die auf derselben Seite stehen. Die Stimme geht am Ende der Sätze nach oben. Alle Anwesenden zusammenfassen: „Sind wir uns soweit einig, dass…."	Erstarren: Ihr Körper ist regungslos, die Augen bewegen sich nicht. Sie reden zwar, aber wie auf Autopilot. Sie klingen flach. Kontakt vermeiden durch „tolle Arbeitsformen".

Tabelle 1: Fortsetzung

Bereich	Kampf	Flucht	Erstarrung
Reaktion	Offener Widerstand (Kampf) oder verdeckter Widerstand (Flucht oder Erstarren).	Unbehagen. In Schutz nehmen. Herausfordern, damit der Trainer seine Autorität aufgreift.	Distanz. „Was läuft das hier doch seltsam!“

2.3 Zurück in Ihre Trainerrolle

Sie können der Kampf-, Flucht- und Erstarrungsreaktion nicht vorbeugen. Auch ein Trainer ist ein Mensch aus Fleisch und Blut, mit einem Körper, der auf bedrohliche Situationen wachsam reagiert. Auch wenn Sie schon sehr lange in diesem Beruf tätig sind, kann eine unerwartete Situation Sie aus dem Gleichgewicht bringen und in eine dieser Reaktionen lenken. Sobald Sie in die Reaktion laufen, gibt es nur noch ein Hilfsmittel: Sorgen Sie dafür, dass Sie wieder an Sicherheit gewinnen. Nur dann beruhigt sich das vegetative Nervensystem und Sie können zu Ihrer professionellen Rolle zurückkehren. Für jeden Verteidigungsmechanismus gibt es passende Strategien, die Ihnen dabei helfen, Ihre Sicherheit zurückzugewinnen. Ich beschreibe diese hier anhand derselben vier Zugänge, die ich bereits zuvor unterschieden hatte, also anhand Ihres Körpers, Ihrer Emotion, Ihrer Gedanken und Ihres Verhaltens.

Vom Kampf zu milder Nachsicht

In der Kampfreaktion wollen wir kämpfen, vorzugsweise siegen, die Gruppe zähmen, sich sein Rechthaben bestätigen lassen. Es ist ein energiegeladener Stand mit viel Adrenalin. Es hilft, wenn man sich entspannt und weniger Energie hineingibt.

Körper

Sie können den Kampf auf der körperlichen Ebene durchbrechen, indem Sie sich setzen, wenn Sie stehen und indem Sie Ihren Körper entspannen: nach hinten lehnen, sich kurz bewegen, wegschauen, stöhnen. „Relax, es ist kein Löwe da!“ Sie können mit weniger Energie auskommen.

Gefühl

Im Kampf sind Sie im Gefühl der Verärgerung. Hilfreich wäre, wenn Sie mit sich nachsichtig sind bzw. sich milde und neugierig fühlen. Diese Gefühle können sie dadurch abrufen, indem Sie an Momente in Ihrem Leben denken, in denen Sie sich so gefühlt haben. Sie könnten diesem Zustand einen Namen geben (z. B. „die Milde" oder „die Nachsicht" oder den Namen eines Freundes oder einer Freundin etc.). Wenn Sie ihn einmal identifiziert haben, können Sie den Zustand bei einem Training einfacher abrufen. Diese Technik stammt aus dem *Voice Dialogue*. Es hilft auch, wenn Sie Ihre Verwunderung oder Irritation äußern können; damit wäre sie wieder vom Tisch. Wenn Sie weiter irritiert bleiben, sollten Sie das auch sagen, denn die Anwesenden spüren es ohnehin. Nachdem man seine Irritation ausgesprochen hat, spürt man wieder den Raum, der es einem ermöglicht, in seine Rolle zurückzukehren.

Beispiel:

Montagmorgen. Ein Manager-Training über Akquise. Programm vorgestellt, Kennenlernrunde abgeschlossen. Der Widerstand wurde zusehends größer: Mehrere Teilnehmer gaben zu erkennen, keine Lust auf das Training zu haben. Die Teilnehmer sollten mehr Kunden gewinnen. Das stand aber nicht in ihrer Tätigkeitsbeschreibung. Ich zeigte mich verständnisvoll, spürte aber Irritation: Was war das bloß für eine einengende Sichtweise? Ich beschloss, diesen Punkt anzusprechen: „Wissen Sie, ich verstehe das eigentlich nicht. Und ich merke, dass es mir die gute Laune raubt. In der heutigen Zeit ist es doch logisch, dass Sie selbst Ihre Arbeit hereinholen müssen! Weshalb wehren Sie sich so dagegen?"

Wenn man seine Gefühle äußert, geht man fast wie von selbst aus der Irritation heraus, hin zur Neugierde. Schon beim Reden stellt man Kontakt zu sich selbst her und dann kann wieder die Bewegung hin zum anderen erfolgen.

Gedanken

Unsere Gedanken sind Bewertungen: „So etwas macht man doch nicht!“ Wir können aus dem Kampf herauskommen, wenn es gelingt, den Ärger durch Neutralität zu ersetzen. Das erreichen wir, indem wir uns bewusst machen, dass wir urteilen und uns selbst mithilfe anderer Gedanken – „nicht so schnell“, „Das sagt mehr über mich aus als über die Teilnehmer“, „Schau dir doch zuerst die Tatsachen an“, „Die Gruppe sieht das anders als ich: nicht schön, aber ihr gutes Recht!“ – zurückpfeifen. Lesen Sie dazu auch im Kapitel 4 über die Rational-Emotive Therapie (RET) den Abschnitt zum Muster des Moralisten. Das Gefühl der milden Nachsicht lässt sich unmittelbar auch dadurch herstellen, dass man die guten Gründe hinter dem Verhalten, das einen ärgert, sucht: „Sie haben sich bestimmt einen Monat lang nicht gesehen und freuen sich jetzt, dass sie im Training zusammen sind. Natürlich wollen sie gerne miteinander plaudern!“

Noch grundlegender können Sie die Sache angehen, wenn Sie untersuchen, welches Verhalten Ihren Ärger auslöst, und ob das der Situation angemessen ist. Oft liegen frühere Erfahrungen hinter den eigenen Urteilen und Bewertungen, die dann auf die Teilnehmer projiziert werden. Es gelingt dann nicht mehr, in der professionellen Haltung zu bleiben, man wird missmutig.

Verhalten

Der entscheidende Punkt ist, dass Sie nicht kämpfen, sondern in Kontakt zu Ihrem Gegenüber gehen. Das bedeutet, dass Sie nicht senden, was Sie selbst empfinden, sondern sich erkundigen, wie Ihr Gegenüber das erlebt. Fassen Sie zusammen, was der andere sagt, damit Sie sicher sein können, dass Sie wirklich zuhören. Noch besser ist es, wenn Sie in Worte fassen können, was der andere erlebt. Der verbale Ausdruck von Verständnis hilft dabei, auch wirklich so zu fühlen; sobald Sie Verständnis empfinden, sind Sie raus aus dem Kampf.

Beispiel:

Frau Estermann (Trainerin): Ich gebe einer Gruppe Dozenten einen Englischkurs. Einer der Teilnehmer weigert sich, die richtige Aussprache zu lernen: „Die Leute wissen, dass ich aus den Niederlanden komme und sie haben meine Aussprache so hinzunehmen.“ Mich ärgert das und ich suche ihn in der Pause auf, um ihn zu fragen, was ihn bewegt. Ich erfahre, dass er als Elfjähriger von Limburg nach Nord-Holland umgezogen war und, dass er wegen seines Akzents gehänselt wurde. Damals hat er sich vorgenommen, seine Aussprache nie wieder anzupassen. Ich bin froh, darüber Bescheid zu wissen und verstehe jetzt, woher der Widerstand kommt. Für ihn ist das Gespräch auch gut, denn während er seine Beweggründe darlegt, scheinen sie an Kraft zu verlieren. So gewinnt er Raum, um wieder neu zu lernen.

Tabelle 2: Unterschied zwischen einer Kampfreaktion und einer Reaktion, die durch milde Nachsicht geprägt ist

Bereich	Woran ist eine Kampfreaktion erkennbar?	Übergang: vom Kampf zur milden Nachsicht
Körper	Stechender Blick, aufrecht, viel Energie.	Relaxen, sich setzen, wegschauen, sich bewegen, auf ein niedrigeres Energieniveau gehen.
Emotion	Verärgert, irritiert, empört.	Die eigene Irritation erkennen und abschwächen: neutral, überrascht oder mild. Versuchen, milde Stimmen in sich zu finden.
Gedanke	Urteil: Das macht man doch nicht! So eine blöde Kuh!/So ein Blödmann!	Urteil verschieben: das sagt etwas über mich aus. Sich selbst ermahnen: auf die Tatsachen schauen, keine Geschichte erfinden. Neugierig sein: außergewöhnlich, der andere ist anders als ich.
Verhalten	Reagieren von „oben". Viel „ich". Wenig Raum für andere. Suggestivfragen. Bewertend. Sarkastisch. Viel Sprechzeit beanspruchen.	Sein Erstaunen kommunizieren. Nachfragen. Zuhören. Das Gefühl und/oder die Fürsorge des anderen in Worte fassen.

Von der Flucht zur eigenen Courage

Wenn man in den Fluchtmodus hineingeraten ist, übernimmt die Angst das Ruder. Der erste Schritt, der aus dem Fluchtmodus heraushilft, ist, seine Angst wahrzunehmen und anzuerkennen. Mit dem zweiten Schritt wird beabsichtigt, die Angst einzudämmen. Dafür gibt es verschiedene Wege.

Körper

Die eigene Courage im Körper zu fühlen, gelingt am besten, wenn man seine Füße fest auf den Boden stellt und über den Bauch ein- und ausatmet. Es kann nützlich sein, sich vorzustellen, man stünde da wie ein Baum. Unter den Füßen sind die Wurzeln fest in der Erde verankert. Dadurch fühlt man sich physisch stärker werden. Dieses Gefühl kann man jedes Mal wieder aufrufen, wenn man sich vor die Gruppe stellt. Sie können auch in einer Pause etwas länger „üben."

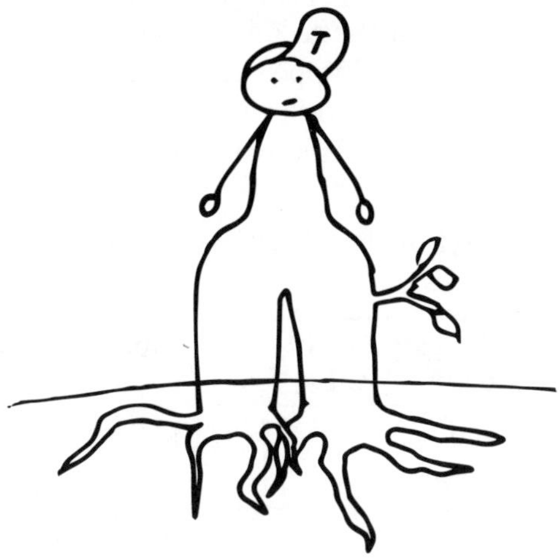

Emotion

Angst ist eine Emotion, für die sich manche Menschen schämen, vor allem auch erfahrene Trainer: „Ich werde doch wohl keine Angst vor einer Gruppe haben?! Ich mache das schon seit zehn Jahren." Aber auch der erfahrenste Trainer steht bei einer neuen Gruppe unter Anspannung. Es handelt sich um eine Urangst: Da ist eine Gruppe und die ist mächtiger, als Sie es sind! Wenn Sie nun versuchen, die Angst zu unterdrücken, wird sie oft nur noch mächtiger. Der erste Schritt ist deshalb, anzuerkennen, dass Sie Angst haben. Schauen Sie ohne zu urteilen Ihre Angst an, denn allein dadurch lässt sie oft schon nach.

Aktivieren Sie nun Ihre Courage, indem Sie an frühere Trainingssitzungen denken, bei denen Sie gut gearbeitet haben: Sie haben sich getraut, zu lenken, zu konfrontieren, zu leiten. Vergegenwärtigen Sie sich diese Erfahrung und kommen Sie in Kontakt mit dem Gefühl, das Sie damals hatten. So fühlen Sie sich in der Rolle des Trainers stärker, Sie sind in Kontakt mit Ihrer Kraft. Hilfreich ist auch, in Kontakt mit dem zu kommen, wonach man strebt: Was wollen Sie mit der Gruppe erreichen? Welche Botschaft haben Sie? Was ist Ihre Mission? Wenn Sie spüren, dass Sie etwas weitergeben wollen, ist weniger Raum für Ängstlichkeit vorhanden.

Beispiel:

Nach jedem Urlaub frage ich mich ernsthaft, ob ich es noch kann, als Trainerin zu arbeiten. Alles scheint dann so weit weg zu sein: Das Sich-Positionieren vor der Gruppe und die Initiative zu ergreifen. Jedes Mal wieder wissen zu müssen, was getan werden soll. Ehrlich gesagt, hat es immer wieder etwas Beklemmendes. Es hilft mir, mir das Training vorzustellen, zu visualisieren, wie ich beginne, die Gruppe begrüße und mein Programm vorstelle. Ich schlüpfe sozusagen schon vorher in meine Rolle und spüre, wie selbstverständlich das ist. Wie die Angst dann abebbt.

Tabelle 3: Unterschied zwischen einer Fluchtreaktion und einer Reaktion, die durch Courage geprägt ist

Bereich	Woran ist eine Fluchtreaktion erkennenbar?	Übergang: von der Flucht zur Courage
Körper	Flache Atmung. Bauchschmerzen.	Füße auf dem Boden spüren. In den Bauch atmen.
Emotion	Angst, Unsicherheit.	Angst einräumen: Sie haben eine Existenzberechtigung. Rufen Sie einen anderen Teil von sich selbst auf, Ihre Courage.
Gedanke	Das kann ich doch gar nicht! Jetzt blamiere ich mich. Ich will hier weg.	Suchen Sie einen realistischen Gedanken aus: Ich schaffe das, ich darf die Gruppe leiten; wenn es einen Konflikt gibt, werden wir ihn lösen.
Verhalten	Verkleinerungswörter wie „eigentlich“, „vielleicht“, „ein wenig“. Viel lächeln. Nicht auf den „gefürchtetsten Teilnehmer“ eingehen. Unterstützung suchen bei Menschen, die auf derselben Seite stehen. Die Stimme geht am Ende der Sätze nach oben. Alle Beteiligten zusammenfassen: „Sind wir uns soweit einig, dass....“ Keine eigene Meinung hinzufügen, wenig „ich“.	Handeln Sie, als ob Sie keine Angst hätten; feel the fear and do it anyway. Seien Sie sprachlich kraftvoll und selbstsicher. Machen Sie einen Vorschlag. Gehen Sie am Ende Ihrer Sätze mit der Stimme nach unten. Schauen Sie die Leute an. Halten Sie Ihre Sätze kurz. Sagen Sie „ich“.

Gedanken

Erforschen Sie Ihre unterschwelligen Gedanken und überprüfen Sie, ob sie der Realität standhalten. Aus „Ich muss tun, was die Gruppe möchte, sonst bin ich draußen" wird dann „Ich darf die Gruppe leiten und es ist jedem Teilnehmer selbst überlassen, ob er folgen möchte oder nicht". So relativieren Sie Ihre unterschwelligen Gedanken und gelangen zu einem hilfreichen Gedanken. Es gibt verschiedene Techniken, die Ihnen dabei helfen, sich diese Überzeugung einzuprägen, wie etwa NLP, RET oder Voice Dialogue. In Kapitel 4 über die RET lesen Sie mehr dazu. Die Fluchtreaktion hat viele Berührungspunkte mit dem dort vorgestellten Liebesjunkie.

Verhalten

„Feel the fear and do it anyway!" Also spüren Sie, wie Ihnen die Knie zittern und gehen Sie auf das Podium. Sagen Sie, was Sie zu sagen haben und achten Sie darauf, wie Sie das tun: Stellen oder setzen Sie sich aufrecht hin, sprechen Sie in kurzen Sätzen, bei denen sich am Ende die Stimme senkt, schauen Sie die Gruppe an und versuchen Sie, nicht zu stammeln oder Ihre Zweifel zu verbalisieren. Sorgen Sie dafür, dass Ihre Stimme tief bleibt. Wenn Sie kraftvoll wirken, geben Sie der Gruppe das Gefühl von Sicherheit und bekommen im Gegenzug Bestätigung. Dadurch fühlen Sie sich auch richtig sicher. Sie können auch voller Überzeugung sagen, dass Ihnen irgendetwas zu schaffen macht, und Sie nicht wissen, wie Sie reagieren sollen. Wenn Sie das mit Überzeugung machen, wird das von der Gruppe besser aufgenommen, als wenn Sie Zweifel am Inhalt Ihrer Botschaft ausstrahlen.

Von der Erstarrung zum Fühlen

Im Erstarrungsmodus fühlt der Betroffene oft nichts. Er ist verwirrt und kann in Panik geraten: „Ich weiß nicht, was ich sagen soll!" Er hat ein schummriges Gefühl im Kopf, weil er so viel fühlt und denkt oder umgekehrt, so wenig fühlt und denkt.

Körper

Wenn man in der Erstarrungsreaktion steckt, ist es äußerst effektiv, sich zu bewegen: Gehen Sie einfach umher! Gehen Sie umher, wenn Sie Pause haben, das ist am einfachsten, es geht aber auch, wenn Sie mit der Gruppe arbeiten. Was hindert Sie daran, aufzustehen und eine Runde um die Gruppe herum zu gehen? Wenn Sie im Gespräch mit einem Teilnehmer sind, können Sie jederzeit vorschlagen, zuerst noch einen Kaffee zu holen. Durch das Gehen kommt Ihr Körper auf jeden Fall aus der Erstarrung heraus. Sie können dann besser scannen, was Sie fühlen. Manchmal merkt man, dass man aus der Erstarrung in die Flucht oder den Kampf kommt. Das ist eine natürliche Reaktion.

Emotion

Im Zustand der Erstarrung ist man sich nicht im Klaren darüber, welche Emotion bei einem gerade vorhanden ist. Es fällt schwer, in dem Moment Zugang zu seinen Emotionen zu finden. Hilfreich kann es sein, zuerst in Kontakt mit dem Körper zu kommen und danach zu erspüren, in welcher emotionalen Verfassung man gerade ist. Untersuchen Sie, welche Grundemotion vorhanden ist: ängstlich, betrübt, verärgert oder froh. Wenn Sie die Emotion wahrnehmen und zulassen, tauen Sie auf und können wieder reagieren. Sagen Sie deshalb, dass Sie verärgert oder angespannt sind oder dass etwas Sie berührt – Sagen Sie es sich selbst, einem Kollegen, den Sie in der Pause anrufen oder sogar der Gruppe. Es ist in Ordnung, Ihre menschliche Seite zu zeigen, wenn Sie anschließend zu Ihrer Rolle zurückkehren. Auf diese Weise gelingt es Ihnen besser.

Erleben Sie die Erstarrung öfter? Machen Sie dann folgende Übung: Setzen Sie sich mehrmals täglich kurz hin und spüren Sie mit geschlossenen Augen in sich hinein: Was nehmen Sie in Ihrem Körper wahr? Welche Emotionen nehmen Sie wahr? Durch regelmäßiges Üben werden Sie buchstäblich „empfindsamer".

Gedanke

Im Zustand der Erstarrung bleiben die Gedanken weg. Das macht Angst. Schließlich wurden Sie als Trainer verpflichtet, weil Sie so gut „Bescheid wissen". Stülpt man sich diesen Gedanken über, wird die Erstarrung nur noch intensiver und die Situation noch bedrohlicher: Nicht nur die Situation ist angsteinflößend, sondern auch der Umstand, dass Sie sich nicht einmal mehr auf sich selbst verlassen können. Es klingt paradox, aber der Ausweg ist, tiefer hineinzugehen. Solange Sie sich selbst unter Druck setzen, wächst die Bedrohung und die Erstarrung verstärkt sich. Wenn Sie sich aber zugestehen, dass Sie gerade keine Antwort haben, werden Sie wieder Zugang zu Ihrem Wissen finden.

Sich selbst zuzugestehen, einmal keine Antwort parat zu haben, ist ziemlich schwierig, weil es zum Beruf gehört, dass man weiß, was man zu tun hat. Aber auch ein Trainer muss nicht immer alles wissen. Sagen Sie sich: „Es ist in Ordnung, dass ich es nicht weiß", und stehen Sie dazu.

Verhalten

Wenn Sie nicht weiterwissen, sagen Sie das dann oder sagen Sie es nicht? Es muss nicht immer gesagt werden. Sie können den Moment aussitzen, kurz still sein und warten, bis Ihnen etwas in den Sinn kommt. Der Zustand der Erstarrung dauert oft nur kurz, kürzer als Sie befürchten, und schon können Sie fortfahren.

Gelingt das nicht, ist Ihre zweitbeste Option, sich der Gruppe mitzuteilen: „Ich weiß im Moment nicht, wie es weitergehen soll. Ich schlage vor, dass wir eine kurze Pause machen und ich denke darüber nach, was wir als nächstes tun." Indem Sie das äußern, tauchen Sie noch tiefer ein, Sie erlauben sich das und schützen sich in der Situation. In neun von zehn Fällen ist es für die Gruppe kein Problem, wenn Sie nicht weiterwissen und es strahlt Kraft aus, wenn Sie den Moment mit der Gruppe teilen. Durch eine Pause geben Sie sich etwas Zeit, um Ihre Gedanken zu sortieren.

Wenn es Ihnen gelingt, können Sie auch einen kleinen Scherz einflechten. Das ist der effektivste Weg, um einerseits zu akzeptieren, dass Sie gerade den Kurs aus den Augen verloren haben, und andererseits den Moment leicht erscheinen zu lassen.

Beispiel:

Im Abschnitt über die Erstarrungsreaktion habe ich das Beispiel der drei weinenden Frauen gebracht (vgl. S. 24). Ich schaute hoffnungsfroh in die Gruppe, aber die Gruppe schwieg. Ich war diejenige, die handeln musste, aber mir fiel wirklich nichts ein. Ich war leer. Das dauerte etwa fünf bis zehn Sekunden, ziemlich lang nach meinem Empfinden. Und in dieser Leere entwickelte sich ein Gedanke, den ich sofort äußerte: „Am besten wir stehen alle einmal auf, vertreten uns die Beine, holen uns einen Kaffee. Wer einen Arm um sich herum spüren möchte, kann das bekommen, wer nach draußen will, kann das tun. Anschließend runden wir gemeinsam diesen Teil ab." Das war, wie sich zeigen sollte, eine sehr gute Lösung. Und ab diesem Zeitpunkt war ich wieder fest in meiner Rolle. Ich fand es nicht mehr vorrangig aufregend, sondern war im Klaren darüber, was ich machen wollte, und konnte den Prozess wieder tragen.

Tabelle 4: Unterschied zwischen einer Erstarrungsreaktion und einer Reaktion, die durch Fühlen geprägt ist

Bereich	Woran ist eine Erstarrungsreaktion erkennenbar?	Übergang: Von der Erstarrung zum Fühlen
Körper	Kein Kontakt zum eigenen Körper, Gespür endet im Nackenbereich. Schummrig im Kopf.	In Bewegung kommen: Holen Sie Kaffee, stehen Sie auf, gehen Sie umher. Durchatmen. Spüren Sie Ihren Körper, machen Sie einen „Bodyscan": Welcher Teil braucht Aufmerksamkeit?
Emotion	Verwirrung: Sie wissen nicht, was Sie empfinden.	Benennen Sie Ihr Gefühl.
Gedanke	Gedanken bleiben weg.	Gestehen Sie es sich zu, nicht weiter zu wissen: „Es ist erlaubt, es nicht zu wissen." Gestehen Sie sich die Emotion zu, die darauf folgt: „Ich darf Angst haben."
Verhalten	Erstarren: Ihr Körper ist regungslos, Ihre Augen bewegen sich nicht. Sie reden mittels Autopilot. Sie klingen flach. „Ich verstehe" – aber Sie verstehen nicht wirklich, es dringt nicht zu Ihnen durch. Kontakt vermeiden durch „angenehme Arbeitsformen".	Sagen Sie etwas über Ihr Gefühl. Machen Sie einen Scherz über die Situation. Kaufen Sie Zeit, indem Sie Fragen stellen und zuhören. Dadurch können Sie wieder zum Fühlen kommen.

Zu guter Letzt können Sie auch immer noch Zeit kaufen, indem Sie mit den „richtigen" Gesprächstechniken – dank Autopilot – reagieren: Weiterfragen, zusammenfassen, Verständnis zeigen. Das wirkt womöglich noch nicht sehr durchlebt, aber es kann helfen, Zeit zu gewinnen. Wenn die Gruppe am Reden ist, können Sie wieder zu Ihrem Gefühl zurückfinden und „authentisch" reagieren.

Zurück zur Trainerrolle

Wenn Sie Ihren Verteidigungsmechanismus wieder hinter sich gelassen haben, können Sie wieder aus Ihrer professionellen Rolle heraus reagieren. Welche

Techniken Sie dafür verwenden, hängt von der Situation ab. Aber Sie haben wieder Zugang zu Ihren normalen Fähigkeiten. Sie sind wieder fest im Sattel in Ihrer Rolle als Trainer.

2.4 Teilnehmer in der Verteidigung

Nicht nur beim Trainer, auch bei den Teilnehmern kann ein Verteidigungsmechanismus in Gang gesetzt werden, wenn sie sich bedroht fühlen. Der Auslöser kann alles Mögliche sein, als Trainer bekommt man das oft gar nicht mit. Eine Person bekommt die unerfreuliche Reaktion eines anderen Teilnehmers zu spüren und geht nun in die Fluchtreaktion. Sie haben eine Spur zu dominant verkündet, die Teilnehmer „müssten" irgendetwas und ein Teilnehmer reagiert darauf mit Kampf. Auch wenn Ihnen die Ursache nicht bekannt ist, Sie merken es am Verhalten dieses Teilnehmers. Er sitzt beispielsweise ständig mit gekreuzten Armen vor Ihnen: „Mein Chef will, dass ich hier sitze, Lust habe ich keine!" Oder er spricht sehr ausführlich mit vielen Verkleinerungswörtern und Ausschmückungen.

Diese Mechanismen lassen sich auch bei Teilnehmern nicht verhindern, aber Sie können sich dafür sensibilisieren. Wie, wird in diesem Abschnitt besprochen. Wenn Sie schon einmal erkennen können, ob sich ein Teilnehmer im Kampf, auf der Flucht oder in der Erstarrung befindet, wissen Sie auch, welches Handwerkszeug Sie zur Hand nehmen können, um dem Teilnehmer herauszuhelfen. Mehr dazu lesen Sie im nächsten Abschnitt.

Kampf

Die Kampfreaktion merkt man in der Regel am ehesten, denn sie ist die Form des Widerstands, die am offensten ausgetragen wird. Jemand setzt sich für das ein, was er möchte und glaubt. Er sucht die Auseinandersetzung mit Ihnen und macht sich stark für seine Belange und Vorstellungen. Beispiele für die Kampfhaltung sind:

- „Können wir nicht früher aufhören?"
- „Das ist doch völliger Unsinn!"
- „Ich finde das nicht in Ordnung, dass Sie sagen, wir müssen rechtzeitig kommen und dass Sie dann selbst zu spät erscheinen."

In der Kampfreaktion werden die Stimmen der entsprechenden Teilnehmer meist lauter und sie suchen häufigen Augenkontakt. Die dahinterliegende Emotion ist Verärgerung, Empörung, Aggression. Wenn eine ganze Gruppe kämpft, bedeutet dies viel Lärm und häufiges gegenseitiges Unterbrechen.

Flucht

Die Fluchtreaktion zeigt sich weniger offen als die Kampfreaktion. Ein verängstigter Teilnehmer wird sich eher zurückziehen. Er hat zwar eine Meinung, wagt aber nicht, sie zu äußern. Sie erkennen das beispielsweise an folgenden Haltungen:

- Ein Teilnehmer erklärt, er habe nicht sehr viel gelernt. Aber das würde auch an ihm selbst liegen, weil ...
- Jemand fängt beim Feedback, das ihm gegenüber ausgesprochen wird, oder bei einer Übung zu weinen an: „Ich weiß nicht mehr, wie ich weitermachen soll."
- Jemand kommt ständig zu spät.
- Der Teilnehmer ist beim Feedbackgeben äußerst umsichtig und entschuldigt sich: „Das mache ich selbst natürlich auch, aber…"
- Ein Teilnehmer traut sich nicht, die Übungen zu machen.
- Jemand lächelt immer, auch wenn das nicht kongruent ist mit dem, was er/sie sagt.

Insgesamt gilt: Sie fühlen Angst und Unsicherheit beim Gegenüber. Er schaut weg, er meidet die Konfrontation.

Erstarrung

Ein Teilnehmer steigt aus dem Kontakt – mit sich selbst und mit Ihnen – aus. Nichts erreicht ihn noch wirklich. Das merkt man zum Beispiel daran, dass ein Teilnehmer bei einem Rollenspiel Feedback bekommt, das Gesagte aber nicht bei ihm ankommt. Er versteht nicht, was er tun soll und ist vor allem verwirrt. Auch bei einer Sitzung im Plenum kann ein Einzelner in die Erstarrung kommen: Die Person schaut Sie dann mit glasigen Augen an, wenn Sie etwas erklären, stellt wiederholt dieselben Fragen, versteht aber die Antworten nicht. Das kann den Trainer ungeduldig oder unsicher machen: „Was ist hier los? Drücke ich mich so undeutlich aus?" Gerade weil die Erstarrung der am stärksten verborgene Verteidigungsmechanismus ist, besteht die Gefahr, dass Sie immer weitermachen mit dem Inhaltlichen, obwohl das völlig sinnlos ist.

2.5 Teilnehmer aus dem Stress holen

Teilnehmer, die in ihrem Verteidigungsmechanismus feststecken, sind nicht mehr mit Lernen beschäftigt. Als Trainer leiden Sie unter ihrem Verteidigungsverhalten. Sie sind möglicherweise irritiert oder spüren Angst aufkommen und reagieren deshalb etwas zu scharf.

Sie können den Teilnehmern helfen, ihren Stress zu beenden, indem Sie ihnen vermitteln, dass sie im Training in Sicherheit sind. Es nützt wenig, dies konkret zu formulieren, denn die meisten Teilnehmer erkennen bei sich selbst nicht, wenn Sie in der Verteidigung sind. Es hilft aber, ruhig zu bleiben und nicht darauf einzugehen. Das ist eine Herausforderung, denn die Reaktion des Teilnehmers lässt sie vermutlich nicht kalt. In vielen Fällen nützt es schon viel, wenn Sie sich bewusst machen, dass die Reaktion des Teilnehmers nichts mit Ihnen zu tun hat. Falls Sie nun Ihrerseits in die Flucht-, Kampf- oder Erstarrungsreaktion gehen, bedeutet dies, dass Sie sich zuerst selbst in Sicherheit bringen. In einem Flugzeug bekommt man auch immer erklärt, dass man im Notfall erst selbst die Sauerstoffmaske aufsetzen soll, bevor man einem Kind hilft.

Raus aus dem Kampf: Sie dürfen verärgert sein

Sie können einem Teilnehmer den Weg aus dem Kampfmodus heraus ebnen, wenn Sie ihm das Gefühl geben, dass Sie ihn verstehen und dass sein Ärger legitim ist. Am besten erreichen Sie das, indem Sie seine Botschaft zusammenfassen. So geben Sie ihm die Erlaubnis: Er darf sagen, was er zu sagen hat, Sie hören ihn. In Ihrer Zusammenfassung sollten Sie Ausdrücke verwenden, die dem Teilnehmer entgegenkommen: Meistens ist das die übliche Umgangssprache. Sagen Sie also lieber: „Also, Sie denken: ‚Was ist das hier für ein heilloses Durcheinander?'", als „Sie sind der Meinung, dass wir die Sache hier nicht optimal organisiert haben" (außer, wenn Letzteres der Sprache dieses Teilnehmers entspricht).

Alternativ können Sie auch das Empfinden des Teilnehmers zusammenfassen. Manchmal sorgt das dafür, dass der Teilnehmer sich besser verstanden fühlt. Achten Sie darauf, dass Sie seine Gefühle nur in Kombination mit dem Inhalt zusammenfassen, sonst wirkt es so, als würden Sie nicht zuhören. Sie: „Sie sind richtig verärgert, nicht?" Teilnehmer: „Verärgert. Verärgert. Natürlich bin ich verärgert, aber darum geht es jetzt nicht. Was ich sagen möchte, ist…"

Da Teilnehmer im Kampf eine dominante Haltung einnehmen, ist es sehr wirkungsvoll, diese Haltung nachzuahmen. Gehen Sie am Ende des Satzes mit der Stimme nach unten. Damit beanspruchen Sie genauso viel Autorität wie der Sprecher. Das schützt Sie: Sie lassen sich nicht unterkriegen, Sie sind genauso stark.

Beispiel:

Teilnehmer: „Ich muss Sie hier doch unterbrechen, denn das stimmt natürlich nicht, was Sie da sagen! Im Buch steht es ganz anders: Ich verstehe jetzt gar nichts mehr!"

Trainer: „Sie sind genervt, was ist das für ein verwirrender Zustand"!

Teilnehmer: „Ja, genau!"

Wenn Sie den Einwand eines Teilnehmers zusammenfassen, bekommt der Einwand mehr Raum, er wird größer. Wenn Sie den Versuch machen, den Einwand zu verkleinern, fühlt sich der Teilnehmer nicht verstanden. Auf ihn wirkt das Verkleinern wie eine Beschwichtigung. Durch die Vergrößerung bekommt sein Einwand absolute Existenzberechtigung. Das nimmt dem Einwand den Stachel und der Teilnehmer wird es daraufhin meist damit bewenden lassen.

Beispiel: Verkleinern

Teilnehmer: „Ich muss Sie hier doch unterbrechen, denn das stimmt natürlich nicht, was Sie da sagen! Im Buch steht es ganz anders: Ich verstehe jetzt gar nichts mehr!"

Trainer: „Sie finden das nicht ganz in Ordnung so."

Teilnehmer: „Nicht in Ordnung, nicht in Ordnung… Ich finde es nicht professionell!"

Beispiel: Vergrößern

Teilnehmer: „Ich muss Sie hier doch unterbrechen, denn das stimmt natürlich nicht, was Sie da sagen! Im Buch steht es ganz anders: Ich verstehe jetzt gar nichts mehr!"

Trainer: „Sie fragen sich, in welchem Durcheinander Sie da gelandet sind."

Teilnehmer: „Nun ja, Durcheinander. Das will ich so nicht sagen, aber ich verstehe das tatsächlich nicht."

Wenn sich die Emotionen etwas gelegt haben, fragen Sie nach dem Inhalt; das ist wichtig, denn Sie wollen ja wirklich verstehen, warum der Teilnehmer so verärgert ist. Wenn Sie das nicht machen, wird es ein Kunstgriff: einmal kurz zusammenfassen und dann zurück zur Tagesordnung. Wenn Sie aber wissen, worum es bei dem Einwand genau geht, können Sie ihn nachvollziehen und angemessen reagieren.

Im Prinzip hat jeder Teilnehmer das „Recht", einmal in den Kampfmodus zu gehen. Wählt ein Teilnehmer aber ständig den Angriff, ist es angezeigt, ihn zu korrigieren. Wie das geht, lesen Sie im letzten Kapitel.

Raus aus der Flucht: So tun als ob – bis man es kann

Ein Teilnehmer auf der Flucht hat Angst. Sie können ihm helfen, wenn Sie ihn so handeln lassen, als sei er angstfrei: „So tun als ob – bis man es kann." Um das zu erreichen, machen Sie im Großen und Ganzen dasselbe, was Sie tun, wenn Sie selbst Angst haben.

- Die Angst anerkennen. Es kann hilfreich sein, wenn Sie die Tatsache, dass jemand etwas aufregend findet, ansprechen. Oder noch besser: dass etwas aufregend ist! So lassen Sie den Teilnehmer spüren, dass er sich für nichts zu schämen braucht.
- Wenn jemand bei einer Übung Angst bekommt, helfen Anweisungen bezüglich des Körpers. Oft sieht man, wie jemand zittert und wegschaut oder dass jemand sehr flach atmet. Mit wenigen Hinweisen wird der Körper ruhiger: Atmen Sie in den Bauch hinein und stellen Sie sich fest auf den Boden.
- Sagen Sie, was Sie zu sagen haben. Tun Sie, was Sie tun müssen. Ermuntern Sie den Teilnehmer, sich mitzuteilen, seien Sie gespannt auf das, was er zu sagen hat, und schauen Sie hinter die Fassade, wenn Zweifel verbalisiert werden. Fühlt jemand sich unsicher in den Übungen? Machen Sie die Übung dann leichter, sodass der Erfolg schon fast garantiert ist – aber noch herausfordernd genug, damit es sich auch wie ein echter Erfolg anfühlt. Sie können dem Teilnehmer auch anbieten, sich neben ihn zu setzen, wie sein siamesischer Zwilling, um dosiert helfen zu können.
- Nicht bevormunden. Räumen Sie ein, dass die Sache spannend ist, aber übertreiben Sie nicht. Sonst kommunizieren Sie zwischen den Zeilen: „Sie benötigen zusätzliche Unterstützung, weil Sie etwas labil sind." Behandeln Sie die Person so, als sei sie kraftvoll und sie wird sich entsprechend verhalten.

Beispiel:

Ich spaziere durch das Deichvorland und telefoniere mit einer Kollegin. Als ich mich umdrehe, sehe ich, dass etwa zwanzig Pferde im Trab auf mich zukommen! Ich fühle Stress: „Hilfe, so viele Pferde laufen auf mich zu! Das ist wirklich angsteinflößend, ich weiß nicht, was ich tun soll!" Meine Kollegin übernimmt die Rolle des Coachs: „Okay, Karin, Pferde spüren deine Angst. Du bist der Chef. Gehe aufrecht, Kopf hoch, tiefe Atmung." Ich tue, was sie sagt und fühle mich sogleich besser. Ich blicke mich um und sehe, dass die Pferde kein Interesse mehr an mir zu haben scheinen. „Wie weit ist es noch bis zum Zaun?" „Ich schätze noch 200 Meter." „Okay, geh einfach ruhig weiter. Du bist der Chef, weißt du noch?" Ich gehe weiter und erkenne, dass die Pferde stehen geblieben sind. Meine Kollegin fragt immer wieder, wie weit es noch ist und ich kann sie beruhigen: Jetzt bin ich in Sicherheit. Als ich ihr sage, dass ich hinter dem Zaun bin, stößt sie einen Seufzer der Erleichterung aus: „Ich habe eine Riesenangst vor Pferden, wusstest du das? Ich fand das eben sehr bedrohlich. Ich gehe wegen dieser Tiere nie im Deichvorland spazieren!"

Sie gehen also nicht mit in der Angst des Teilnehmers. Die Angst ist akzeptiert, hat aber nicht das letzte Wort. Wenn ein Teilnehmer eine Übung, die ihm den Angstschweiß ins Gesicht treibt, dennoch macht und zu einem guten Ende führt, lässt seine Angst oft gleich ein Stück weit nach. Sie stellen im Training das Gefühl der Sicherheit her, indem Sie den Teilnehmer die angstbesetzte Übung machen lassen, und nicht, indem Sie sie vermeiden.

Raus aus der Erstarrung: Einmal kurz gewähren lassen

Ein Teilnehmer in der Erstarrung braucht Gelegenheit, sich zu erholen: Er sollte eine Weile in Ruhe gelassen werden, möglichst etwas in Bewegung kommen und sich in der Pause die Füße vertreten oder eine Übung machen. Oft folgt die Einsicht dann noch im Nachhinein. Wenn wir es mit der Erstarrungsreaktion zu tun haben, werden wir nicht auf Wiederholung des Rollenspiels drängen. Bei der Fluchtreaktion würde man das tun, aber bei der Erstarrung eher nicht. Ein betroffener Teilnehmer würde dann bestenfalls wie eine Marionette das tun, was Sie von ihm verlangen und sich hinterher noch unglücklicher fühlen.

Bei der Erstarrung bringt es auch nicht viel, die Fragen des Teilnehmers immer wieder neu zu beantworten. Der Teilnehmer versteht die Erklärungen nicht, er empfindet Stress und wiederholt seine Fragen immer wieder. Ihre Antwort erreicht ihn aber nicht, er ist nicht in Kontakt. Schlagen Sie deshalb vor, die Sache für den Moment ruhen zu lassen und in der Pause auf seine Fragen zurückzukommen. Oft bewirkt schon eine solche Unterbrechung, dass der Groschen fällt.

Beispiel:

Eine Trainerin übt sich in einer neuen Technik. Ihre beiden Kollegen sind begeistert, stoppen die Übung alle Naselang, geben Feedback und lassen sie es erneut versuchen. Die Trainerin versteht das Feedback nicht, woraufhin die Kollegen mich einschalten: „Erklären Sie es ihr bitte." Ich tue das und die Trainerin versteht nun gar nichts mehr und möchte nicht weiter üben: „Tut mir leid, aber ich kann das nicht, mein Kopf ist wie unter einer Dunstglocke." Am Ende entschuldige ich mich bei ihr: Es war ein Fehler, ihr auf Wunsch der Kollegen Feedback zu geben. Ich hätte die Vorgehensweise erst mit ihr abstimmen müssen. Logisch, dass bei ihr der Stecker rausflog. Von allen Seiten erreichte sie die Botschaft: „Du machst das nicht gut!"

Beim nächsten Mal setze ich mich zu ihrer Kleingruppe dazu. Während der Übung hält sie kurz inne und ich flüstere ihr einen Tipp zu, den sie wunderbar aufgreift. Kurz später verliert sie den roten Faden und versucht, noch einmal einen Tipp zu bekommen. Ich sage nur: „Machen Sie, was sie selbst denken!" Sie tut das und die Übung läuft hervorragend.

Tabelle 5: Verteidigungsmechanismen des Teilnehmers erkennen und adäquat damit umgehen

Bereich	Mechanismus beim Teilnehmer erkennen	Den Teilnehmer schützen
Kampf	– offener Widerstand – erhobene Stimme – viel Augenkontakt – (leicht) aggressiv – zum Angriff übergehen!	Botschaft: Verärgert sein ist erlaubt. – Fassen Sie die Botschaft etwas vergrößert zusammen. – Fragen Sie nach dem Inhalt: Was macht ihn so verärgert? – Zeigen Sie auf, inwieweit Sie das verstehen.
Flucht	– wegschauen – Zweifel in Worte fassen – umsichtig – viel Lächeln, auch wenn es nicht mit der Botschaft kongruent ist – sich entschuldigen	Botschaft: Sie dürfen Angst haben und wir machen doch weiter. Fake it till you make it. – Erwähnen Sie in leichtem Ton, dass es spannend ist. – Geben Sie Hinweise in Bezug auf den Körper: Atmen Sie in den Bauch, sorgen Sie für einen stabilen Stand. – Ermuntern Sie den Einzelnen zu tun, was er zu tun hat. – Senken Sie den Schwierigkeitsgrad, damit der Teilnehmer erfolgreich sein kann. – Nicht bevormunden.
Erstarren	– aus dem Kontakt aussteigen (abschalten) – unbeweglich – vor sich hinstarren – glasiger Blick – dieselben Fragen wiederholen	Gewähren lassen – Geben Sie dem Teilnehmer Gelegenheit, sich zu erholen; machen Sie nicht inhaltlich weiter, es erreicht ihn nicht. – Regen Sie an, dass der Teilnehmer in Bewegung kommt: eine Runde Spazierengehen in der Mittagspause. – Kommen Sie später darauf zurück: üben Sie später, beantworten Sie die Frage nachträglich.

2.6 Die eigene Sicherheit im Blick

Die gute Nachricht lautet, dass Sie lernen können, sich selbst vor der Gruppe in sicherer Position zu wissen, sodass Sie nicht mehr so oft vor etwas erschrecken oder etwas befürchten. Je mehr man erlebt hat, desto weniger schnell flattern einem die Nerven. Auch von den Erfahrungen der Kollegen kann man viel lernen, zum Beispiel in einer Intervisionsgruppe: Was ist bei den Kollegen vorgefallen? Wie reagierten sie darauf? Was kam am Ende dabei heraus? Vergleichen Sie es mit der kognitiven Verhaltenstherapie: Man gewöhnt sich an die Angst, indem man sich ihr – in zunehmenden Maß – aussetzt. Das nennt man „Exposition" (oder auch: *Konfrontation*). Von einer Spinne auf einer Abbildung zur Spinne in einem Behältnis neben dem Bett hin zur Tarantel, die einem über den Arm läuft. So funktioniert es auch im Training. Steigern Sie die spannenden Situationen etappenweise. Fangen Sie mit Gruppen an, die Sie kennen, und mit klar begrenzten und vertrauten Inhalten und suchen Sie dann sukzessive neue und spannendere Situationen auf. Machen Sie das zu schnell, kommt wieder Panik ins Spiel. Werden Sie zu früh in Ihrer Laufbahn mit einer Tarantel konfrontiert, bereitet Ihnen schon die kleinste Spinne Stress.

Am Anfang dieses Kapitels haben Sie gelesen, dass die Gefahr, immer mal wieder unter Stress zu stehen, ziemlich groß ist. Gruppen sind nun einmal nicht vorhersehbar und in der Position des Trainers sind Sie ständig sichtbar. Schon allein deshalb wird es immer spannende Momente geben. Es ist von Vorteil, das zu akzeptieren und mit allen „Wahrnehmungskanälen" in gutem Kontakt zu bleiben, sodass Sie selbst möglichst rasch bemerken, wenn Sie unter Druck geraten. Beobachten Sie sich während des Trainings. Wie fühle ich mich? Wie reagiere ich? Fühle ich mich wohl in meiner Rolle oder fühle ich mich schutzlos ausgeliefert? Manchmal befindet man sich schon vor dem Training in einem Verteidigungsmechanismus, weil man sich vor dem Training fürchtet oder weil es Schwierigkeiten im privaten Leben gibt. Sie sind dann als Person nicht wirklich bei sich und haben Mühe, sich in Ihrer Rolle sicher zu fühlen.

Wer einen guten Kontakt zu sich selbst hat, spürt über einen der vier möglichen vier Zugänge (Körper, Gefühl, Gedanken, Verhalten), wenn er sich nicht mehr sicher fühlt. Das ist eine wichtige Information, denn wenn Sie Ihre Reaktion wiedererkennen, können Sie sich selbst beruhigen: Sie sind in Sicherheit! Wenn Sie dieses Gefühl der Sicherheit spüren, können Sie wieder frei und professionell arbeiten, die nötige fachliche Kompetenz ist wieder verfügbar. Sie können dazu dieselben vier Zugänge einsetzen, durch die Sie wahrgenommen haben, dass die Lage unsicher ist. Welcher am besten geeignet ist, ist von Person zu Person verschieden.

Körper

Unsicherheit spüren wir an verschiedenen Stellen im Körper: Wir bekommen einen Knoten im Magen, Beklemmung im Brustbereich oder einen Kloß im Hals. Die Füße fühlen sich an, als schwebten sie über dem Boden, der Körper scheint aus losen Einzelteilen zu bestehen und nicht ein in sich stabiles Ganzes zu sein.

Fühlt man sich wie losgelöst von seinem Körper, ist es hilfreich, ein paar Schritte zu gehen, die Füße auf dem Boden zu spüren und tief durchzuatmen. Ein Weinkrampf oder ein Wutausbruch können eine erleichternde Wirkung haben (zumindest wenn man zu dem Zeitpunkt nicht in der Gruppe ist, sonst konterkariert es das „richtige Tun“). Sie können Ihren Atem zu der Stelle Ihres Körpers lenken, wo Sie die Störung fühlen und mit Achtsamkeits-Techniken Ihre körperlichen Wahrnehmungen akzeptieren und sich von ihnen distanzieren. Oft genügt es schon, dass die Bauchschmerzen oder die flache Atmung angenommen werden; sie lassen dann oft nach. Außerdem können Sie Ihren Körper beeinflussen: Gehen Sie beispielsweise kurz zur Toilette und atmen Sie drei Minuten lang achtsam ein und aus. Oder machen Sie in der Pause einen kleinen Spaziergang und setzen dabei die Füße bewusst auf den Boden.

Gefühl

Ein wichtiger Zugang ist Ihr Gefühl. Fühlen Sie sich gut in der Gruppe? Können Sie so sein, wie Sie sind? Fühlen Sie sich willkommen? Oder spüren Sie Anspannung: Sind Sie verärgert, ängstlich, traurig? Das sind wichtige Signale, die anzeigen können, dass Sie die Situation als bedrohlich erleben. Was für die Körpersignale gilt, gilt auch für die Emotionen. Es ist wichtig, sie zu akzeptieren. Natürlich ist das nicht einfach, denn ungute Gefühle würden wir am liebsten wegschieben. Schon allein sich einzugestehen, dass man Angst hat oder Ärger in sich trägt, kann dazu führen, dass die jeweilige Emotion schwächer wird. Wenn Sie zulassen können, was ist, geht die Sache in den Hintergrund. Manchmal funktioniert das nicht, wenn die Ladung zu groß ist. Dann können Sie versuchen, Ihre Aufmerksamkeit auf etwas zu lenken, das Ihnen Ruhe vermittelt, wie zum Beispiel eine positive frühere Erfahrung.

Gedanken

Stellen Sie sich vor, Sie werden gefragt, wie das Training läuft. Was antworten Sie? In Ihrer Antwort sind Ihre verborgenen Gedanken enthalten: „Es läuft gut“, „Eine prima Gruppe“, oder „Sie müssen noch etwas lockerer werden, aber das wird schon.“ Oder sagen Sie Dinge wie: „Ich glaube, die Leute halten nichts von diesem Training“, „Was für Widerstände!“, oder „Pfffff, sie fragen sehr viel, lehnen sich bequem zurück und lassen mich arbeiten.“ Wenn Sie solche negativen Gedanken haben, sollten die Alarmglocken läuten. Sie fühlen sich in dieser Gruppe nicht wohl.

Meistens stimmen Ihre negativen Gedanken nicht mit der Wirklichkeit überein, sie sind eingefärbt von Ihrer Angst. Wenn Sie Ihre negativen Gedanken kennen, können Sie ihnen ganz bewusst relativierende Gedanken gegenüberstellen. „Das wird sicher eine Blamage für mich" wird dann zu „Du bist nicht perfekt und das ist okay." Vor allem wenn Sie oft den immer gleichen hinderlichen Gedanken haben, können Sie sich den hilfreichen Gedanken fest einprägen. Er ist dann abrufbar, wenn es spannend wird und sorgt für Gelassenheit. In Kapitel vier über die Rational-Emotive Therapie können Sie mehr darüber lesen.

Verhalten

Wenn Sie nicht mehr gut arbeiten, merken Sie das an Ihrem Verhalten. Sie reden anders, vielleicht werden Sie laut oder Sie zögern öfter. Es fällt Ihnen auf, dass Sie in „Ja, aber"-Konstruktionen reden oder dass das Training Sie mehr Energie kostet als sonst.

Sie können nun anfangen, so professionell wie möglich zu handeln, um dann zu merken, dass die Gruppe gut reagiert. So durchbrechen Sie Ihre Angst, weil Sie erkennen, dass die Grundlage fehlt. Sie reagieren beispielsweise lehrbuchmäßig auf Kritik aus der Gruppe und stellen fest, dass Ihr Gegenüber damit sehr gut zurechtkommt.

Beispiel:

Zweiter Tag. Ich habe schlecht geschlafen, schlage mich mit Zweifeln, die den ersten Tag betreffen, herum. Ich meine, dass es nicht so gut gelaufen ist, kriege das Problem aber nicht richtig zu fassen. Ich fühle Unruhe im Bauch, höre Sätze im Kopf: „Du stehst blamiert da, das wirst du gleich merken." Wenn ich gedanklich erforsche, was gestern alles geschehen ist, weiß ich genau, in welchem Moment ich getriggert wurde. Ich habe mich über die Fehler geärgert, die jemand in der Übung gemacht hat, und habe darauf zu heftig reagiert. Kurze Zeit später schämte ich mich für diese Reaktion. Und jetzt fantasiere ich, dass die ganze Gruppe mich blöd findet. Rational betrachtet, ist das reiner Unsinn, eine Überreaktion, das weiß ich. Ich finde allerdings, dass ich in dem Moment zu schnell war, zu hastig und möchte diesen zweiten Tag ruhiger angehen und fokussierter arbeiten. Ich beginne den nächsten Tag mit der kurzen Frage, ob es Klärungsbedarf oder offene Fragen gibt. Das scheint nicht der Fall zu sein und so gehe ich mit meinen guten Vorsätzen ins Training. Schon nach einer Viertelstunde bin ich ganz ruhig: die Gruppe gedeiht, lernt, ist guter Dinge. Und ich fühle mich wieder sicher.

Tabelle 6: Was hilft bei welchen Signalen des Körpers, der Gefühle, der Gedanken oder des Verhaltens?

Bereich	Signale	Was hilft?
Körper	– Knoten im Magen – Beklemmung im Brustbereich – Füße schweben über dem Boden – Herzrasen – Flache Atmung	Körperliche Aktivität: Gehen Sie ein paar Schritte, atmen Sie dorthin, wo Sie den Stress im Körper spüren. Setzen Sie sich, wenn Sie gestanden haben oder stehen Sie auf, wenn Sie gesessen haben.
Gefühl	Erkennen Sie, dass Sie Angst haben, verärgert oder traurig sind.	Lassen Sie Ihre Emotionen zu.
Gedanken	Lernen Sie, negative Gedanken über einen Teilnehmer oder eine ganze Gruppe zu erkennen.	Überprüfen Sie Ihre Interpretation. Setzen Sie einen relativierenden Gedanken ein.
Verhalten	Machen Sie sich bewusst, wie viel Energie Sie in die Gruppe investieren. Geht es noch mühelos, müssen Sie anschieben oder sind Sie innerlich abgesprungen?	Fangen Sie an, auf der Grundlage Ihres fachlichen Könnens das Richtige zu tun und nehmen Sie wahr, ob es eine Wirkung hat.

Courage[2]

Mit der ganzen Familie verbringen wir ein paar Stunden in einem Erlebnispark und nach dem etwas träge bewegenden Riesenrad stürzen sich unsere Töchter begeistert auf einen Wellenflieger. Ich schaue zu, wie er immer höher und höher steigt und sehe die Jüngste mit verzerrtem Gesicht darin sitzen. Sie kommt weinend zurück: „Das war gar nicht schön, es war richtig gruselig!" „Bei diesem einen Mal wird es dann wohl bleiben", denke ich.

Nach zwei Stunden kommen wir wieder an dem Wellenflieger vorbei und die Jüngste ruft: „Ich will noch einmal." Und sie steigt ein. Bei der dritten hohen Runde bricht das Lachen aus ihr heraus und als sie wieder zurückkommt, stellt sie sich erneut an für eine weitere Runde. Und noch eine und noch eine... Als ich sie später frage, was sich in ihrem Kopf abgespielt hat, sagt sie: „Ich habe mich so gefürchtet, dass ich mir dachte, es wäre sicher ganz toll, wenn ich nicht solche Angst hätte."

Wie schön! Und wie wahr! Denn wenn ich auf meine Arbeit zurückschaue, sind doch gerade die Dinge am tollsten, vor denen ich mich im Vorfeld gefürchtet habe. Was hatte ich Ängste vor meinem ersten Training! Und was für einen Kick hat es mir gegeben, als es gut ging! Das, wovor man sich fürchtet, übt eine Anziehungskraft aus. Gerade wenn einem etwas Angst macht, kann dieses Etwas sehr schön werden, wenn man sich doch traut. Einfach noch einmal machen und merken, dass es nur halb so schlimm ist.

Ermutigt durch meine Töchter, suche auch ich im Erlebnispark meine Grenzen auf. Es gibt dort ein großes Schwimmbad mit verschiedenen Rutschbahnen. Gemeinsam gehen wir in die sogenannte „Star Fright" und sausen schaurig schnell nach unten. Ich fühle leichte Panik aufkommen, doch die Lektionen aus der Achtsamkeitstheorie (Mindfulness) helfen mir: Ich fokussiere auf „einatmen, ausatmen" und komme mit zitternden Beinen unten an.

Dann denke ich an meine Tochter und beschließe, noch einmal in diese Rutschbahn zu gehen, weil ich wissen will, ob es dann richtig toll wird. Dieses Mal weiß ich ja, was mich erwartet. Als wir uns auf den Weg machen, spüre ich, dass mein Herz schneller schlägt, meine Atmung flacher wird, dass ich Angst bekomme. Nebenbei sage ich mir, dass ich es gut hinkriegen werde und steige wieder ein. Dieses Mal versuche ich es mit Schreien. Ich finde es immer noch schrecklich.

---

2 Dieser Text wurde 2012 in der Zeitschrift *Tijdschrift voor ontwikkling in organisaties* veröffentlicht.

Beim dritten Mal versuche ich es mit Lachen. Als provokativer Coach bin ich gespannt, welchen Effekt das auf meine Angst hat. Lachen scheint befreiend zu wirken, vor allem, weil ich, einmal unten angekommen, wirklich darüber lachen muss, wie wir wiehernd durch den Engpass gerutscht sind. Aber meine Beine zittern immer noch so stark wie beim ersten Mal und ich finde es immer noch richtig angsteinflößend – zu sehr, um es toll zu finden.

Also, ein bisschen Angst ist okay. Nehmen Sie die Herausforderung an und biegen Sie sie um zu etwas Schönem. Aber wenn man sich zu sehr fürchtet, dann ist das eben so. Mir ist es lieber, ein Training zu halten, ein Buch zu schreiben oder vor 200 Menschen zu sprechen. Den „Star Fright" möchte ich gern an mir vorbeigehen lassen.

3 Die Gruppe bekommen, die man verdient: Transaktionsanalyse

Beispiel:

Trainerin 1: „In meinen Gruppen wird es immer total still, wenn ich etwas erkläre. Das fühlt sich nicht gut an. Ich frage mich: Was halten die Teilnehmer davon? Ich finde es auch deshalb schade, weil wir den Inhalt zugespitzter eingrenzen könnten, wenn es mehr Fragen und Beiträge aus der Gruppe gäbe. Wenn ich aber um Reaktionen bitte, bleibt es still."

Trainerin 2: „Bei mir liefern die Teilnehmer immer Reaktionen! Ich finde das an sich gut, aber die Zeit, in der ich etwas erkläre, zieht sich dadurch ungewollt in die Länge. Wenn ich dann ein Teilgebiet abrunden möchte, kommen wieder Fragen oder Reaktionen."

Beide Trainerinnen wollen dasselbe: Etwas erklären und darüber diskutieren und beide scheinen dasselbe zu tun. Doch die eine bekommt eine schweigende Gruppe und die andere zu viele Reaktionen. Wie kommt das? Sind die Gruppen so unterschiedlich oder „bekommt jeder Trainer, die Gruppe, die er verdient"? Machen die Trainerinnen unbewusst etwas, wodurch sich die eine Gruppe zurückzieht und die andere keine Führung akzeptiert?

Mit dem Modell der Transaktionsanalyse (TA) können Sie herausfinden, ob eine unerwartete Reaktion der Gruppe tatsächlich etwas mit Ihnen zu tun hat. Sie entdecken, ob Sie etwas tun, das bewirkt, dass die Gruppe sich so „komisch" verhält. Das kann zum Beispiel daran liegen, dass Sie selbst in Ihrem Verhalten einseitig erscheinen und dadurch eine ebenso einseitige Reaktion aus der Gruppe bekommen. Es kann auch damit zusammenhängen, dass Ihr Verhalten nicht zu Ihrer Intention passt: Sie wollen das eine, tun aber das andere und erzeugen unerwartete Reaktionen. Wenn Sie sich das einmal bewusst gemacht haben, können Sie in Ihrem Verhalten flexibler und kongruenter werden.

Worum geht es in diesem Kapitel?

Der erste Abschnitt dieses Kapitels beginnt mit einer kurzen Beschreibung der Transaktionsanalyse und ihren fünf Ich-Zuständen. Im zweiten Abschnitt folgt die Anwendung dieses Modells auf die jeweilige Situation der beiden Trainerinnen, die am Anfang des Kapitels zu Wort kamen. Im dritten Abschnitt gehe ich ausführlicher auf die fünf Ich-Zustände ein, und zwar sowohl im Hinblick auf die Trainerrolle als auch mit Blick auf die Teilnehmer. Die Abschnitte 4 und 5 enthalten eine ausführliche Betrachtung der „Transaktionen". Ich beschäftige mich mit komplementären Transaktionen, die dafür sorgen, dass ein Training reibungslos verläuft und mit Kreuztransaktionen, die unerwartete Reaktionen nach sich ziehen. Im sechsten Abschnitt können die Leserinnen und Leser anhand verschiedener Situationen testen, ob sie das Modell verstanden haben. Zum Schluss dieses Abschnitts gehe ich auf verhärtete Positionen ein: Welchen Ich-Zustand bevorzugen Sie und was macht das mit Ihrer Gruppe? Sie werden dann besser verstehen, warum Gruppen beim einen Trainer zugewandt und nett zueinander sind und bei einem anderen Trainer deutlich aufgabenorientierter. Abschnitt 7 zeigt, wie Sie Muster zielgerichtet variieren können. Ich werde das anhand dreier Situationen während eines Trainings demonstrieren, nämlich bei der Eröffnung, der Erklärung eines Theorieteils und der Begleitung eines Rollenspiels.

3.1 Transaktionsanalyse: Eltern, Erwachsener, Kind

Kommunikation auf der Grundlage der Ich-Zustände:

Entwickelt wurde die Transaktionsanalyse von dem kanadisch-amerikanischen Psychiater Eric Berne (1910–1970). Berne geht davon aus, dass jeder Mensch in seiner Kommunikation mit anderen verschiedene Haltungen wählen kann. Er nennt diese Haltungen Ich-Zustände. Mithilfe der Ich-Zustände können wir uns in Gesprächen positionieren: Berne unterscheidet fünf Ich-Zustände:

- Das *fürsorgliche Eltern-Ich* ist fürsorglich und beschützend.
- Das *kritische Eltern-Ich* übernimmt die Führung und legt den Finger auf die schmerzhafte Stelle.
- Das *Erwachsenen-Ich* kommuniziert sachlich und neutral.
- Das *angepasste Kind-Ich* hört zu und folgt.
- Das *freie Kind-Ich* ist impulsiv und verspielt.

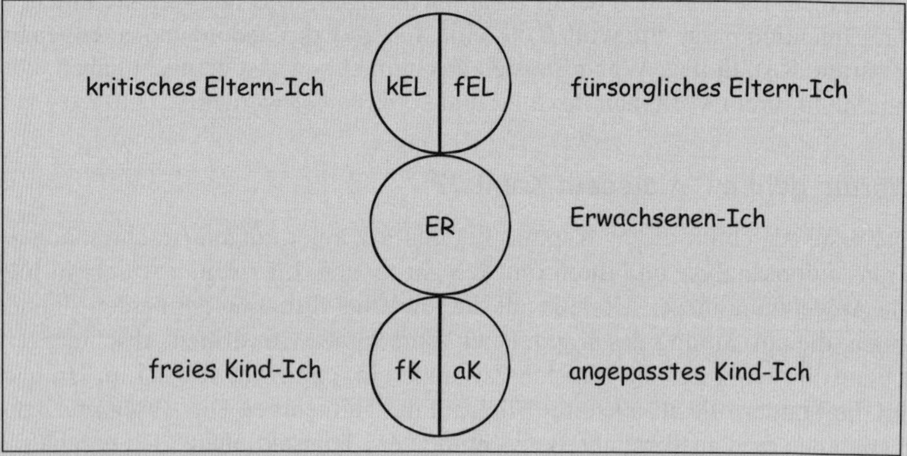

Abbildung 9: Ich-Zustände der Transaktionsanalyse nach Berne

Die Transaktionsanalyse geht davon aus, dass wir uns immer in einem dieser Ich-Zustände befinden. Wenn wir in Kommunikation miteinander treten, nennt Berne das eine Transaktion. Bei jeder Transaktion spricht einer der Gesprächspartner aus einem bestimmten Ich-Zustand heraus (beispielsweise das kritische Eltern-Ich) den Ich-Zustand seines Gegenübers an (beispielsweise das angepasste Kind-Ich). Wenn der Angesprochene reagiert, wiederholt sich dieses Spiel.

Die Crux dieses Modells ist, dass diese Transaktionen laut Berne mehr oder weniger erfolgreich sein können. Sollen die Transaktionen zu einem Erfolg werden, ist langfristig Folgendes vonnöten:

1. Der Sprecher und der Angesprochene reagieren jeweils aus dem Ich-Zustand heraus, den sie dem anderen zuschreiben. Angenommen, Sie sprechen aus dem fürsorglichen Eltern-Ich (fEL) heraus das freie Kind-Ich (fK) eines anderen Menschen an. Diese Transaktion wird nur dann ein Erfolg, wenn die angesprochene Person auch aus dem freien Ich-Kind heraus Ihr fürsorgliches Eltern-Ich anspricht. Berne nennt diesen Fall eine komplementäre Transaktion.

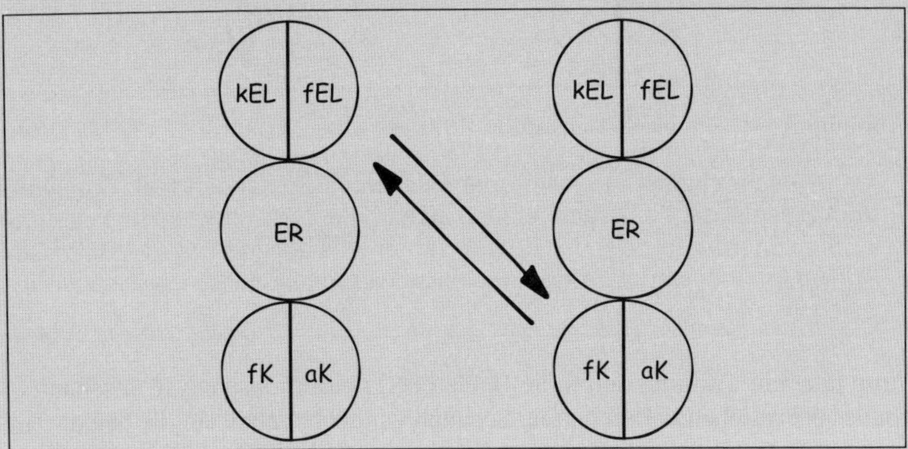

Abbildung 10: Komplementäre Transaktion

2. Gesprächspartner können die Ich-Zustände flexibel wechseln. Je nach Situation können sie eine andere Haltung wählen. Das Repertoire, das effektiven Gesprächspartnern zur Verfügung steht, ist umfangreich: Sie können sich in alle fünf Ich-Zustände hineinversetzen und aus der jeweiligen Ich-Ebene heraus kommunizieren.

Nach diesem Modell misslingen Transaktionen immer dann, wenn Folgendes geschieht:

1. Der Angesprochene reagiert aus einem anderen Ich-Zustand heraus als aus dem, mit dem Sie ihn angesprochen haben. Sie sprechen beispielsweise das freie Kind-Ich Ihres Gegenübers an, dieser reagiert aber aus dem angepassten Kind-Ich oder dem Erwachsenen-Ich heraus. Dadurch wird der Sprecher aus dem Konzept gebracht: „Was läuft denn hier?“ Berne nennt das gekreuzte Transaktion.

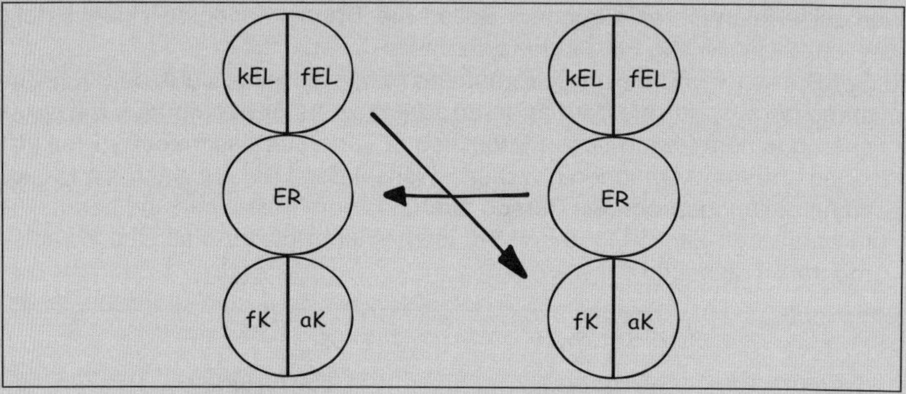

Abbildung 11: Gekreuzte Transaktion

2. Der Sprecher steckt in einem oder in zwei Ich-Zuständen fest. Das wäre zum Beispiel der Fall, wenn jemand sich immer nur in der Haltung des kritischen Eltern-Ichs oder des Erwachsenen-Ichs befinden würde. Beim Gesprächspartner wird das unweigerlich zu Widerstand führen, weil es zu einseitig ist.

Wenn man ein Training durch die Brille der Transaktionsanalyse anschaut, ergibt das überraschende Ergebnisse. Schauen wir noch einmal auf die beiden Trainerinnen zu Beginn dieses Kapitels. Können wir anhand ihrer Haltungen erklären, warum sie derart unterschiedliche Reaktionen hervorrufen?

Beispiel:

Trainerin 1 geht zum Flipchart und beginnt selbstbewusst, einen Sachverhalt zu erklären. Sie verspricht den Teilnehmern, dass sie nach den Ausführungen verstehen werden, wie es funktioniert. Die Gruppe hört zu und macht Notizen. Trainerin 1 fragt, ob jemand ein Beispiel dazu nennen könnte. An dieser Stelle lässt sie die Gruppe kurz diskutieren und gibt dann klar an, wie sie selbst darüber denkt. Die Gruppe macht Notizen. Gegen Ende fragt sie, ob es noch Fragen gebe. Sie hofft, ein paar kritische Bemerkungen oder Diskussionspunkte herauslocken zu können, aber in der Gruppe bleibt es still.

Trainerin 2 entwirft an der Tafel ein kurzes Schema und erkundigt sich bei jedem Abschnitt, wie die Teilnehmer denken, dass es funktioniert. Auf jede Reaktion sagt sie Dinge wie „gute Frage“ oder „interessanter Punkt“. Die Gruppe wird locker und Trainerin 2 ergänzt ihr Schema mit den Beiträgen aus der Gruppe. Sie deutet an, dass sie nun zum Schluss kommen möchte, aber die Gruppe liefert weitere Beiträge.

Bei Trainerin 1 fällt auf, dass sie am Anfang ihrer Erörterung die Haltung des fürsorglichen Eltern-Ichs wählt und das angepasste Kind-Ich der Teilnehmer anspricht. Sie verspricht den Teilnehmern für Klarheit zu sorgen und provoziert damit, dass sie ihr folgen. Auf Beiträge aus der Gruppe reagiert sie dann gern aus der Haltung des kritischen Eltern-Ichs heraus: Sie bringt die Diskussion auf den Punkt oder gibt ihre persönliche Meinung wieder. Auch das führt dazu, dass sich die Teilnehmer verhalten wie das angepasste Kind: Sie folgen der Trainerin und sie werden still.

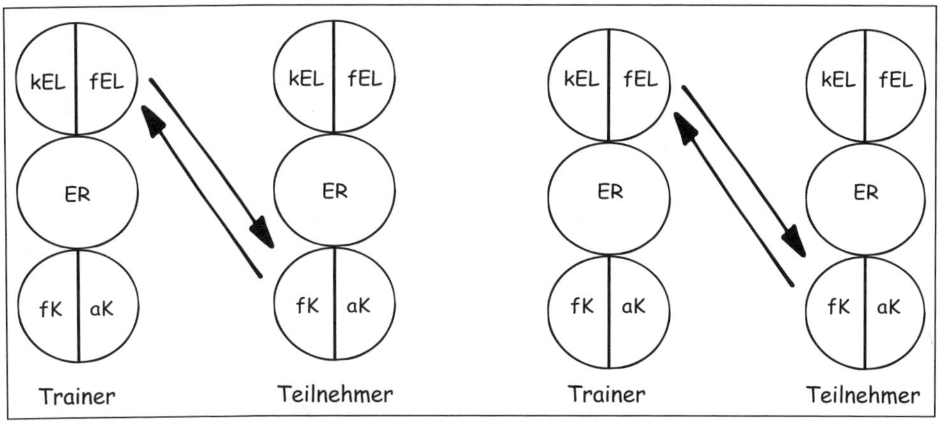

Abbildung 12: Komplementäre Kommunikation zwischen Trainer und Teilnehmer – Beispiel Trainerin 1

Bis hierhin ist die Kommunikation komplementär, aber auch etwas einseitig. Trainerin 1 spürt das und möchte mehr kritische Bemerkungen aus der Gruppe hören. Sie fragt also, ob es noch Fragen gibt und erhofft sich interessante Diskussionspunkte oder kritische Bemerkungen. Sie zielt darauf ab, dass die Teilnehmer hier die Leitung übernehmen (kritisches Eltern-Ich) und dass sie selbst ihnen dann folgt (angepasstes Kind). Aber die Teilnehmer erleben sie immer noch als kritisches Eltern-Ich und bleiben in der Haltung des angepassten Kindes. Anzunehmen ist, dass die Trainerin zwar Fragen stellt, ihre Körpersprache aber weiterhin Dominanz ausstrahlt. Dadurch kommt es zur gekreuzten Transaktion: Die Trainerin meint etwas anderes, als bei der Gruppe ankommt, und versteht dann die Reaktion der Gruppe nicht. Das erzeugt ungute Gefühle.

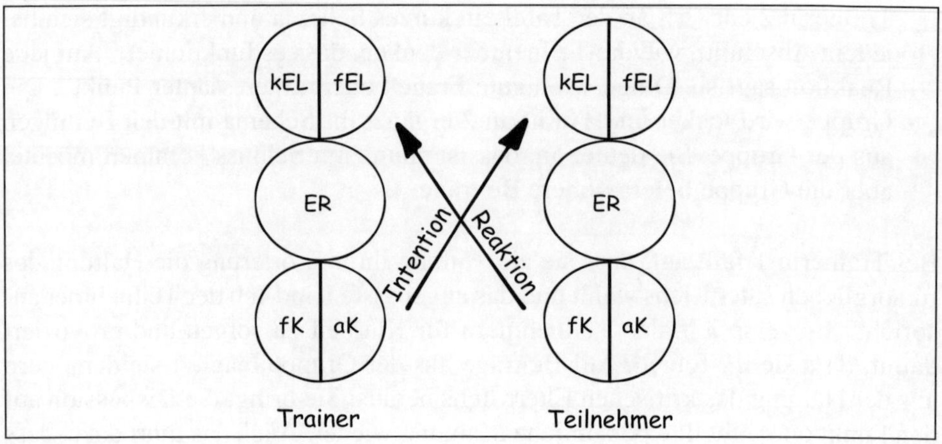

Abbildung 13: Gekreuzte Kommunikation zwischen Trainer und Teilnehmer – Beispiel Trainerin 1

Bei Trainerin 2 geht es dagegen völlig anders zu: Sie wählt die Haltung des Erwachsenen-Ichs und spricht auch das Erwachsenen-Ich der Teilnehmer an: „Was wissen Sie selbst darüber?" Auf die Reaktion der Teilnehmer geht die Trainerin in der Haltung des fürsorglichen Eltern-Ichs ein; sie reagiert enthusiastisch mit „sehr gut", auch wenn die Reaktion faktisch gar nicht so gut war. Dadurch werden die Teilnehmer eingeladen, sich wie freie Kinder zu verhalten: Sie reden noch mehr und reagieren immer stärker auf die Trainerin und die anderen Teilnehmer.

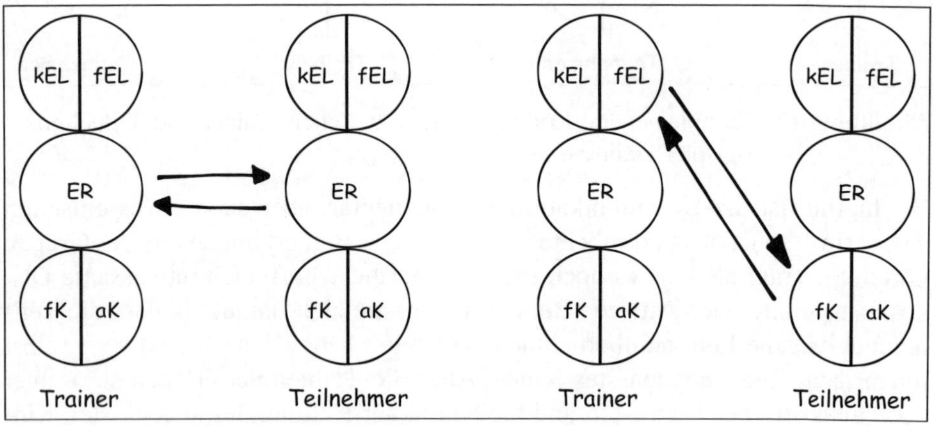

Abbildung 14: Komplementäre Kommunikation zwischen Trainer und Teilnehmer – Beispiel Trainerin 2

Nach einem Blick auf die Uhr möchte die Trainerin die Diskussion beenden. Ihrem Gefühl nach macht sie einen handfesten Vorschlag aus der Haltung des kritischen Eltern-Ichs heraus, wodurch ihr die Gruppe hier folgen müsste. Doch sie lächelt weiterhin und geht am Ende ihrer Sätze mit der Stimme nach oben. Deshalb erleben die Teilnehmer sie als angepasstes Kind und das gibt ihnen die Freiheit, sie zu unterbrechen und sich als kritische Eltern zu geben: „Ich habe noch eine Frage…“ Also auch hier findet eine gekreuzte Transaktion statt.

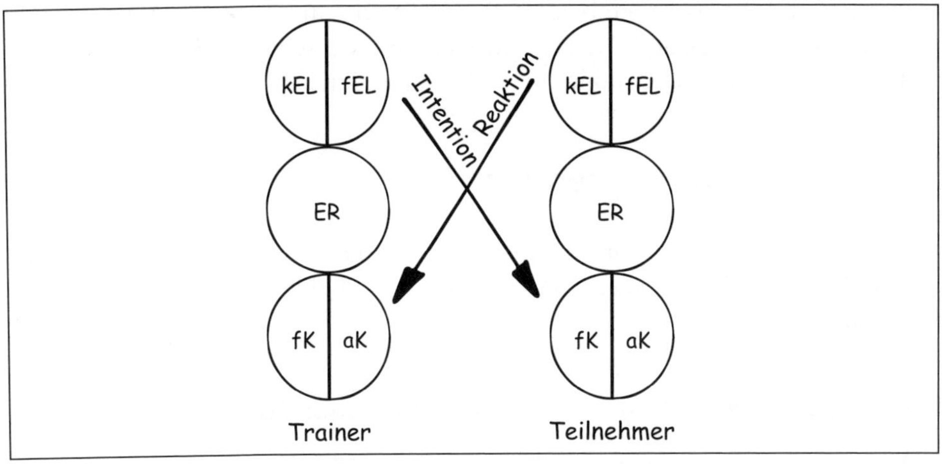

Abbildung 15: Gekreuzte Kommunikation zwischen Trainer und Teilnehmer – Beispiel Trainerin 2

In beiden Fällen ist zu sehen, dass die Trainerinnen ernten, was sie gesät haben: Trainerin 1 erntet eine folgsame Gruppe und Trainerin 2 eine eigensinnige Gruppe. Augenscheinlich arbeiten beide mit derselben Arbeitsmethode (Theorie erklären und mit der Gruppe eine lehrreiche Diskussion führen), aber sie gestalten sie aus unterschiedlichen Ich-Zuständen heraus. Deshalb reagieren die Teilnehmer auch so unterschiedlich. Für Trainer ist das problematisch, denn sie fühlen sich nicht wohl dabei. Aber auch für den Lernprozess ist es auf lange Sicht ineffektiv: Im einen Fall – Trainerin 1 – findet zu wenig Gespräch statt, im anderen Fall fügt die Trainerin dem Gespräch zu wenig hinzu. Für ein effektives Lernen in der Gruppe ist es vorteilhaft, wenn die Trainer die Ich-Zustände so flexibel wie möglich wechseln können. Dann können auch die Teilnehmer in ihren Ich-Zuständen flexibel sein.

Wenn sich die beiden Trainerinnen aus dem Beispiel einmal diese blinden Flecken bewusst machen, ist das Gegenmittel schnell gefunden. Beide können zwei Dinge tun:

1. *Mehr Variation in den Ich-Zuständen.* Das Variieren sollte rechtzeitig beginnen, damit die Gruppe die Trainerin in den anderen Ich-Zuständen akzeptie-

ren kann. Wenn Trainerin 1 beispielsweise öfter das freie und das angepasste Kind einsetzt, wird die Gruppe diese Haltung eher akzeptieren.

2. *Kongruenter in den Ich-Zuständen werden, die ihnen weniger geläufig sind.* Wie kann Trainerin 1 wirklich aus dem Ich-Zustand des angepassten Kindes heraus folgen, ohne dass es nach verdeckter Steuerung aussieht? Und wie kann Trainerin 2 wirklich die Norm aus dem kritischen Eltern-Ich-Zustand heraus repräsentieren und so der Gruppe weniger Freiraum lassen?

Im letzten Teil dieses Kapitels lesen Sie mehr über diese beiden Aspekte: Wie kann man die Ich-Zustände besser variieren und wie schaffen Sie es, kongruent zu reagieren, sodass die Gruppe Ihnen Ihre Intention „abkauft"?

3.2 Ich-Zustände erkennen

Um mit der Transaktionsanalyse arbeiten zu können, muss man zuerst einmal die einzelnen Ich-Zustände erkennen. Welches Verhalten ist charakteristisch für welchen Zustand?

Das fürsorgliche Eltern-Ich: fürsorglich, beschützend, erziehend

Ein Trainer reagiert aus seinem fürsorglichen Eltern-Ich heraus auf die Gruppe, wenn er diese warmherzig begrüßt, eine Tasse Kaffee einschenkt, sich mitfühlend zeigt, wenn jemand Dampf ablassen will, nach einer Übung in die Runde fragt: „Wie war's?" – mit Wärme und wirklichem Interesse in der Stimme, wenn er erkennt, dass die Gruppe müde ist und wenn er ermunternd und auffordernd ist: „Wir werden jetzt einmal experimentieren und es muss nicht auf Anhieb klappen!"

Teilnehmer reagieren aus dem fürsorglichen Eltern-Ich heraus, wenn sie sich um den Trainer oder andere Teilnehmer kümmern. Ein solcher Teilnehmer schlägt vielleicht vor, einem anderen Teilnehmer, der erkrankt ist, eine Karte zu schicken oder er will wissen, ob ein Feedbacknehmer etwas mit dem Feedback anfangen kann oder er beendet kritisches Feedback rechtzeitig. Der Teilnehmer, der am Ende die Tassen abräumt, agiert auch aus dem fürsorglichen Eltern-Ich heraus.

Das kritische Eltern-Ich: einschränkend, leitend

Ein Trainer positioniert sich mit seinem kritischen Eltern-Ich, wenn er zu Beginn des Trainings das Programm erklärt („Das möchte ich machen") und die Regeln festlegt. Auch wenn Sie sich bewusst machen, dass Sie einen Teilnehmer wegen seines Verhaltens ansprechen möchten, wenn Sie erklären, welche Feedback-Regeln für dieses Training gelten, wenn Sie das Ihrer Meinung nach

Wesentliche zusammenfassen, Diskussionen unterbinden oder vorschlagen, eine Pause einzulegen, agieren Sie aus dem kritischen Eltern-Ich heraus.

Teilnehmer reagieren aus dem kritischen Eltern-Ich heraus, wenn sie „Ja, aber" auf Ihre Ausführungen entgegen oder sich gegenseitig kritisches Feedback geben.

Das Erwachsenen-Ich: objektiv, neutral, Fakten auf dem Tisch

Aus der Haltung des Erwachsenen-Ichs erklären Trainer die Theorie klar und deutlich. Sie stellen Zusammenhänge her, liefern Beispiele, fragen bei Feedback weiter nach („Wie sehen Sie das dann?", „Was geschieht dann?") und observieren neutral, was geschieht. Das Erwachsenen-Ich möchte Fakten und Verhalten sehen. Sie können aus dieser Haltung heraus neutral reagieren, wenn jemand nicht einer Meinung mit Ihnen ist: „Erklären Sie das einmal genauer?"

Teilnehmer, die aus dem Erwachsenen-Ich heraus reagieren, zeigen wenig Emotion und fragen zum Beispiel nach den wissenschaftlichen Beweisen für die Richtigkeit der Theorie. Sie können in einem analytischen Ton mit dem Trainer und anderen Teilnehmer in Diskussion gehen.

Das angepasste Kind-Ich: folgen, sich anschließen

Der Trainer setzt das angepasste Kind-Ich dann ein, wenn er der Gruppe oder einzelnen Teilnehmern folgt. Hier spiegeln Sie das Verhalten eines Teilnehmers, Sie fassen Gefühle in Worte, Sie hören bei Diskussionen zu. Sie setzen sich zu einer Subgruppe dazu, hören und schauen dem Geschehen zu. Sie machen das nicht analytisch, aus dem Erwachsenen-Ich heraus, oder kritisch aus dem kritischen Eltern-Ich heraus, sondern „klein" und folgend. Sie lachen mit der Gruppe mit, wenn jemand einen Scherz macht und schließen sich so an. Sie lassen andere ausreden, zeigen Ihren Zweifel und sagen auf eine Frage beispielsweise auch einmal: „Das weiß ich nicht."

Der Teilnehmer befindet sich im angepassten Kind-Ich, wenn er Ihren Erläuterungen zuhört oder eine Übung nach Ihren Anweisungen ausführt. Wenn er sich zurückhält: Er würde zwar etwas sagen wollen oder eine Übung vor der Gruppe machen wollen, aber ihm ist bewusst, dass auch noch andere Teilnehmer da sind und dass er nicht zu viel Raum einnehmen soll. Das angepasste Kind kann auch „nörgeln": Es darf sich nicht für seine eigenen Bedürfnisse stark machen, tut es im Verborgenen aber trotzdem.

Das freie Kind-Ich: spontan, intuitiv, verspielt, genießerisch

Der Trainer, der sein freies Kind-Ich auslebt, erzählt Anekdoten über sich selbst, arbeitet mit kreativen Übungen, ist in Kontakt mit seinen Bedürfnissen und geht auf seine Bedürfnisse ein. Wenn Sie zum Beispiel bei schönem Wetter nach draußen wollen, lassen Sie sich eine Übung einfallen, die sich dafür eignet. Das freie Kind-Ich hält sich nicht an Regeln, macht Scherze, zeigt sich eigenwillig und unvorhersehbar, schlägt Seitenwege ein. Trainer in diesem Ich-Zustand reagieren auf spontane Eingaben, sie improvisieren vor Ort und geben Arbeitsaufträge, ohne sich im Klaren zu sein, wie es dann weitergehen soll.

Der Teilnehmer, dessen freies Kind-Ich gerade aktiv ist, folgt seinen Impulsen. Er unterbricht Sie mit einer Frage oder einer verrückten Bemerkung. Jemand, der fortwährend Fragen stellt, positioniert sich damit immer als freies Kind: Er kümmert sich wenig um die Gruppennorm, dass der Einzelne nicht zu viel Raum einnehmen soll, und spricht aus, was ihm wichtig ist.

3.3 Gut laufende Gespräche: Komplementäre Transaktionen

Bei einem Training verläuft ein großer Teil der Kommunikation prima. Sie begrüßen die Gruppe und bekommen ein Lächeln zurück, der Teilnehmer stellt eine Frage, die Sie an die Gruppe weitergeben, Sie erfragen Feedback und die Beobachter sagen, was sie wahrgenommen haben. Wenn das Training „glatt läuft“, bewegen Sie sich von einer komplementären Transaktion zur nächsten. Das bedeutet, Ihr Gegenüber reagiert genau aus dem Ich-Zustand heraus, mit dem Sie ihn ansprechen und das fühlt sich gut an, denn der Teilnehmer honoriert somit Ihre Intention. Sie fühlen sich in Ihrer Rolle als Trainer angenommen. Sie zeigen sich beispielsweise in ihrem fürsorglichen Eltern-Ich und sprechen das freie Kind-Ich eines Teilnehmers an. Wenn dieser aus dem freien Kind-Ich heraus reagiert, ist die Transaktion komplementär.

Eine komplementäre Transaktion muss nicht notwendigerweise in harmonischer Atmosphäre stattfinden. Wenn Sie mit einem Teilnehmer aneinander geraten, kann die Transaktion dennoch komplementär sein. Und auch dann akzeptiert der Teilnehmer Ihre Intention, die Ausübung Ihrer Rolle.

> **Beispiel:**
>
> *Teilnehmer (nörgelig = angepasstes Kind-Ich):* „Dass ich hier sitze, kommt durch meinen Chef, ich für meinen Teil hatte gar keine Lust dazu.“
>
> *Trainer (kritisches Eltern-Ich):* „Wissen Sie, warum Ihr Chef es möchte?“
>
> *Teilnehmer (angepasstes Kind-Ich):* „Nein, keine Ahnung. Alle müssen teilnehmen.“
>
> *Trainer (kritisches Eltern-Ich):* „Gibt es von Ihrer Seite etwas, das Sie lernen wollen?“

Teilnehmer (angepasstes Kind-Ich): „Da fällt mir jetzt nichts ein. Aber ich mache schon mit, ich werde nicht nerven."

Trainer (kritisches Eltern-Ich): „Mir ist wichtig, dass jeder etwas lernt und (fürsorgliches Eltern-Ich) ich kann mir vorstellen, dass Sie das jetzt noch nicht klar vor Augen haben. Das ist in Ordnung. Wollen wir so verbleiben, dass Sie sich die Sache hier erst einmal ansehen und wir in der Pause darüber sprechen, ob das Training Ihnen etwas bringen kann?"

Teilnehmer (angepasstes Kind-Ich): „Ja, okay."

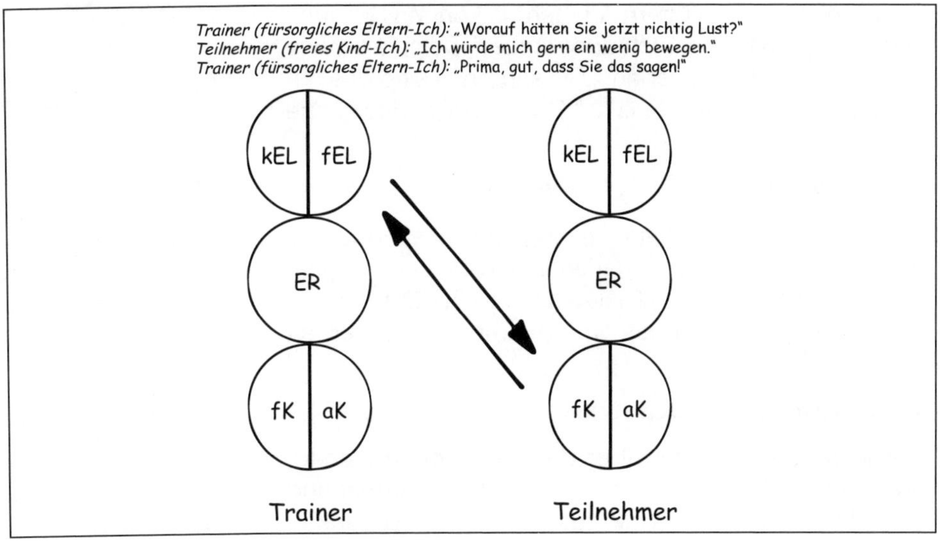

Abbildung 16: Komplementäre Transaktion

Sie können aus jedem Ich-Zustand heraus eine der fünf anderen Ich-Zustände ansprechen. Das ergibt eine Vielzahl von Möglichkeiten. In den Trainings sind es meistens sieben Transaktionen, die gleichzeitig vorkommen. Die folgende Übersicht zeigt, welche das sind.

Häufig vorkommende komplementäre Transaktionen:

Kritisches Eltern-Ich – Kritisches Eltern-Ich

Wenn man gemeinsam das Verhalten eines Übenden analysiert, spricht man sich jeweils aus dem kritischen Eltern-Ich heraus an: „Dann wollen wir uns mal gemeinsam anschauen, was hier geschieht. Was fällt Ihnen auf?“

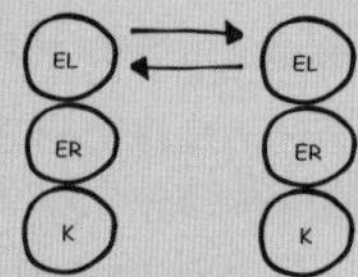

Kritisches Eltern-Ich – Angepasstes Kind-Ich

Aus dem kritischen Eltern-Ich heraus können Sie auch das angepasste Kind-Ich ansprechen, beispielsweise wenn Sie Feedback geben: „Sie sagten … und das hat bei mir dazu geführt, dass …“ Oder: „Oh ja, das kenne ich auch.“

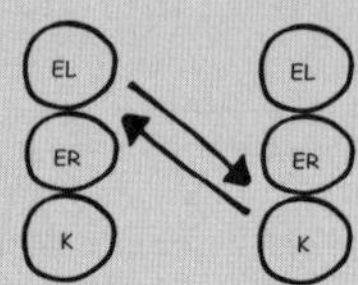

Erwachsenen-Ich – Erwachsenen-Ich

Wenn Sie gemeinsam ein Training entwickeln oder die Theorie klar und deutlich darlegen und die Gruppe geht beschaulich darüber in Diskussion. Keine Emotionen, wirkliches gemeinsames Untersuchen: „Wie verhält sich das?“

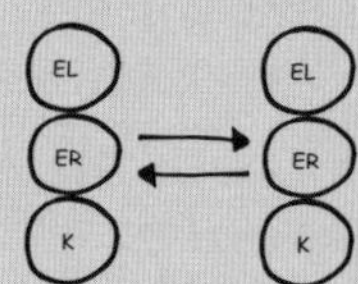

Freies Kind-Ich – Freies Kind-Ich

Wenn Sie miteinander über das Geschehen lachen, wenn jemand aus der Gruppe eine witzige Bemerkung macht und Sie spinnen alle zusammen den Gedanken weiter: Dann befinden Sie sich miteinander im freien Kind-Ich. Herrlich!

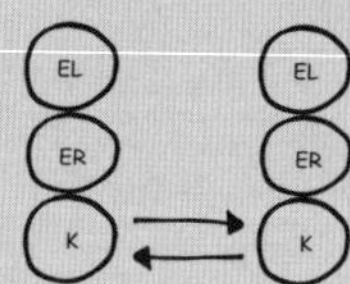

Fürsorgliches Eltern-Ich – Freies Kind-Ich

Wenn Sie einen Teilnehmer trösten, ermutigend auf ihn einwirken und er das zulässt.

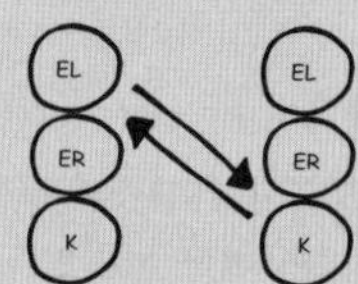

Kritisches Eltern-Ich – Erwachsenen-Ich

Sie bitten um Erläuterungen oder um Fakten und der Teilnehmer liefert. Oder der Teilnehmer bittet aus der Haltung des Erwachsenen-Ich heraus um Kritik: „Können Sie sagen, was Sie an diesem Stück gut finden und was nicht?“

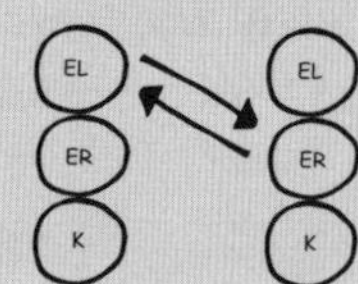

Erwachsenen-Ich – angepasstes Kind-Ich

Sie erklären die Theorie und die Teilnehmer hören aufmerksam zu.

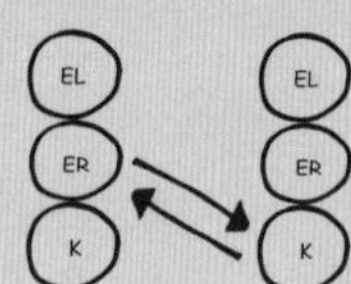

3.4 Unbehagliches Gefühl: Gekreuzte Transaktionen

Ein Gespräch wird unbehaglich, wenn eine gekreuzte Transaktion abläuft. Das bedeutet, der Teilnehmer reagiert aus einem anderen Ich-Zustand heraus als derjenige Ich-Zustand, in dem Sie ihn ansprechen wollen. Die folgende gekreuzte Transaktion kommt in Trainingssituationen häufig vor: Man denkt einen Teilnehmer in den Ich-Zuständen Erwachsener zu Erwachsener anzusprechen, der Teilnehmer reagiert aber aus dem Ich-Zustand des angepassten Kindes heraus und spricht Ihr kritisches Eltern-Ich an.

Beispiel:

Bei einem unserer Trainings war Frau Mayer im Gespräch mit einer anderen Teilnehmerin, Frau König. Im Laufe des Gesprächs machte Frau Mayer aus dem Erwachsenen-Ich heraus einen Vorschlag, mit dem Frau König nicht einverstanden war. Ihrem Empfinden nach war es so, dass sie ruhig und neutral erklärte, was ihr nicht praktikabel erschien und auch nicht ihrem Bedürfnis entsprach. Überraschend für sie knickte Frau König direkt ein und reagierte wie ein angepasstes Kind: „Okay, Sie haben ja recht. Danke für das Feedback." Frau Mayer war überrascht und auch ein wenig irritiert: „Nun ja, stellen Sie sich doch nicht so an. Ich habe doch nicht gesagt, dass Sie etwas falsch gemacht haben." Aber die Gruppe konnte Frau König verstehen: Frau Mayer hatte zwar die Intention, aus dem Erwachsenen-Ich heraus zu sprechen, aber sie erweckte den Eindruck, als würde sie aus dem kritischen Eltern-Ich heraus reden. Ihre Stimme klang etwas von oben herab und sie betonte das Wort „ich" in dem Satz „Ich finde das keine gute Idee". Dieses Feedback hat ihr die Augen geöffnet. Sie erzählte, dass es bei ihr zu Hause oft Diskussionen mit ihrem Mann und den Kindern gab, weil diese meinten, sie reagiere so kritisch. Das führte wiederum bei ihr zu Irritation: „Jetzt sei doch nicht so empfindlich, ich habe das ganz normal gesagt." Jetzt wird ihr bewusst, dass sie insgesamt wohl viel weniger neutral wirkte, als sie beabsichtigte.

Unser Verhalten kann also anders ankommen, als beabsichtigt war: Wir wirken auf andere anders, als wir wollten. Das hat meistens mindestens genauso viel mit nonverbalem Verhalten zu tun als mit dem transportierten Inhalt. Wenn ich in einem neutralen Ton und bei direktem Augenkontakt sage: „Wir fangen jeden Tag um halb zehn an", spreche ich aus dem Erwachsenen-Ich-Zustand heraus. Wenn ich dabei auf dem Stuhl hin und her wippe, spreche ich plötzlich aus dem angepassten Kind-Ich heraus und die Gruppe nimmt mich weniger ernst. Wenn ich bei dem Satz streng in die Runde schaue und meine Augenbrauen hochziehe, erlebt mich die Gruppe im Zustand des kritischen Eltern-Ichs. Auch wichtig ist, wie oft wir in einem bestimmten Ich-Zustand sind. Wer oft aus dem Zustand des freien Kind-Ichs heraus operiert, dem wird die Gruppe bald dieses Etikett anheften, auch wenn seine Intention ernsthaft ist.

Wenn wir, wie bereits in der Einführung besprochen, jetzt noch einmal auf die Unterscheidung zwischen Rolle und Person zurückkommen, können wir sagen, dass die Transaktionsanalyse dabei hilft, die Rolle des Trainers effektiv auszufüllen. Dass das nicht immer gelingt, hat mit unseren persönlichen Vorlieben zu tun. Wenn ich als Person gern verspielt und humorvoll reagiere, wird sich das in meiner Rolle als Trainer niederschlagen, auch wenn ich dort aus dem Erwachsenen-Ich heraus effektiver wäre. Vielleicht versuche ich ja sogar aus dem Erwachsenen-Ich heraus zu reagieren, weil ich weiß, dass das vorteilhaft ist, aber meine Neigung zur Verspieltheit schimmert doch durch. Die Gruppe registriert diese Inkongruenz haargenau und reagiert dann auf das freie Kind-Ich und nicht auf das Erwachsenen-Ich.

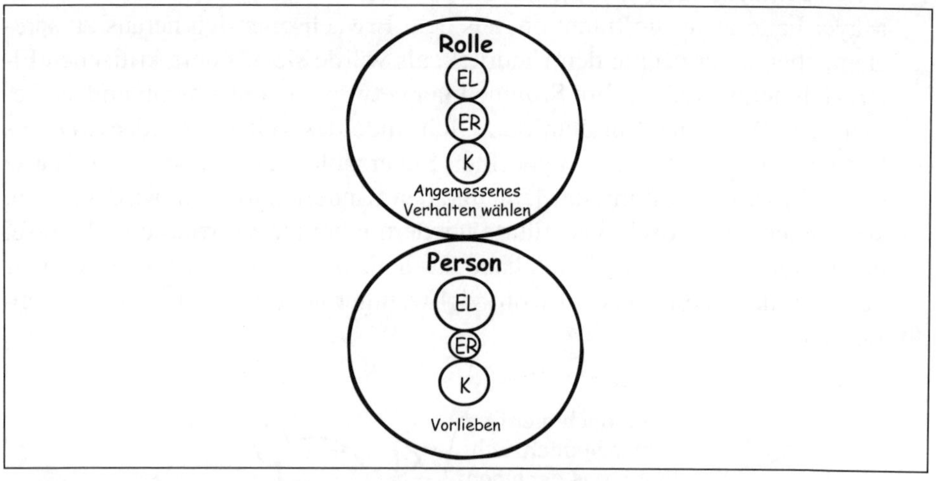

Abbildung 17: Persönliche Vorlieben beeinflussen Verhalten in der Trainerrolle

Man durchschaut bei weitem nicht immer, dass man dem unerwarteten Verhalten der Teilnehmer selbst den Weg geebnet hat. Das eigene Verhalten kann man ja nicht sehen und bewusst ist man sich nur seiner (guten) Absichten. Frau Mayer glaubte, sich als Erwachsene zu geben, durchschaute aber nicht, dass sie faktisch das kritische Eltern-Ich darstellte. So entsteht eine gekreuzte Transaktion, die wir nicht haben kommen sehen, aber faktisch ist es die Gruppe, die uns in dem Moment den Spiegel vorhält.

Beispiel:

In der von mir geleiteten Trainerausbildung müssen die Teilnehmer zwischen den Lehrblöcken hart arbeiten: Praxisaufträge erarbeiten, viel lesen, in Gruppen üben, Reflexionsberichte schreiben. Immer wenn ich im ersten Block die Hausaufgaben an die Tafel schrieb, löste das regelmäßig Emotionen aus. Ich sah die Gruppe manchmal erschrocken zurückweichen („So viel!") und einmal brach eine Gruppe tatsächlich in schallendes Gelächter aus. Anders gesagt, sie tauchte in das angepasste freie Kind-Ich bzw. das freie Kind-Ich ein. Zunächst verstand ich nicht, wie es dazu kommen konnte: Ich habe doch immer als Erwachsene unter Erwachsenen erklärt, worum es ging? Erst als ich die Situation aus dem Blickwinkel der Transaktionsanalyse betrachtete, fiel der Groschen. Ich wirkte auf die Gruppe wie ein kritisches Eltern-Ich, das vorgibt, wo es lang geht und das löste Widerstand aus. Daraufhin habe ich drei Dinge verändert.

- Ich erwähne die Hausaufgaben explizit beim Aufnahmegespräch. Ich sage vorab warnende Worte: „Auch wenn Sie glauben, Sie arbeiten schnell und sind immer früher fertig – in diesem Fall geht es wirklich um acht Stunden in der Woche." Dies führt dazu, dass sich die Teilnehmer bewusst aus dem Erwachsenen-Ich heraus für die Trainerausbildung entscheiden.
- Wenn ich den Aufbau der Ausbildung erkläre, spreche ich auch darüber, wie wir die Teilnehmer dazu stimulieren, die Theorie nach dem Modell von Kolb in die Praxis zu bringen: aktives Experimentieren (Anwendungsaufträge), Leseaufgaben, Reflexionsberichte, Übungsgruppe.
- Und schließlich vermeide ich das Wort „Hausaufgaben", denn das ist mit der Assoziation eines angepassten Kindes verbunden („ich muss"). Ich spreche von Praxisaufgaben und ich vermeide das Wort „müssen".

3.5 Entdecken Sie den Unterschied zwischen Ihrer Absicht und Ihrem Verhalten

Wenn Sie mit unerwartetem Verhalten aus der Gruppe konfrontiert werden, können Sie sich die Frage stellen, inwiefern Sie möglicherweise selbst die Reaktion ausgelöst haben. Zuerst sehen Sie sich die Reaktion der Gruppe oder des einzelnen Teilnehmers an: In welchem Ich-Zustand nach der Transaktionsanalyse befindet sich die Gruppe bzw. die Person? Als nächstes analysieren Sie Ihr eigenes Verhalten. In welchem Ich-Zustand wollten Sie sein und in welchem Ich-Zustand haben die Teilnehmer Sie tatsächlich gesehen? Versuchen Sie, sich das so klar wie möglich zu vergegenwärtigen oder filmen Sie sich einmal dabei, wenn Sie diese Situation erneut durchspielen. So lassen sich Erkenntnisse darüber gewinnen, was man selbst dazu beiträgt, wenn die Gruppe dieses oder jenes Verhalten zeigt.

Auftrag

Hier folgen fünf Beispiele von Verhaltensweisen, die es dem Trainer schwer machen.

Beantworten Sie bitte die folgenden Fragen.

1. Welche Absicht hat der Trainer?
2. Aus welchem Ich-Zustand heraus reagiert der andere?
3. Was könnte der Trainer getan haben, um dieses Verhalten hervorzurufen?

Ich bin doch kein Kind!
„Bei der Evaluation habe ich um Reaktionen gebeten. Da kommt ein Teilnehmer und erklärt mir ausgiebig, ich bräuchte mich nicht unsicher zu fühlen, ich würde meinen Job doch gut machen. Und alles auf so eine bevormundende Art. Na, da bin ich aber größer geworden. Wirklich nicht! Wer macht denn so etwas? So etwas macht doch nur einer, der mich nicht ernst nimmt?"

Verärgerter Teilnehmer
„Ich kapiere das nicht: Da gebe ich am ersten Morgen jemandem Feedback und der reagiert total verärgert! Ich würde das völlig falsch sehen und normalerweise macht er so etwas nie. Lächerlich. Deswegen sitzt er doch in diesem Training? Damit er etwas über sich selbst lernt."

Wissenschaftlich untermauert
„Ich kriege die Krätze von Typen, die fortwährend fragen, ob das auch wissenschaftlich untermauert ist. Darum geht es doch gar nicht! Man muss es einfach mal erleben und sehen, ob man damit etwas anfangen kann."

Wenig Impulskontrolle
„Herr Michalsen bringt mich noch auf die Palme. Er unterbricht mich dauernd mit irgendwelchen Fragen und Erfahrungen. Ich verstehe nicht, dass er nicht merkt, wie er mich immer wieder ablenkt und dass die Unterbrechungen auch die Gruppe stören. Man könnte meinen, er sei einzig und allein mit sich selbst beschäftigt!"

Passiver Kollege
„Ich habe mit einer Kollegin über das Training diskutiert. Plötzlich gibt sie komplett klein bei! Ich kapier das nicht, ich habe doch nur meine Meinung gesagt?"

Antworten

Ich bin doch kein Kind!
Diese Trainerin glaubt, dass Sie als Erwachsene zu Erwachsenen spricht. Aber der Teilnehmer reagiert aus dem fürsorglichen Eltern-Ich heraus. Es ist anzunehmen, dass sich Unsicherheit in den Blick der Trainerin eingeschlichen hat oder dass ihre Stimme etwas in die Höhe geht. Der Teilnehmer interpretiert das als angepasstes Kind-Ich – in der negativen Variante: unsicher, zu sehr folgend. Deshalb hat der Teilnehmer den Wunsch, die Trainerin zu beruhigen: Machen Sie sich keine Sorgen, Sie können es doch wirklich!

Der Tipp für die Trainerin ist, während des Trainings und speziell bei der Bitte um Feedback mehr Selbstsicherheit zu präsentieren. Kopf gerade, tiefe Stimme und am Satzende nach unten; keine Wörter, aus denen Zweifel spricht, verwenden, mit geradem Rücken sitzen. So entsteht der Eindruck, einem erwachsenen Menschen gegenüberzustehen und nicht einem Kind.

Verärgerter Teilnehmer
Dieser Trainer glaubt, aus dem Erwachsenen-Ich heraus Feedback zu geben und dabei das Erwachsenen-Ich des Teilnehmers anzusprechen. Aber der Teilnehmer fasst seine Worte als Kritik aus dem kritischen Eltern-Ich in Richtung angepasstes Kind-Ich auf: „Das können Sie mal gerne von mir annehmen. Ich weiß es besser." Das lässt er sich aber nicht sagen und deshalb reagiert er aus dem kritischen Eltern-Ich heraus: Er geht in Konkurrenz!

Der Trainer kann darauf achten, wie er sein Feedback genau gibt. Urteilt und bewertet er und geht somit in die Eltern-Position („Was mir gut gefallen hat…", „Was mir weniger gut gefallen hat….")? Oder berichtet er objektives Verhalten aus dem Erwachsenen-Ich heraus („Sie sagten X und die Wirkung auf mich war Y")?

Wissenschaftlich untermauert
Der Trainer nimmt die Haltung des fürsorglichen Eltern-Ichs ein, der die Teilnehmer als angepasste oder freie Kinder mitnehmen möchte: Kommen Sie, probieren Sie aus, experimentieren Sie! Der Teilnehmer reagiert aus dem kritischen Eltern-Ich heraus: „Ich sitze hier nicht zum Experimentieren, ich möchte, dass das, was wir machen, gediegen untermauert ist!" Der Teilnehmer hat das freie Kind-Ich (zu chaotisch) des Trainers erlebt und nicht sein fürsorgliches Eltern-Ich.

Ein Tipp an den Trainer ist, dem Teilnehmer zuerst die Theorie und den Hintergrund zu liefern, den er braucht. Dann erst kann er mitkommen zum freien Kind-Ich.

Wenig Impulskontrolle
Der Teilnehmer reagiert ständig aus seinem freien Kind-Ich heraus: Er folgt seinen Impulsen. Wenn der Trainer aus dem fürsorglichen Eltern-Ich heraus darauf reagiert und Herrn Michalsen belohnt, oder wenn er aus dem Erwachsenen-Ich heraus inhaltlich auf Fragen eingeht, ist das jeweils zu wenig, um Herrn Michalsen zu bremsen.

So viel freies Kind-Ich braucht Grenzen durch das kritische Eltern-Ich. Wie ein solches Gespräch zu führen ist, lesen Sie im letzten Kapitel.

Passiver Kollege
Dieser Kollege glaubt, aus dem Erwachsenen-Ich heraus zu reagieren, vermutlich reagiert er aber mit einem kritischen Unterton. Das bedeutet, dass sein Gegenüber dies als kritisches Eltern-Ich erlebt und klein beigibt wie ein angepasstes Kind.

Die passende Reaktion ist die des fürsorglichen Eltern-Ichs: „Erzähl mal. Was passiert gerade? Was meinst du? Es war nicht meine Absicht, dich zu korrigieren.“

3.6 Festgefahrene Muster: Man bekommt die Gruppe, die man verdient

In einem guten Training kann man merken, dass die Beteiligten, also sowohl die Teilnehmer als auch die Trainer, die Ich-Zustände wechseln. Der Trainer erklärt etwas, hört sich die Reaktionen an, macht Scherze, zeigt auf, wo es weh tut, ermutigt die Teilnehmer. Unbemerkt nimmt er so alle Ich-Zustände aus der Transaktionsanalyse ein, und die Teilnehmer ebenso: Sie geben Feedback, erhalten Feedback, machen sich gegenseitig Mut, wenn es schwierig ist, sie ergänzen die Ausführungen des Trainers mit Beispielen oder stellen kritische Fragen, sie haben Spaß miteinander.

In der Praxis hat man allerdings meist eine Vorliebe für bestimmte Ich-Zustände und andere bleiben außen vor. Damit bewirkt man, dass auch die Teilnehmer nicht in alle Ich-Zustände hineingehen. Das kann man als Trainer daran erkennen, dass die Gruppe beispielsweise sehr still ist oder umgekehrt, zu viel diskutiert oder wenn in einer Gruppe nur noch gelacht, aber nicht mehr gearbeitet wird … Der Trainer möchte dann aus diesem Muster heraus. Die Ursache liegt meist bei ihm selbst. Wenn er nicht flexibel genug ist und die Gruppe immer nur aus einem bestimmten Ich-Zustand heraus anspricht, werden die Teilnehmer ihrerseits einseitig auf einen Ich-Zustand fixiert.

Beispiel:

In meinen ersten Jahren im Trainerberuf war ich sehr ernsthaft bei der Arbeit. Die Zeit soll möglichst gut genutzt werden, also muss hart gearbeitet werden. Gegen Abend hatte ich oft Kopfschmerzen. Dann halte ich einmal ein Training mit einer Kollegin, die herzhaft lachen kann. Ich merke, wie gut das der Gruppe tut und wie angenehm es für mich selbst ist. Vorsichtig fange ich an, das auch zu machen. Der Durchbruch kommt, als ich die Ausbildung zum provokativen Coaching absolviere. Es stellt sich heraus, dass gerade Humor sehr förderlich wirkt, wenn es darum geht, hart zu arbeiten. Seit diesem Moment kann ich mein freies Kind-Ich zu den Trainings mitnehmen: Scherze machen und das zum Vorteil der Gruppe. Ich kann mit der Gruppe über spannende Momente lachen und spüre dabei eine Beschleunigung und eine Vertiefung des Prozesses. Am Ende sind alle Beteiligten weniger müde. Ich habe auch erkannt, dass die Gruppe mehr Scherze macht, wenn ich es tue. Das finde ich herrlich. Und dann bekomme ich eine Gruppe, in der zwei Männer sich dann doch sehr lustig geben. Ich lache mit und setze noch eins drauf. Bis mir ein Teilnehmer unter vier Augen anvertraut, dass er die Atmosphäre zunehmend als unangenehm erlebt. Und in den Evaluationen lese ich den Hinweis, dass ich beim Spaßmachen doch nicht immer das letzte Wort haben müsse. Ausgezeichnetes Feedback! Das freie Kind-Ich war zum angepassten Kind-Ich geworden, das bei allen Scherzen der Gruppe mitmacht! Ich muss rechtzeitig in das Erwachsenen-Ich wechseln und die Sache neutral betrachten und mich neutral verhalten. Seitdem lache ich nicht mehr jedes Mal mit. Ich versuche, zu unterscheiden: Kommt es der Atmosphäre zugute, noch ein wenig lustiger zu werden oder sollte es wieder ernsthafter zugehen?

Unter dem Motto „Jeder formt sich seine Gruppe selbst“ lesen Sie im Folgenden, was es mit Ihrer Gruppe macht, wenn Sie hauptsächlich aus einem bestimmten Ich-Zustand heraus agieren.

Das fürsorgliche Eltern-Ich

Die besondere Qualität des fürsorglichen Eltern-Ichs besteht darin, die Teilnehmer zu ermutigen, Gefühle zu erkennen und zu benennen und warmherzig und interessiert zu sein. Wenn man diesen Ich-Zustand in der richtigen Dosierung einsetzt, bekommt man eine Gruppe, die keine Angst vor Emotionen hat, effektiv Erfahrungen untereinander austauscht und sich auf angemessene Weise um fehlende, erkrankte Teilnehmer sorgt.

Wenn man als Trainer zu viel aus diesem Ich-Zustand heraus arbeitet, räumt man Gefühlen grundsätzlich Vorrang ein. Bei jeder Nachbesprechung werden Sie mit der Frage beginnen: „Wie war es?“, anstatt aufgabenorientierte Fragen zu stellen wie „Ist es gelungen?“, oder „Welche Schlussfolgerung ziehen Sie nun daraus?“. Wenn die Teilnehmer durchschimmern lassen, dass ihnen etwas schwerfällt, werden Sie darauf eingehen und Verständnis zeigen. Sie sind mehr damit beschäftigt zu entdecken, wie etwas funktioniert als mit dem aufgabenorientierten Einüben. Beim Feedback achten Sie darauf, dass zuerst positives Feedback gegeben wird und dass insgesamt das positive Feedback überwiegt. Negatives Feedback droht unter den Tisch zu fallen.

Störungen haben Vorrang

Es fällt Ihnen schwer, die Gruppe loszulassen. In den Pausen setzen Sie sich immer dazu. Sie sind sehr aufmerksam und nehmen Anteil: Sind auch alle an Bord, haben alle Freude am Training? Sie sind offen für persönliche Geschichten und es ist Ihnen wichtig, dass die Geschichten auch im Training Aufmerksamkeit erhalten. Störungen haben schließlich Vorrang, denn nur geteiltes Leid erlaubt den Leuten, wieder unbeschwert zu lernen. In Ihren Trainings kommt es auch immer wieder einmal vor, dass jemand weint, worauf Sie aufmerksam und fürsorglich reagieren.

Manche Menschen in der Gruppe werden das fantastisch finden und sie werden vieles mit anderen Gruppenmitgliedern und mit Ihnen teilen. Wenn Sie hier aber zu weit gehen, kann das Widerstand hervorrufen und einige Teilnehmer werden aus ihrem freien Kind-Ich heraus rebellieren. Es kann zu offenen Konflikten kommen oder zu unterschwelligem Widerstand, zu Gemunkel auf dem Gang, dass das Training doch wohl arg emotionalisiert sei. Vielleicht werden Sie von Teilnehmern angesprochen, denen die Atmosphäre zu lieblich erscheint, oder weil sie im Feedback nicht alles sagen, was sie wirklich denken.

Das kritische Eltern-Ich

Die besondere Qualität des kritischen Eltern-Ichs besteht darin, dass es im Training problemlos die Führung übernimmt und die (Gruppen-)Regeln formuliert. Aus diesem Ich-Zustand heraus sind Sie als Trainer kritisch bezüglich der Inhalte, Sie fragen nach, Sie spielen den Advocatus Diaboli. Sie sehen bei jedem Teilnehmer Punkte, an denen er noch arbeiten kann, Sie unterbrechen routiniert und finden es selbstverständlich, Teilnehmer, die die Grenzen überschreiten, wegen ihres Verhaltens anzusprechen.

Wenn Sie im kritischen Eltern-Ich feststecken, halten Sie Ihre Meinung für besonders wichtig. Sie wissen genau, wie das Training zu laufen hat, Sie haben viele Ratschläge für jedes Problem parat, Sie haben bei Diskussionen immer das letzte Wort und halten streng an Ihren Regeln fest. Zeit ist Geld, festgelegte Verfahrensweisen sind wichtig. Sie halten sich an Ihre Abmachungen und erwarten das auch von der Gruppe. Widerspruch aus der Gruppe werden Sie sich zwar wohlwollend anhören, aber am Ende wollen Sie Recht haben. Aus Ihrem Feedback kann Ärger durchklingen, wenn Teilnehmer „zum x-ten Mal" denselben Fehler machen: Haben sie denn immer noch nicht verstanden, wie es gemacht werden soll? Unterschwellig fühlen Sie sich sehr verantwortlich und Sie haben das Gefühl, die Welt komme ohne Ihre weisen Worte nicht aus.

Die Gruppe wird sich zuerst aus ihrem freien Kind-Ich heraus widersetzen und Ihnen widersprechen. Manche Teilnehmer werden deutlich Kontra geben. Wenn Sie durchhalten, werden diese Teilnehmer einlenken und in das angepasste Kind-Ich wechseln. Einige Teilnehmer werden Ihnen aufrichtig folgen und Sie bewundern, andere werden murren und sich hinter vorgehaltener Hand im kleinen Kreis darüber beschweren, dass sie nicht genügend Raum bekommen. Die Situation kann sich auswachsen zu einem sogenannten „Killing the leader"-Prozess. Diesen Prozess habe ich in meinem ersten Buch *Trainen, een praktijkgids* (Pearson, 2010) ausführlich beschrieben.

Auch zu Hause stets im Experten-Modus: Déformation professionelle:

Als Trainer ist man größtenteils in der Rolle des Experten, der sich auskennt, der die Strippen zieht. Das bedeutet, dass man in dieser Rolle viel aus dem kritischen Eltern-Ich heraus macht. Wenn Sie in Ihrer Arbeit dauerhaft im kritischen Eltern-Ich sein dürfen und die Gruppe aus dem angepassten Kind-Ich heraus an Ihren Lippen hängt, ist die Wahrscheinlichkeit hoch, dass Sie diese Haltung auch mit nach Hause nehmen. Das kann positiv sein, solange Ihre Umgebung das vollständig akzeptiert. Aber es kann auch sein, dass andere Menschen das nicht hinnehmen: „Du bist hier ganz normal, ja?" Sie können dieses Problem in den Griff bekommen, indem Sie ab und zu keine Lösung parat haben und selbst in das angepasste Kind-Ich wechseln.

Das Erwachsenen-Ich

Die Kraft des Erwachsenen-Ichs besteht im objektiven und präzisen Blick. Aus dem Erwachsenen-Ich heraus kann man sehr gut erklären, wie Modelle aufgebaut sind. Sie fragen auf Feedback hin so lange nach, bis das Verhalten konkret wird. Ob Feedback positiv oder negativ ist, ist an sich unerheblich, denn es geht darum, alle Fakten auf den Tisch zu bekommen. Widerspruch ist kein Angriff gegen Sie, sondern ein interessanter Punkt, den man gemeinsam näher untersuchen kann. Ein Trainer, der viel aus dem Erwachsenen-Ich heraus agiert, reagiert aus dem Kopf und nicht aus dem Herzen (mit Gefühl) oder aus dem Bauch heraus (impulsiv).

Trainer, die zu viel aus dem Erwachsenen-Ich heraus arbeiten, präsentieren einen zu langen Theorieteil mit vielen Modellen und ausgiebigen Powerpoint-Präsentationen. Auch wenn geübt wird, wird bei der Nachbesprechung viel Zeit in die Analyse gesteckt, Gefühle werden dagegen wenig beachtet. Die Atmosphäre ist förmlich-distanziert. Der Trainer gibt wenig von sich selbst preis. Wenn ein Teilnehmer mit einer Frage oder einer Meinung, in der Emotionen verborgen sind, an ihn herantritt, wird der Trainer das nicht bemerken und auf der Basis von Fakten antworten. Das kann zu Widerstand führen, den Teilnehmer in den inneren Rückzug schicken.

Die Gruppe wird sich dieser Atmosphäre anpassen und ihrerseits wenig von sich preisgeben. Die Teilnehmer agieren hier auch aus ihrem Erwachsenen-Ich heraus oder aus dem Ich-Zustand der angepassten Kindes. Emotionen bleiben außen vor.

Das angepasste Kind-Ich

Das angepasste Kind-Ich kann sehr gut folgen. Dieser Ich-Zustand ist wichtig: Als Trainer muss man oft erst einmal „folgen" bevor man gezielt führen kann. Wenn Sie nach problematischen Situationen fragen, einer Diskussion zuhören oder über Scherze lachen, reagieren Sie aus dem angepassten Kind-Ich heraus. Wenn ein Trainer im angepassten Kind-Ich feststeckt, fällt es ihm schwer, die Leitung zu übernehmen. Er wird viel lächeln, nachfragen, alle Beiträge zusammenfassen. Er erlaubt es sich nicht, andere zu unterbrechen, jeder soll zu Ende sprechen können. Es ist nicht einfach, aus dem angepassten Kind-Ich heraus Entscheidungen zu treffen. Der Trainer wird manches Mal sichtlich zweifeln und auf andere unsicher wirken. Das Tempo ist niedrig. Die Gruppe kann im kritischen Eltern-Ich selbst die Leitung übernehmen und eigene Vorschläge präsentieren. Das freie Kind-Ich der Teilnehmer kann auch eine Gegenposition aufbauen. Die Teilnehmer kichern und testen, wie weit sie gehen können. Das ist ein Appell an den Trainer, die Verantwortung zu übernehmen und in das kritische Eltern-Ich zu wechseln.

Das freie Kind-Ich

Agiert ein Trainer aus dem freien Kind-Ich heraus, folgt er seinen Impulsen. Er reagiert spontan auf das Geschehen und er kann während des Trainings improvisieren. Er macht kleine Scherze, überlegt sich kreative Übungen und erzählt Anekdoten. Es kommt eine Frage aus der Gruppe und der Trainer sieht, wie sich die Gruppe mit einer wunderbaren Übung die Antwort selbst geben kann.

Wenn Sie zu viel aus dem freien Kind-Ich heraus agieren, kann Ihnen die Gruppe nicht mehr folgen. In Ihren Erklärungen kommen Sie vom Hundertsten ins Tausendste und Ihre Herleitungen sind nicht immer unbedingt logisch. Zeit ist für Sie relativ und Schlusszeiten können sich verschieben. Wenn etwas geschieht, das lehrreich erscheint, ist Ihnen das wichtiger, als das geplante Programm abzuarbeiten.

Manche Teilnehmer werden das genießen, andere werden sich angesichts des Chaos und der fehlenden Struktur schwertun. Sie werden irgendwann abspringen und sich weigern, die Übungen zu machen. In solchen Momenten kann der Trainer mit der Kritik konfrontiert werden, er nehme nicht wirklich die Position des Trainers ein. Einige Teilnehmer werden sein Verhalten als unangemessen betrachten. Die Gruppe wechselt in das kritische Eltern-Ich.

Tabelle 7: Überblick über Ich-Zustände des Trainers und damit verbundene Fallstricke und Verhaltensmuster der Teilnehmer

Ich-Zustand	Funktion	Fallstricke	Erstarrtes Muster auf Seiten der Teilnehmer
Fürsorgliches Eltern-Ich	– Mut machen – Gefühle erkennen – versorgen/sich kümmern – beschützen – warme Ausstrahlung – interessiert sein – häufiges Zusammenfassen	– bevormunden – viele Fragen zur Gefühlslage stellen und dann darauf eingehen – Gruppe nicht loslassen können – persönlichem Leid zu viel Raum geben – zu Lasten der Aufgaben	– zu wenig aufgabenorientiert – zu sanfte Atmosphäre – sich vor allem über Probleme und deren Schweregrad austauschen – Getratsche – es wird kein „echtes Feedback“ gegeben
Kritisches Eltern-Ich	– die Leitung übernehmen – Regeln formulieren – kritische Fragen stellen – den Kern herausarbeiten – den Advocatus Diaboli spielen – Ratschläge geben – eigene Meinung einbringen und Schlussfolgerungen ziehen – die Teilnehmer direkt ansprechen – unterbrechen	– „Sie müssen“-Ansagen – zu dominant, zu streng – eigene Botschaft zu häufig wiederholen – Emotion/Ärger im eigenen Feedback – immer das letzte Wort haben wollen – das Gefühl, dass die Welt ohne Ihre klugen Worte nicht auskommt	– zuerst kommt Widerspruch aus der Gruppe, dann folgt ein Klein-Beigeben, murren – manche Teilnehmer werden Sie bewundern – wenig Raum für die Gruppe – Gruppe wird passiv
Erwachsenen-Ich	– objektiv – neutral – Fakten auf dem Tisch – Theorie klar und deutlich erklären – Zusammenhänge darstellen	– auf Emotionen mit faktenbezogenen Fragen reagieren anstatt mit Mitgefühl	– Emotionen außen vor, distanzierte Atmosphäre

Tabelle 7: Fortsetzung

Ich-Zustand	Funktion	Fallstricke	Erstarrtes Muster auf Seiten der Teilnehmer
	– auf Feedback neutral nachfragen: Wie sehen Sie das? – neutral reagieren, wenn jemand nicht mit Ihnen einer Meinung ist: „Erklären Sie das bitte?“ – ausgerichtet auf Fakten und wahrnehmbares Verhalten	– zu schnell zur Analyse übergehen, zu wenig Aufmerksamkeit für Gefühle – förmlich-distanziert – zu viel im Kopf, zu wenig Herz und Bauch	
Angepasstes Kind-Ich	– folgen – zuhören, nachhaken – die eigene Agenda fallen lassen – bei Scherzen von anderen lachen – es nicht wissen – andere ausreden lassen – lächeln	– unsicher wirken – zweifeln – Stille entstehen lassen – lahm, träge – zu wenig Initiative	– die Gruppe übernimmt die Leitung aus dem kritischen Eltern-Ich heraus – Teilnehmer widersetzen sich aus dem freien Kind-Ich heraus: Sie kichern und probieren aus, wie weit sie gehen können
Freies Kind-Ich	– spontan, intuitiv, impulsiv folgen – Anekdoten erzählen – Selbstspott – kreative Übungen – vom Programm abweichen, improvisieren	– Chaos – niedrige Impulskontrolle – unangebrachte Scherze – keine Linie mehr erkennbar – nicht klar in Bezug auf die Zeiten	– den Teilnehmern fällt es schwer, mit dem Chaos zurechtzukommen; sie springen ab, verweigern die Teilnahme – Kritik am Trainer: Er übernimmt nicht die Position eines Trainers – unangebrachtes Verhalten

Zusammenarbeit mit einem Co-Trainer

Wenn man zu zweit ein Training bestreitet, übernimmt man in der Regel abwechselnd die Leitung und die Rolle desjenigen, der folgt. Wenn Sie folgen, sind Sie in der Haltung des angepassten Kindes. Das fühlt sich ziemlich komfortabel an, zumindest, wenn Sie der Meinung sind, der andere mache seine Sache gut. Wenn Sie dann an der Reihe sind, die Leitung zu übernehmen, fällt es Ihnen möglicherweise schwer, aus der bisherigen Rolle herauszugehen. Das hat zur Folge, dass Sie unsicher wirken können. Hier kann der Kollege helfen, indem er deutlich sichtbar einen Schritt zurückgeht und seinerseits in das angepasste Kind-Ich wechselt. So werden Sie gezwungen, eine andere Haltung einzunehmen. Hilfreich ist auch, wenn Sie bereits in der Phase, in der der andere die Leitung hat, ab und zu etwas aus dem anderen Ich-Zustand heraus sagen oder tun. Es ist nicht einfach, aus der Rolle des angepassten Kindes herauszugehen, wenn man sich zu lange darin aufgehalten hat.

Beispiel:

Ich fange an einer neuen Arbeitsstelle an und hospitiere zunächst im Training eines Kollegen. Er gab mir vorab folgenden Auftrag mit: „Sie müssen am ersten Morgen zweimal etwas Kluges sagen.“ Auf diese Weise hat er verhindert, dass ich mich auf die Rolle des Folgens fixieren, und gleichzeitig, dass ich zu viel Aufmerksamkeit auf mich ziehen würde.

3.7 Leichtgängig im Training: Ich-Zustände variieren

Wie wir gesehen haben, ist es vorteilhaft, die Ich-Zustände zu variieren. Wir tun das nicht von Natur aus: Oft haben wir eine Vorliebe für bestimmte Ich-Zustände und lassen andere unberücksichtigt. Diese Vorliebe erscheint uns so natürlich, dass wir oftmals gar nicht auf die Idee kommen, eine Situation auch einmal aus einem anderen Ich-Zustand heraus anzugehen. Im Folgenden will ich Ihnen zeigen, wie das funktionieren kann. Dafür habe ich drei Momente in einem Training ausgewählt.

- Die Erklärung der Theorie: Wie macht man das aus den jeweils unterschiedlichen Ich-Zuständen heraus?
- Der Beginn eines Trainings: Wie macht man das aus den jeweils unterschiedlichen Ich-Zuständen heraus?
- Die Begleitung eines Rollenspiels: Wie kann man während der Begleitung in andere Ich-Zustände wechseln?

Eine Theorie aus unterschiedlichen Ich-Zuständen heraus erklären

Fürsorgliches Eltern-Ich. In diesem Ich-Zustand sind Sie auf den Beitrag und die Emotionen der Gruppe ausgerichtet. Sie heben hervor, was sich die Teilnehmer von der Theorie versprechen dürfen und Sie zeigen sich in Bezug auf die Schwierigkeiten, die der Einzelne in der Praxis vorfindet, verständnisvoll. „Ich weiß, dass viele von Ihnen die Nase voll haben von dominanten Führungskräften. Oder? Mit diesem Modell können Sie dafür sorgen, dass Sie selbst Ihre Grenzen besser bewachen. Das wird Ihnen vieles erleichtern!“ Sie fordern die Teilnehmer auf, viele Beispiele zu nennen und belohnen die Beiträge: „Schönes Beispiel“, „Das war bestimmt nicht einfach?“

Kritisches Eltern-Ich. Im kritischen Eltern-Ich beschäftigt Sie die Frage, wo der Schuh drückt. Sie beginnen etwa mit einem Fallbeispiel und bitten die Teilnehmer herauszuarbeiten, was dabei nicht gut läuft. Sie sagen auch deutlich Ihre Meinung: „Mir fällt oft auf, dass die Leute zu aggressiv reagieren, obwohl sie eigentlich nur nein sagen wollen. Und was geschieht dann? Der Gesprächspartner wird auch ärgerlich. Ich glaube, es ist wichtig, immer die Beziehung im Blick zu haben, wie verärgert man auch sein mag.“

Erwachsenen-Ich. Der Erwachsene benennt neutral, was geschieht und liefert zum Geschehen das zugrunde liegende Modell oder die dazu gehörige Theorie. Nach dem Modell widmet er sich den Tipps: Klar, mit Beispielen, ohne viel Emotion. „Bei der Selbstbehauptung haben wir zwei Achsen: nachgiebig und aggressiv. Wenn Sie nachgiebig reagieren, dann sehen Sie zum Beispiel....“ Die Stimme ist etwas unterkühlt und bietet wenig Variation.

Freies Kind-Ich. Im Ich-Zustand des freien Kindes können Sie eine Anekdote erzählen und diese sofort einbinden. Sie nehmen sich die Freiheit, Seitenpfade einzuschlagen und reden mit Selbstspott über sich selbst: „Was mir kürzlich passiert ist: Ich bin bei meiner Friseurin, einer sehr guten Friseurin, die mir beim letzten Mal einen tollen Schnitt verpasst hat und sage: ‚Machen Sie mir bitte wieder dasselbe!‘ Sie macht sich an die Arbeit, ich habe vollstes Vertrauen. Schnipp, schnipp, schnipp, wir unterhalten uns ein wenig und 40 Minuten später ist sie fertig und ich habe das da!“ (Sie nehmen die Mütze ab und zeigen ultrakurzes Haar.) Ein Trainer, der viel aus dem Erwachsenen-Ich heraus agiert, reagiert aus dem Verstand heraus und nicht aus dem Herzen (mit Gefühl) oder dem Bauch heraus (impulsiv).

Angepasstes Kind-Ich. Das angepasste Kind tastet sich heran und schließt sich der Gruppe an. In diesem Ich-Zustand werden Sie sich nach dem Kenntnisstand und den Erfahrungen der Gruppe erkundigen. Sie starten eventuell mit einigen Fragen, Sie hören gut zu, was die Teilnehmer berichten und Sie haken nach, ohne dabei zu lenken. Wenn Sie zusammenfassen, fassen Sie die Meinung der Gruppe zusammen, Sie sagen nicht Ihre persönliche Meinung. Ihr Ton ist etwas vorsichtig, herantastend.

Der Beginn des Trainings

Sie können ein Training aus jedem Ich-Zustand heraus beginnen. Es ist wertvoll, sich dessen bewusst zu sein, weil Sie damit eine völlig andere Reaktion der Teilnehmer auslösen können.

Freies Kind-Ich. Sorgen Sie für eine Überraschung. Der Link zum eigentlichen Programm ist nicht sofort erkennbar. Denkbare Aktivitäten sind:

- Eine Anekdote erzählen.
- Eine Geschichte erzählen.
- Eine spielerische Übung, bei der die Anwesenden in Bewegung kommen oder sich von ihrer lustigen Seite zeigen müssen.

Fürsorgliches Eltern-Ich. Sorgen Sie für Emotion in der Gruppe. Heißen Sie die Teilnehmer willkommen.

- Bei der Eröffnung die Gefühle der Teilnehmer ansprechen: „Ziemlich spannend, oder?"
- In Ihrer Begrüßungsrede geht es auch um Freude und um Komplimente.
- Eine zwanglose Kennenlernübung, zum Beispiel zunächst in Zweiergruppen.

Kritisches Eltern-Ich. Machen Sie es durch die Inhalte spannend, holen Sie die Aspekte, die an die schmerzhaften Punkte herangehen, auf den Tisch.

- Nach den schwierigen Situationen gezielt weiterfragen: Was passiert dann genau, was macht es so schwierig?
- Das Programm erläutern und benennen, was dabei oft schief geht, oder was schwierig daran ist und besprechen, was Sie der Gruppe beibringen wollen.
- „Schlaue" Bemerkungen machen.

Erwachsenen-Ich. Legen Sie die Fakten auf den Tisch, zeigen Sie wenig Emotion.

- Die faktischen Details des Programms benennen.
- Eine kurze Vorstellungsrunde, bei der die Teilnehmer über ihre Arbeit berichten und erklären, was sie von dem Training erwarten.
- Nachhaken bezüglich der Tatsachen (wie viel Arbeitserfahrung, was genau früher gemacht?).

Angepasstes Kind-Ich. Gehen Sie auf das ein, was ist.

- Anfangsfrage an die Gruppe: „Wie ist es für Sie, hier zu sein?"
- Raum für jedermanns Geschichten.
- Folgen und Zusammenfassen.

Die Erfolgsspirale: Rollenspiel mit zweiter Chance

In meinem Buch *Werken met de sucesspiraal* (Thema Verlag, 2011) zeige ich Möglichkeiten auf, wie mit Rollenspielen gearbeitet werden kann. Analysiert man Rollenspiele anhand der Transaktionsanalyse, kommt man zu dem Ergebnis, dass dabei die Ich-Zustände gewechselt werden. Das ist insofern nützlich, als jeder Schritt wirklich „ganz“ und somit effektiv gemacht wird. Im Folgenden finden Sie eine Checkliste, die zu jedem der aufgeführten Punkte angibt, aus welchem Ich-Zustand – nach der Transaktionsanalyse – heraus gehandelt wird.

Vorab

- Fragen Sie den Übenden, welche Situation er zu Ende spielen möchte (angepasstes Kind-Ich).
- Lassen Sie ihn den Gegenspieler anweisen: Mit welchem Verhalten kann er es ihm schwer machen? (Angepasstes Kind-Ich oder kritisches Eltern-Ich: Ist die Botschaft hinreichend klar?)
- Geben Sie den Beobachtern Anweisungen zu den Punkten, die beobachtet werden sollen (kritisches Eltern-Ich: die Regeln formulieren, „Ich möchte, dass Sie das machen“).

Im weiteren Verlauf

- Notieren Sie so viele Beobachtungspunkte wie möglich (Erwachsenen-Ich, nur schreiben, Analyse verschieben).

Time-out

- Stoppen Sie die Übung, wenn sie erkennbar nicht gut läuft (kritisches Eltern-Ich, wenn Sie aufgrund von Analysen handeln oder freies Kind-Ich, wenn Sie Ihr Bauchgrummeln oder Ihre Unruhe als Maß nehmen).
- Setzen Sie sich neben den Übenden. Wie hat er die Übung erlebt? Zeigen Sie Empathie (fürsorgliches Eltern-Ich)!
- Fragen Sie den Gegenspieler nach seinen Erfahrungen. Fassen Sie die Ergebnisse bezüglich ihres Effekts zusammen (fürsorgliches Eltern-Ich).
- Bitten Sie die Beobachter um Feedback anhand ihrer jeweiligen Beobachtungspunkte. Haken Sie nach, speziell in Bezug auf Verhaltensweisen und deren Effekt (Erwachsenen-Ich).
- Ergänzen Sie die Ergebnisse. Oder haken Sie nach, um Ergebnisse zu bekommen, die noch nicht genannt wurden (kritisches Eltern-Ich).
- Überprüfen Sie, ob sich der Übende in Ihren Beobachtungen wiederfindet (fürsorgliches Eltern-Ich).

Schlussfolgerung

- Was läuft gut und sollte vom Übenden so beibehalten werden (kritisches Eltern-Ich)?
- In welchem Punkt sollte er nachbessern? Wie kann er das machen? Erarbeiten Sie den Punkt (gemeinsam) zu einer konkreten Empfehlung (kritisches Eltern-Ich bzw. angepasstes Kind-Ich).

Zweite Chance

- Beginnen Sie das Gespräch an dem Punkt, an dem der Übende die spezielle Empfehlung einüben kann (kritisches Eltern-Ich).
- Notieren Sie sich wieder, was Sie wahrnehmen und zwar hier nur, was gut läuft! Gelingt es dem Übenden noch nicht, die Empfehlung umzusetzen, beenden Sie das Gespräch und helfen Sie ihm dabei, es besser zu machen (Erwachsenen-Ich).

Bekräftigung

- Zeigen Sie Ihre Zufriedenheit mit dem Dargebotenen (fürsorgliches Eltern-Ich).
- Erlauben Sie dem Übenden, Dampf abzulassen (fürsorgliches Eltern-Ich).
- Fragen Sie den Gegenspieler und die Gruppe, was alles besser gelaufen ist (Erwachsenen-Ich).
- Machen Sie Komplimente: Benennen Sie das neue Verhalten und den dazugehörigen Effekt (kritisches Eltern-Ich).
- Demonstrieren Sie, dass Sie stolz auf ihn sind (fürsorgliches Eltern-Ich).

Während des gesamten Prozesses

- Setzen Sie Ihre Intuition ein und folgen Sie Ihren Impulsen, wenn Sie der Meinung sind, es wäre besser, von der Checkliste abzuweichen (freies Kind-Ich).

Wie lernen Sie, die Ich-Zustände zu variieren?

Vielleicht haben Sie beim Lesen dieses Kapitels schon erkannt, welche Ich-Zustände bei Ihnen am meisten Aufmerksamkeit bekommen und welche vernachlässigt werden. Wenn Sie es nicht wissen, können Sie auch Ihre Teilnehmer diesbezüglich um Feedback bitten. Auf unseren Evaluationsbögen steht die Frage, was wir als Trainer beibehalten sollten und was wir ändern sollten. Aus diesem Feedback kann man sehr oft schon ablesen, welche Ich-Zustände man sehr häufig eingenommen hat und welche weniger zum Zug gekommen sind. Vor allem, wenn Sie gemeinsam im Training stehen, dürften Ihnen die Unterschiede sofort auffallen. In Tabelle 8 sehen Sie einige Rückmeldungen in unseren Evaluationen: Was wird meiner Kollegin da gesagt, und worin besteht das Feedback für mich?

Tabelle 8: Beispiele für Rückmeldungen in Evaluationen

Feedback für meine Kollegin	Feedback für mich
Ruhe und aufrichtiges Interesse.	Energie und Dynamik.
Angenehme Trainerin, zugänglich, deutlich.	Netter Humor, viel Lachen, leidenschaftlich.
Engagement, Verspieltheit, manchmal etwas zögerlich und bedachtsam.	Dynamisch, aktiv, manchmal beenden Sie zu abrupt.
Ruhig, große Akzeptanz, mitdenkend, manchmal etwas chaotisch.	Enthusiasmus, „auf Zack sein", klar, Einbringen persönlicher Erfahrungen und Pannen wirkt entwaffnend; manchmal zu schnell.

Beispiel:

Was ich daraus lerne, ist, dass ich aufgrund einer Vielzahl an Ich-Zuständen heraus agiere: das kritische Eltern-Ich („auf Zack sein", manchmal zu schnell), das freie Kind-Ich (Humor, von persönlichen Pannen erzählen) und das Erwachsenen-Ich (Klarheit). Meine Kollegin bekommt gespiegelt, dass sie im fürsorglichen Eltern-Ich sehr stark präsent ist (engagiert, aufrichtiges Interesse), im angepassten Kind-Ich (Ruhe, manchmal etwas zögerlich) und im Erwachsenen-Ich (deutlich). Ich nehme mir vor, beim nächsten Mal mehr auf Ruhe zu achten: das fürsorgliche Eltern-Ich, das angepasste Kind-Ich. Meine Kollegin nimmt sich vor, etwas strenger zu sein (das kritische Eltern-Ich).

Und so hat sich der Kreis geschlossen. Von den Fallbeispielen am Kapitelanfang, in denen ich Trainer 1 bin, zu diesem Beispiel, bei dem ich mit einer Kollegin arbeite, aber trotzdem am Ende dieselbe Analyse steht. Ich nehme meine Person mit in jedes Training und ich bekomme die Gruppe, die ich verdiene.

4 Der unangenehmste Teilnehmer in der Gruppe: Rational-Emotive Therapie

Wenn man Trainer fragt, welcher Teilnehmertyp der für Sie unangenehmste ist, haben die meisten darauf sofort eine Antwort. Wir wissen auf Anhieb, wer unser schrecklichster Teilnehmer ist – jemand, der uns zur Weißglut bringt oder uns Angst einjagt. Ich habe einige Trainer gebeten, ihren unangenehmsten Teilnehmer zu beschreiben.

Beispiele: unangenehmer Teilnehmertyp

- In einem Rollenspiel bekommt eine Akteurin Feedback und geht sofort in die Verteidigung. Sie erklärt umständlich, dass sie bei dieser Gesprächspartnerin von vornherein keine Chance hatte: „Sie ist dafür verantwortlich. Mit mir hat das nichts zu tun."
- Der Typ älterer, festgefahrener Mann, der erklärt, da könne man nichts machen, die Regeln seien nun mal so. Dieser Teilnehmer frustriert permanent alle anderen Teilnehmer.
- Wenn man den Prozess bespricht und jemand redet immer wieder über die Inhalte.
- Der Typ Teilnehmer, der mir sagt, ich würde doch selbst nicht tun, was ich von anderen verlange und zwar in diesem selbstgerechten „Jetzt habe ich dich aber am Wickel"-Ton.
- Jemand konnte in einer Übung sehen, wie etwas funktioniert und sagt dann prompt: „Aber bei unseren Kunden funktioniert so etwas nicht." Damit ist die Arbeit eines ganzen Tages zunichte gemacht.
- Bei den Erklärungen ständig kritische Fragen stellen und ausbremsen. Nicht weil diese Person es genau wissen möchte, sondern weil sie es nicht in der Übung ausprobieren will.
- Eine Frau, Mitte Zwanzig, schön lackierte Nägel, oberflächliche Gespräche, flirtend mit den anwesenden Männern, nicht mit den Lerninhalten beschäftigt. Schlicht eine dumme Person, es tut mir leid, aber ich habe kein anderes Wort dafür.
- Jovialer Mann, Glatzkopf, mit sexuell angehauchten Bemerkungen. Nicht einmal, nicht zweimal, sondern während der *ganzen* Zeit.
- Der Typ „graue Maus", zu ängstlich, um die Übungen zu machen: „Nein, nein, wer weiß schon, was da alles dabei geschehen kann."
- Der Zyniker: verschränkte Arme, schon etwas älter. Ausstrahlung: „Mädchen, was willst du mir schon erzählen?"

An diesen Beschreibungen fällt mir auf, dass die Trainer voller Abneigung über ihre Teilnehmer sprechen. Ich finde die meisten Teilnehmer bei näherer Betrachtung gar nicht so schlimm. Manche würde ich als Herausforderung betrachten, andere als „normal“ schwierig und mein persönlicher Favorit für den Titel „unangenehmster Teilnehmer“ ist nicht einmal dabei. Das heißt, es ist eine sehr persönliche Sache, wen man als seinen unangenehmsten Teilnehmer sieht. Nicht nur Schönheit, sondern auch Unheil liegt im Auge des Betrachters. Dass einem ein Teilnehmer derart unangenehm sein kann, liegt an unseren Interpretationen seines Verhaltens (versucht jemand, mit sexuell angehauchten Bemerkungen etwas ungelenk in Kontakt zu kommen oder will er einschüchtern?) und an dem Gewicht, das wir der Sache beimessen (finden Sie es schlimm, wenn jemand Sie einschüchtern möchte oder perlt das an Ihnen ab?). Wenn ein Trainer das Verhalten negativ interpretiert und er es als schwerwiegendes Fehlverhalten betrachtet, dann findet er diesen Teilnehmer wirklich unangenehm und wird deshalb kaum noch adäquat auf ihn reagieren können. Wenn man also abweisend auf den jovialen Mann reagiert, lässt er womöglich noch mehr Bemerkungen fallen. Lässt man sich von der Teilnehmerin, die sich gegen ihr Feedback verteidigt, aus dem Konzept bringen, wird sie sich noch mehr verteidigen. Man verstärkt also das Verhalten des- oder derjenigen und damit auch die eigene Interpretation: „Habe ich doch gleich gedacht: Ein sehr unangenehmer Teilnehmer.“ Ein Teufelskreis beginnt.

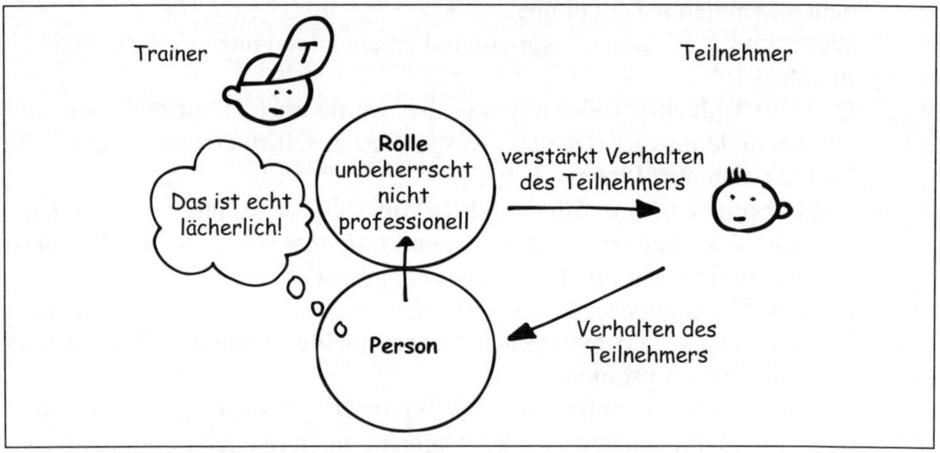

Abbildung 18: Teufelskreis

In diesem Kapitel lesen Sie, wie der Teufelskreis funktioniert und wie Sie ihn durchbrechen können. Das gelingt mithilfe von RET, der Rational-Emotiven Therapie, manchmal auch Rationales Effektivitätstraining genannt.

Worum geht es in diesem Kapitel

Im ersten Abschnitt dieses Kapitels lesen Sie, wie ein kleiner Disput außer Kontrolle geraten kann. Die Ursache liegt – nach der RET-Theorie – vor allem in der Art und Weise, wie wir eine Situation interpretieren. Dazu mehr im Abschnitt 2.

In Abschnitt 3 beleuchte ich die fünf dysfunktionalen Denkmuster, die einem Trainer am meisten im Weg stehen. Es sind: der Perfektionist, der Liebesjunkie, der Moralist, die niedrige Frustrationstoleranz und das Katastrophendenken. Um unsere Gedanken in den Griff zu bekommen, können wir zwei Dinge tun: Wir können unsere Interpretationen korrigieren oder wir können unsere Bewertung(en) ändern. Wie das genau geht, lesen Sie in den Abschnitten 4 und 5. Zum Schluss erkläre ich in Anhang 1 (vgl. Seite 191 ff.) die Problematik der fünf störenden Denkmuster in der Arbeit eines Trainers und gehe der Frage nach, wie es gelingen kann, anders zu denken, zu fühlen und zu handeln.

4.1 Der Teufelskreis

Beispiel:

Herr Simmert hält ein Training *Führung und Managemententwicklung* vor einer internationalen Gruppe von Managern. Er arbeitet mit Herrn Saris zusammen. Während dieser einen theoretischen Teil erklärt, beobachtet Herr Simmert, wie eine Teilnehmerin aus Finnland, Frau V., halb unter dem Tisch verdeckt ein Buch liest, mit dem in dieser Woche noch gearbeitet werden soll. Herrn Saris scheint das nicht zu stören, aber Herr Simmert regt sich zunehmend darüber auf. Für ihn ist dieses Verhalten respektlos, nicht nur Herrn Saris gegenüber, sondern auch der Gruppe und ihm gegenüber. Er fühlt sich provoziert und nach wenigen Minuten unterbricht er seinen Mitstreiter mitten im Training.

Herr Simmert: „Es tut mir leid, aber ich muss hier kurz unterbrechen. Frau V., mir fällt auf, dass Sie ein Buch lesen, während mein Kollege das Training abhält. Das lenkt mich ab, besonders wenn jemand vor der Gruppe übt. Deshalb möchte ich Sie bitten, Ihr Buch wegzulegen."
Frau V.: „Das verstehe ich gar nicht. Warum sollte ich nicht lesen und zuhören zugleich? Ich bin eine Frau und deshalb multitaskingfähig."
Herr Simmert: „Und ich bin ein Mann und kann nur immer eine Sache machen. Und momentan stört es mich, was Sie tun, und ich finde das respektlos meinem Kollegen gegenüber."
Frau V.: „Würde ich aus dem Fenster schauen und Herrn Saris zuhören, wäre das auch respektlos? Ich würde dann auch zwei Dinge gleichzeitig tun…"
Herr Simmert: „Ich rede im Moment davon, dass Sie ein Buch lesen. *Das* finde ich respektlos und deshalb möchte ich, dass Sie das Buch weglegen."
Frau V.: „Warum machen wir nicht einfach mit dem Training weiter?"
Herr Simmert: „Dann wiederhole ich meine Bitte von soeben. Ich hätte gern, dass Sie das Buch während des Trainings weglegen. Wenn Sie lesen möchten, können Sie das auf dem Flur tun, aber nicht im Saal. Vielen Dank."

Letztendlich legt Frau V. das Buch weg. Herr Simmert merkt, dass die Gruppe stillschweigend zustimmt, aber er spürt auch den anhaltenden Konflikt mit Frau V.

Hier wächst sich der kleine „Fehltritt" einer Teilnehmerin zu einem erbittert ausgetragenen Konflikt vor der ganzen Gruppe aus. Wie konnte es so weit kommen? Wenn wir das sichtbare, äußere Verhalten der beiden Kontrahenten betrachten, sehen wir Folgendes: Frau V. liest, Herr Simmert ruft sie zur Ordnung. Frau V. beharrt auf ihrem Standpunkt, Herr Simmert beharrt auf seinem, Frau V. legt ihr Buch weg, aber der nächste Konflikt ist vorprogrammiert. Unklar ist, mit welchem Gefühl Frau V. anfangs im Training war, jetzt ist aber klar, dass sie Herrn Simmert gern zum Mond schießen würde. Und dieses Gefühl ist gegenseitig.

Schaut man sich die Intervention von Herrn Simmert an, kommt man zu dem Schluss, dass sein erster Schritt nicht sehr glücklich war. Frau V. vor versammelter Truppe zur Ordnung zu rufen, das musste ja schon beinahe schiefgehen. Herr Simmert ist ein erfahrener Trainer und er ist sich dessen bewusst. Dennoch hat er sich so verhalten. Was geht in ihm vor, dass er sich für diesen Weg entscheidet? Es fängt damit an, dass Frau V. im Training liest. Herr Simmert nennt das „respektloses Verhalten": respektlos der Gruppe gegenüber, dem Trainer und auch ihm gegenüber. Er findet das unerhört! Und er fühlt sich provoziert. In einer dreistufigen Rakete eskaliert er von Interpretation zu Bewertung zu einem provozierten Gefühl, weshalb er eingreifen muss!

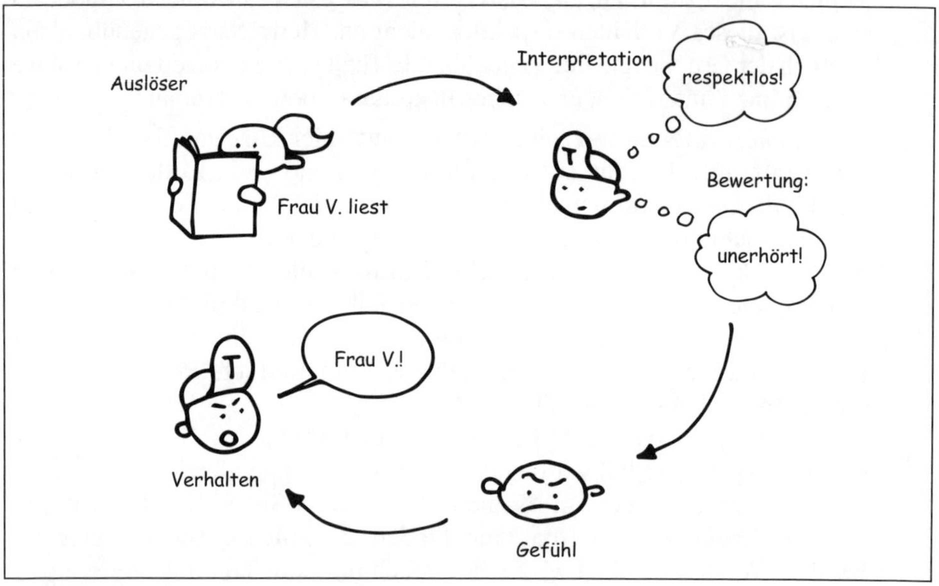

Abbildung 19: Auslöser → Interpretation → Bewertung → Verhalten

In dem Moment, in dem Herr Simmert aus dem Gefühl heraus, provoziert zu werden, reagiert, beginnt der Teufelskreis. Denn natürlich erschrickt Frau V. und reagiert mit ihrem Verteidigungsmechanismus: Sie schlägt unbarmherzig zurück.

Für Herrn Simmert desto mehr Beweis, dass sie keinen Respekt hat und er kämpft mit noch härteren Bandagen. Schlussendlich gewinnt er diese Diskussion, aber das Verhältnis zueinander ist zerstört. Außerdem fühlt sich Herr Simmert in seiner Meinung bestätigt: Diese Teilnehmerin ist eine respektlose Person, die ihre Lektion lernen muss. Und damit wird seine Interpretation zur sich selbst erfüllenden Prophezeiung.

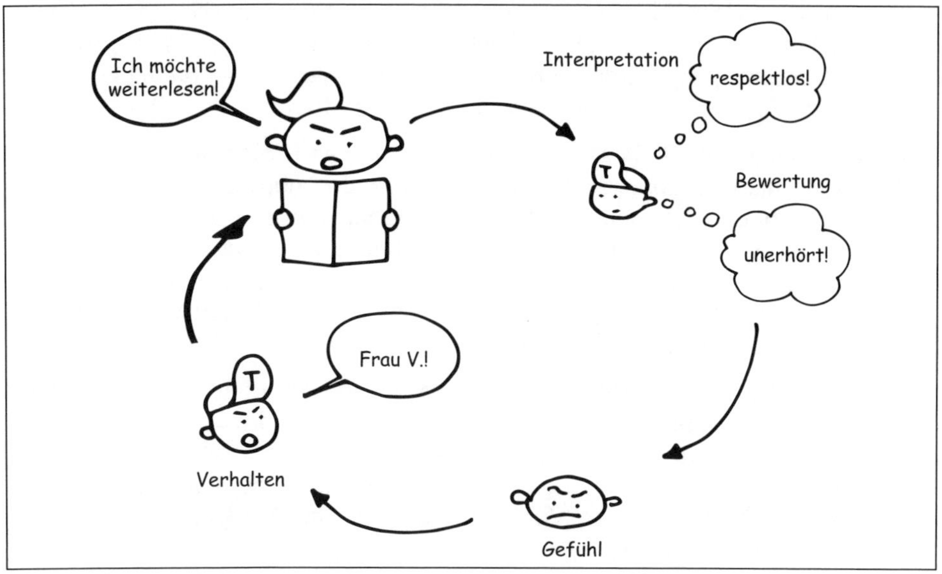

Abbildung 20: Verteidigung → Interpretation → Bewertung → Verhalten

4.2 Rational-Emotive Therapie (RET)

Was Herrn Simmert hier widerfährt, ist uns allen schon einmal passiert: Eine Situation triggert uns und ehe man sich versieht, reagieren wir viel heftiger, als es der Situation tatsächlich angemessen wäre. Die Rational-Emotive Therapie besagt, dass dies daher kommt, weil unsere Überzeugungen uns hier am Wickel haben. Es sind die Überzeugungen, die bewirken, dass wir in einer Situation auf eine ganz bestimmte Weise fühlen und handeln. Wenn wir unsere Überzeugungen überprüfen und korrigieren, können wir unsere Gefühle und unser Verhalten anpassen. Das heißt nicht, dass wir dann jede Emotion ausschalten. Wir dürfen immer noch ängstlich, verärgert oder traurig sein, aber eben nicht in diesem Ausmaß, wenn der Auslöser eine Nichtigkeit ist. RET lehrt uns, den Lautstärkeregler etwas zurückzudrehen und die eigene Übertreibung zu mäßigen.

Überzeugungen machen den Unterschied:

Begründer der Rational-Emotiven Therapie ist der US-amerikanische klinische Psychologe Dr. Albert Ellis (1913–2007). Als er sich nach dem Zweiten Weltkrieg als Psychotherapeut niederlässt, muss auch er selbst eine Therapie durchlaufen. Nach mehreren Jahren in Therapie ist er vom Ergebnis enttäuscht und fängt an, mit anderen Herangehensweisen zu experimentieren. Schon bald entdeckt er, dass es gut funktioniert, wenn er Klienten Aufträge mit nach Hause gibt, wobei sie versuchen müssen, ihre negativen Gedanken und Überzeugungen zu korrigieren. In den fünfziger Jahren entwickelt Ellis aus diesem Ansatz heraus die Rational-Emotive Therapie, kurz RET.

Ausgangspunkt der RET ist die Annahme, dass es Probleme an sich nicht gibt. Situationen werden erst durch unsere Betrachtungsweise zum Problem. Hier spielen häufig sich selbst erfüllende Prophezeiungen („self-fulfilling prophecies") eine Rolle; Vorstellungen, die die Klienten zu nicht effektiven Verhaltensweisen anregen und so dafür sorgen, dass eine relativ normale Situation sich zu einem Riesenproblem auswächst. Ellis hat diesen Mechanismus in seiner ABC-Theorie beschrieben.

- A steht für „activating event" beziehungsweise „Auslöser". Dabei handelt es sich um eine Situation oder einen Zustand in der Umwelt, die die Menschen dazu bringt, in Aktion zu kommen.
- B steht für „belief", beziehungsweise „Bewertung". Dabei geht es um eine Reihe von Überzeugungen, Vorstellungen und Bewertungen, die in der Situation aktiviert werden.
- C steht für „consequence", beziehungsweise „Konsequenz". Damit sind die Gefühle gemeint, die Menschen in der Situation A entwickeln, und die Verhaltensweisen, die ausgelöst werden.

Die Kernthematik bei der RET ist, dass unsere Gefühle und Verhaltensweisen (C) – so Ellis' Erkenntnisse – ein Produkt unserer Überzeugungen (B) sind. Das heißt, unsere Gefühle und Verhaltensweisen sind nicht die direkte Folge der jeweiligen Situation (A). Es ist ein Trugschluss, zu denken, dass eine bestimmte Situation (A) automatisch zu einem bestimmten Verhalten (C) führen würde. So zu denken würde außerdem bedeuten, dass wir uns selbst als Akteure ins Abseits manövrieren: „Ich kann nichts dafür, dass ich so reagiert habe." Indem Ellis die Aufmerksamkeit auf die Bedeutung unserer Überzeugungen lenkt, kreiert er Raum für Veränderung: Denn wenn wir unsere Überzeugungen ändern, ändern sich auch unsere Gefühle und Verhaltensweisen.

Ellis unterscheidet fünf Denkmuster, die bewirken, dass wir uns selbst im Weg stehen und Probleme heraufbeschwören. Vier dieser Denkmuster haben Eigennamen: der Perfektionist, der Liebesjunkie, der Moralist, der Katastrophendenker. Das fünfte Denkmuster heißt „niedrige Frustrationstoleranz". Etwas später in diesem Kapitel und in Anhang 1 werde ich die Wirkung der fünf Denkmuster in Bezug auf Trainings näher betrachten.

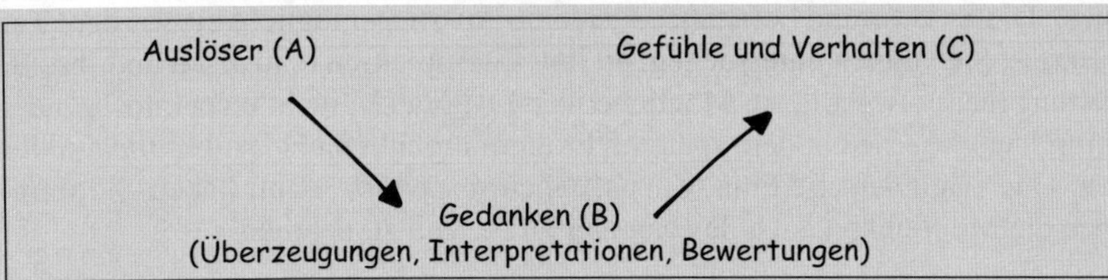

Abbildung 21: ABC-Modell

Interpretation und Bewertung

Nach der RET sind es zwei Arten von Überzeugungen, die bestimmen, wie wir eine Situation sehen, nämlich Interpretationen und Bewertungen.

Mit unseren Interpretationen schreiben wir zum Beispiel einem Teilnehmer bestimmte Motive und Beweggründe zu. Dieselbe Situation könnten wir aber auch völlig anders interpretieren. Nehmen wir einmal an, ein Teilnehmer schaut bei einem Training häufig auf sein Telefon. Macht er das, weil er sich vom Vortrag nicht angesprochen fühlt und deshalb lieber seine E-Mails checkt? Oder macht er das, weil er das Gefühl hat, die Zeit fliegt und er wissen möchte, wie spät es ist?

Mit Ihrer Bewertung geben Sie der Interpretation ein Gewicht. Angenommen, Sie wären sich sicher, dass ein Teilnehmer sich nicht vom Training angesprochen fühlt. Wie schwer wiegt das? Sie können das okay finden: „Es ist in Ordnung, wenn jemand einmal gedanklich abwesend ist. Das hat nichts mit mir zu tun.“ Sie können das aber auch auf sich beziehen: „Wenn jemand sich von meinem Training nicht angesprochen fühlt, ist mein Training nicht gut genug. Ich habe ja immer schon angenommen, dass ich andere nicht faszinieren kann.“

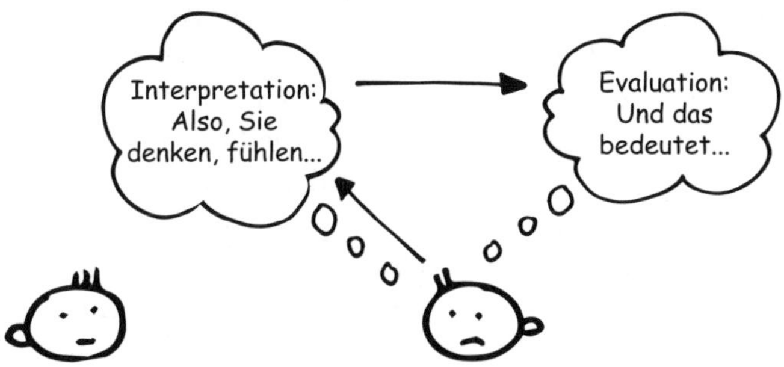

Sie beginnen den Teufelskreis, wenn Sie eine Situation negativ interpretieren *und* negativ bewerten. Hier noch einmal zurück zu Herrn Simmert. Er findet Frau V.’s Verhalten respektlos (Interpretation) und das ist für ihn unerhört (Bewertung). Dieser Umstand beinhaltet auch eine Ausstiegsmöglichkeit aus dem Teufelskreis: Sie können untersuchen, ob Ihre Interpretation realistisch und Ihre Bewertung hier notwendig ist. Möglicherweise ist Frau V. nicht respektlos, sondern befürchtet, dass sie bei dem späteren Programmpunkt nicht wird mithalten können. Oder vielleicht ist Frau V. tatsächlich respektlos, dann haben Sie immer noch die Möglichkeit, sich das weniger zu Herzen zu nehmen.

Beispiel:

Herr Simmert erzählt in der Intervisionsgruppe von der Situation mit Frau V. Seine Kollegen spielen die Situation durch, damit jeder nachempfinden kann, was genau geschieht. Die Kollegin, die Frau V. spielt, fühlt sich gut in die Situation hinein und spielt sie so, wie sie tatsächlich war. Herr Simmert ärgert sich wieder genauso und reagiert wie damals in der wirklichen Situation. Als wir Frau V. nach dem Spiel fragen, wie Sie sich gefühlt hat, berichtet sie etwas völlig anderes als das, was Herr Simmert angenommen hat: „Ich fühlte mich völlig isoliert, hatte Angst vor der Gruppe und wollte am liebsten gar nichts gefragt werden. Wenn ich ein Buch lese, kann ich meine Aufmerksamkeit auf etwas anderes lenken und dann erscheint mir das Training weniger bedrohlich." Ihr Verhalten hat also nichts mit „Respektlosigkeit dem Trainer gegenüber" zu tun. Das Verhalten ist kein Angriff, sondern eine Schwachstelle bei der Teilnehmerin selbst. Mit dieser Interpretation im Hinterkopf experimentiert Herr Simmert mit anderen Reaktionen und er fängt ein völlig anderes Gespräch an. Er wartet bis zur Pause, setzt sich neben Frau V. und erkundigt sich, wie sie mit dem Training zurechtkommt. Er geht das Gespräch aufrichtig und „sanft" an.

4.3 Hinderliche Gedanken: fünf Denkmuster

Es klingt so einfach: Interpretationen analysieren und anschließend korrigieren. Aber woher wissen wir, ob das wirklich notwendig ist? Wann gehen unsere Überzeugungen mit uns durch und wann haben wir schlicht Recht? Ein wichtiger Indikator ist die Heftigkeit der Emotionen, das heißt, wenn Sie zu ängstlich, zu wütend, zu traurig oder zu erfreut sind. Werden Sie von Ihren Emotionen übermannt? Dann ist es eine gute Idee, Ihre Geschichte mithilfe von Kollegen zu überprüfen. Sie können sicher sein, dass Sie überreagieren, wenn sich Ihr Kollege dieselbe Situation viel weniger zu Herzen nimmt. Er sieht zwar Ihren Punkt und er ist wie Sie der Meinung, dass etwas geschehen sollte, aber er reagiert viel gelassener. Wenn Sie zusammen mit einem Co-Trainer arbeiten, bekommen Sie diese Überprüfung sozusagen automatisch. Es wird dann regelmäßig vorkommen, dass Sie sich über Verhaltensweisen ärgern, die den Kollegen kalt lassen und umgekehrt.

Beispiel:

Sobald Herr Simmert von Frau V. erzählt, ist seine Empörung wieder da. Er findet ihr Verhalten schlicht unerhört: „Das macht man doch nicht?!" Es ist faszinierend, die Reaktionen der anderen Trainer in der Gruppe zu beobachten. Ja, sie finden das Verhalten von Frau V. auch unangemessen und sie können verstehen, dass sich Herr Simmert darüber aufregt. Aber sie würden sich selbst nicht derartig darüber ärgern: „Sie können doch einfach auf die Pause warten, um sie zur Rede zu stellen? Das muss doch nicht sofort sein?"

Natürlich bringt jeder Mensch seine Eigenheiten mit und jeder Trainer seine persönlichen Interpretationen und Bewertungen. Aber das Persönlichste ist zugleich universell. Ellis spricht von fünf dysfunktionalen Denkmustern, die häufig vorkommen und Garant dafür sind, dass sich Menschen selbst im Weg stehen. Ich beschreibe sie im Folgenden kurz, damit Sie, die Leserinnen und Leser, überprüfen können, in welchen Mustern Sie sich selbst erkennen. In Anhang 1 gehe ich noch ausführlicher auf jedes der Muster ein (vgl. Seite 191 ff.).

Der Perfektionist

Der Perfektionist verlangt von sich selbst, in allem, was er macht, perfekt zu sein, sonst sieht er sich als untauglich an. Es fällt ihm schwer, mit Fehlern und Kritik sowie dem Gefühl, nicht gut vorbereitet zu sein, umzugehen. Improvisieren mag der Perfektionist nicht, denn dabei erhöht sich das Risiko, Fehler zu machen. Ein „nicht ausreichend" auf dem Evaluationsbogen ist für ihn eine Katastrophe, die ihm nachts den Schlaf raubt. Ein Trainingstag, der nicht zum Highlight wurde, erzeugt viel Stress. Kritik von Teilnehmern erlebt er als bedrohlich, denn der Perfektionist hat Angst davor, dass man ihn eines Fehlers bezichtigen könnte.

Der Liebesjunkie

Der Liebesjunkie ist süchtig nach der Anerkennung anderer: „Hoffentlich mögen mich die Leute!" Die Arbeit mit einem Co-Trainer ist spannungsreich, denn was ist, wenn die Leute ihn lieber mögen? Dem Liebesjunkie sind Konflikte unangenehm. Er zieht sich dann schnell zurück. Seine Kernüberzeugung lautet: „Erst durch die Akzeptanz durch die anderen erhalte ich mein Existenzrecht." Wenn Sie ein Liebesjunkie sind, dann mögen Sie keine Teilnehmer mit kühler Ausstrahlung, die Ihnen keine Aufmerksamkeit schenken, ja, die Sie zurückzuweisen scheinen. Eine stille Gruppe kann Sie sehr verunsichern.

Die niedrige Frustrationstoleranz

Wenn Sie unter einer niedrigen Frustrationstoleranz leiden, glauben Sie, Rückschläge nicht verdient zu haben. Sie nehmen Misserfolg persönlich und kommen damit nicht zurecht. Es kann vorkommen, dass Sie eine passive Gruppe als gemein empfinden. „Aber hallo, da stecke ich doch keine Energie rein!" Geräte, die den Dienst verweigern, ein Saal, der die Erwartung nicht erfüllt, ein Auftraggeber, der sich nicht an die Absprachen hält – all das ist Grund genug für große Empörung: „Warum kann mein Leben nicht leichter sein?"

Der Moralist

Der Moralist stellt hohe Ansprüche an andere und die Welt: „Die Leute müssen auch selbst Energie reinstecken." Oder: „Sich nicht vorzubereiten, aber dann ständig Fragen stellen? Lächerlich!" Als Moralist stellen Sie hohe Ansprüche an Ihre Teilnehmer. Der Wunsch, dass die Teilnehmer engagiert sind und ihr Bestes geben, ist natürlich legitim, aber in einem moralistischen Denkmuster wird der Wunsch zur Forderung. Je länger Sie im Trainerberuf tätig sind, desto stärker kann dieses Denkmuster werden – Sie wissen ja längst, was die Teilnehmer alles dafür tun oder lassen können, um das Training erfolgreich verlaufen zu lassen. Mit diesem Gedanken als Grundlage ist es schwierig, mit Teilnehmern zurechtzukommen, die anders denken und arbeiten, als Sie es tun.

Der Katastrophendenker

Der Katastrophendenker macht aus jeder Mücke einen Elefanten. „Das ist ja erst der Anfang, da kommt noch einiges auf uns zu, es wird nur noch schlimmer werden!" Wenn die Stühle falsch herum stehen, ist das der Beginn eines total versauten Trainings. Wenn eine Gruppe von Teilnehmern mit verschränkten Armen vor Ihnen sitzt, ist das schlechte Ende schon besiegelt. Der Katastrophendenker kann in Kombination mit jedem anderen Denkmuster vorkommen und dieses jeweils verstärken.

Ihr Denkmuster färbt die Interpretation und die Bewertung einer jeden Situation ein. Stellen wir uns einmal vor, ein Teilnehmer sitzt mit verschränkten Armen im Training und schaut aus dem Fenster, während Sie etwas erklären.

- Der Liebesjunkie denkt: „Er will mich noch nicht einmal anschauen. Wie ich mir schon dachte, er mag mich nicht" (Interpretation). „Das ist schrecklich" (Bewertung).
- Der Moralist denkt: „Er schaut aus dem Fenster, zeigt keinerlei persönlichen Einsatz für das Training" (Interpretation). „Lächerlich!" (Bewertung).
- Der Perfektionist denkt: „Er ist nicht gerade gefesselt von meinem Vortrag" (Interpretation). „Das ist der Beweis, ich bin nicht gut genug" (Bewertung).
- Der Trainer mit niedriger Frustrationstoleranz denkt: „Aber hallo, hier einfach aus dem Fenster zu starren und keine Energie in das Training zu stecken" (Interpretation). „So was von asozial! Soll ich hier wohl allein die Arbeit machen?" (Bewertung).

- Der Katastrophendenker denkt: „Er findet es jetzt schon uninteressant. Das wird nicht lange dauern und er zieht die ganze Gruppe mit“ (Interpretation). „Und dann wird alles danebengehen“ (Bewertung).

Wenn Sie einmal wissen, welches Denkmuster Ihnen im Weg steht, können Sie es ändern. Dafür gibt es zwei Anknüpfungspunkte.

- Management der Interpretationen: Wenn ein Teilnehmer mit verschränkten Armen vor Ihnen sitzt, muss das noch lange nicht heißen, dass er nicht die geringste Lust hat und Sie als Blödmann betrachtet. Darüber mehr im Abschnitt 4.4.
- Ihre Bewertungen einsortieren: Wie wichtig ist das eigentlich, dass ein Teilnehmer Sie nicht mag? Geht die Welt davon unter oder ist es eigentlich gar nicht so schlimm? Lesen Sie mehr dazu in Abschnitt 4.5.

4.4 Management der Interpretationen: Positive Zuschreibung

Wenn Sie sich noch einmal die Situationen am Beginn dieses Kapitels in Erinnerung rufen, werden Sie sicher einige finden, die bei Ihnen Irritation auslösen. Die Wahrscheinlichkeit, dass Sie das Verhalten der entsprechenden Teilnehmer negativ bewerten, ist dann hoch. Das tun wir alle auch in unserem Privatleben ständig. Ein Autofahrer schneidet uns und wir denken: „So ein Idiot!“ Eine Kassiererin reagiert unfreundlich und wir finden sie doof. Aber zu unserer Rolle als Trainer gehört es, die Teilnehmer etwas zu lehren, sie zu schulen und sie nicht von vornherein aufzugeben. Wenn Sie in Ihrem Training effektiv sein wollen, ist es günstig, aktiv positive Interpretationen des Verhaltens Ihrer Teilnehmer zu suchen.

Beispiel:

Marius Michels fuhr am Morgen vom Krankenhaus weg. Er war soeben Vater geworden, war unkonzentriert im Verkehr und schnitt ein anderes Fahrzeug auf dem Kreisel. Der Fahrer war ganz und gar nicht erfreut. Er überholte ihn, zwang ihn zum Anhalten und stieg aus: 140kg tätowierte Wut. Marius Michels, selbst auch nicht gerade ein dünnes Kerlchen, stieg aus, Arme in der Luft: „Tut mir leid, ich habe Sie nicht gesehen. Ich bin gerade Vater geworden!“ Der Mann fing an zu strahlen und reichte ihm die Hand: „Herzlichen Glückwunsch! Das ist ja toll!“

Von negativen zu positiven Interpretationen

Was verändert sich, wenn Sie das Verhalten Ihrer Teilnehmer positiv interpretieren? Stellen Sie sich die Teilnehmerin, von der am Kapitelanfang die Rede war, einmal vor. Diese Teilnehmerin geht sofort in die Verteidigung, als sie Feedback bekommt: „Sie ist dafür verantwortlich. Mit mir hat das nichts zu tun.“ Würden Sie dieses Verhalten negativ interpretieren, denken Sie sich: „Blöde Kuh, die möchte doch gar nichts lernen.“ Sie werden Irritation empfinden und geneigt sein, Ihr Feedback schnell durchzudrücken oder die Teilnehmerin links liegen zu lassen. Sie können das Verhalten aber auch positiv interpretieren: „Sie hat ein Problem damit, Feedback zu bekommen und versucht, sich zu schützen.“ Indem Sie so denken, können Sie Mitgefühl entwickeln und der Teilnehmerin dabei helfen, ihr Feedback anzunehmen. In der RET-Theorie wird der neue hilfreiche Gedanke als „D“ bezeichnet und das neue Verhalten als „E“.

A Schwierige Situation	B Störender Gedanke	C Gefühl und Verhalten
	D Hilfreicher Gedanke	E Neues Gefühl und neues Verhalten

Abbildung 22: ABC-DE-Modell

In Tabelle 9 zeige ich zu einigen der Situationen vom Kapitelanfang jeweils eine negative Interpretation (störender Gedanke) und eine positive Interpretation (hilfreicher Gedanke) und die entsprechenden Folgen.

Interpretiert man das Verhalten der Teilnehmer positiv, entspannt sich die Lage; sie fühlt sich dann weniger bedrohlich und weniger unbehaglich an. Auch wenn Sie manches vielleicht nach wie vor als strapaziös oder unangemessen empfinden, werden Sie die Dinge mit mehr Nachsicht betrachten. Sie werden den Teilnehmern eher helfen wollen und eventuell zu einem späteren Zeitpunkt eingreifen, falls diese keine Bereitschaft zu Veränderung zeigen. Im letzten Kapitel können Sie lesen, wie Sie das am besten machen können. Wichtig ist, dass die Verhaltensweisen als solche nicht dazu führen, dass Sie sich gestresst fühlen. Das gelingt, wenn Sie darin keinen Angriff auf Ihre Person mehr sehen und keinen bewusst begangenen Regelverstoß.

Natürlich können Sie sich fragen, ob die positiven Interpretationen der Wahrheit entsprechen. Nur, das tut eigentlich nichts zur Sache. Das Verhalten eines Teilnehmers positiv zu interpretieren, ist ein Instrument, das Sie als Trainer einsetzen können, um Ihre Arbeit effektiver zu machen. Sie brauchen nicht zu wissen, ob die Interpretation der Wahrheit entspricht, um sie dennoch als Grundlage für Ihr professionelles Handeln zu nutzen. Unabhängig davon können Sie getrost davon ausgehen, dass die meisten Teilnehmer nicht zu Ihnen ins Training kommen, um Ihnen das Leben schwer zu machen. Somit entspricht in 99 von 100 Fällen die negative Interpretation nicht der Wahrheit.

Tabelle 9: Beispiele für negative und positive Interpretationen von schwierigen Situationen und die entsprechenden Folgen

A Schwierige Situation Der Typ älterer, festgefahrener Mann, der erklärt, da könne man nichts machen, die Regeln seien nun mal so.	*B Störender Gedanke* „Wieder so jemand, der sich nicht ändern möchte."	*C Gefühl und Verhalten* Negieren, keine Energie investieren.
	D Hilfreicher Gedanke „Ihm sind die Regeln wichtig, er befürchtet, dass es ohne Einhaltung der Regeln schiefgeht."	*E Neues Gefühl und neues Verhalten* Sorgen anerkennen, mit der Gruppe besprechen, was alles schiefgehen kann und welche Lösungen es dafür gibt.
A Schwierige Situation Wenn man den Prozess bespricht und jemand redet immer wieder über die Inhalte.	*B Störender Gedanke* „Er stellt sich mutwillig quer."	*C Gefühl und Verhalten* Irritiert reagieren, links liegen lassen.
	D Hilfreicher Gedanke „Er würde schon gern mitgehen, es fällt ihm aber schwer."	*E Neues Gefühl und neues Verhalten* Neugierig darauf sein, was der Teilnehmer sagen möchte. Weiter nachhaken in Bezug auf den Prozess, ihm helfen, den Prozess in Worte zu fassen.
A Schwierige Situation Jemand konnte in einer Übung sehen, wie etwas funktioniert, und sagt dann prompt: „Aber bei unseren Kunden funktioniert so etwas nicht."	*B Störender Gedanke* „Er weigert sich, sich zu öffnen, fällt wieder in das Muster von vor dem Training zurück."	*C Gefühl und Verhalten* Keine Energie investieren, das ist eine verlorene Sache.
	D Hilfreicher Gedanke „Er hat Angst, dass der Vorgang zu einfach wiedergegeben wird und dass es bei seinen Kunden nicht funktionieren könnte."	*E Neues Gefühl und neues Verhalten* Bezug nehmen auf einen eigenen Kunden: Was ist problematisch daran und was könnte man machen? Eventuell direkt vor Ort mit seinen „eigenen Kunden" üben.
A Schwierige Situation Jovialer Mann, Glatzkopf, mit sexuell angehauchten Bemerkungen. Nicht einmal, nicht zweimal, sondern während der ganzen Zeit.	*B Störender Gedanke* „Er versucht, mich einzuschüchtern."	*C Gefühl und Verhalten* Keine Energie mehr investieren, das ist eine verlorene Sache.
	D Hilfreicher Gedanke „Ach, er möchte ein wenig herumjuxen und sucht auf diesem Weg Kontakt."	*E Neues Gefühl und neues Verhalten* Scherzhaft antworten und dann die Aufmerksamkeit auf den Inhalt lenken.

Überprüfen der eigenen Interpretationen: Intervision

Weiter oben habe ich beschrieben, wie Herr Simmert in seiner Intervisionsgruppe die Situation mit Frau V. nachgespielt hat. Bei solchen Gelegenheiten kann man die eigene Interpretationen überprüfen und gegebenenfalis ändern. Mit der neu gewonnenen Interpretation finden Sie besseren Zugang zu Ihren professionellen Interventionen. Sie können mit Ihren Kollegen wie folgt vorgehen.

Die Situation rekonstruieren

1. Inszenieren Sie die entsprechende Situation genauso, wie sie war. Spielen Sie eventuell vor, wie Ihr Teilnehmer reagiert hat.
2. Spielen Sie die Situation nach. Fühlen Sie sich als Gegenspieler in Ihre Rolle hinein und reagieren Sie intuitiv auf das Verhalten des Trainers.
3. Beenden Sie das Spiel, wenn Sie das Gefühl haben, dass der Trainer „echt“ reagiert. Es ist dann kein Spiel mehr, er reagiert mit echten Emotionen.

Die Suche nach der Interpretation

4. Lassen Sie Dampf ab: Wie war es für den Trainer? Wie erlebt er den Teilnehmer? Was denkt und was fühlt der Teilnehmer seiner Meinung nach?
5. Fragen Sie, was der Teilnehmer denkt und fühlt und welche Gefühle und Gedanken er hatte, bevor der Trainer auf ihn reagierte.
6. Stimmen diese Gedanken überein? Hat der Trainer richtig oder nicht richtig interpretiert? Vermutlich stellt sich heraus, dass der Trainer die Gedanken des Teilnehmers negativ etikettiert hat.
7. Wählen Sie aus den Gedanken des Teilnehmers etwas aus, was dem Trainer helfen wird, seine eigene Interpretation außer Acht zu lassen.

Üben mit der neuen Interpretation

8. Spielen Sie die Situation ein weiteres Mal. Positionieren Sie einen Souffleur hinter dem Teilnehmer, der die andere, neue Interpretation ab und zu laut flüstert. So bleibt die Interpretation im Visier des Trainers.
9. Schauen Sie genau hin, was sich im Verhalten des Trainers ändert.

Nachbesprechung und Verstärken der eigenen Rolle

10. Besprechen Sie, was der Trainer anders gemacht hat und welches Ergebnis er damit erreicht hat. Korrigieren Sie bei Bedarf mit Verhaltenstipps. Was kann man in einer solchen schwierigen Situation noch besser machen? Damit üben Sie sich in der professionellen Rolle.

Selbstbild managen

Zur professionellen Haltung eines Trainers gehört, dass er mit einem positiven Grundgefühl in das Training geht. Wenn man mit sich im Reinen ist, fällt es einem sicher leichter, das Verhalten der Teilnehmer positiv zu interpretieren. Um das zu erreichen, schreiben wir unseren Teilnehmern auch positive Gedanken über uns zu. Vor allem unerfahrene Trainer können sich in einem Maß unsicher fühlen, dass sie meinen, es wäre an ihrem Gesicht abzulesen. Problematisch wird es, als Trainer davon auszugehen, dass die Teilnehmer nicht nur die Unsicherheit bemerken, sondern dass sie den Trainer deshalb ablehnen: „Wie? Mit so jemanden sollen wir heute große Schritte machen?“ Solche oder ähnliche Gedanken sind keineswegs hilfreich. Es fühlt sich besser an, wenn Sie davon ausgehen, dass die Menschen in der Gruppe Sie ernst nehmen.

Ich war 27 Jahre alt, als ich für eine Gewerkschaft als Trainerin tätig war; oft hatte ich mit reinen Männergruppen im Alter von 50 Jahren und mehr zu tun. Ich musste die Gruppen am Morgen im Café abholen und diese erste Begegnung war für mich immer ein schrecklicher Moment. Ich konnte förmlich ihre Gedanken hören: „So ein junges Ding. Und von ihr sollen wir was lernen?“ Bei einem NLP-Training habe ich eine Übung gemacht, um diesen Gedanken zu verändern in: „Was für eine tolle junge Frau! Das werden bestimmt gute Tage.“ Dieses Bild war so stark, dass ich es mir innerlich vergegenwärtigte, wenn ich wieder einmal die Treppe hinunter zum Café ging. Es hat mir geholfen, den Moment der Begegnung als deutlich angenehmer zu erleben.

Mir war die ganze Zeit bewusst, dass ich selbst diesen Gedanken ersonnen hatte. Aber als ich mich von der Gewerkschaft verabschiedete, kam eine Frau aus meiner letzten Gruppe auf mich zu und sagte, sie bedauere, dass ich weggehe, weil sie mich als sehr frisch, jung und engagiert erlebt hatte.

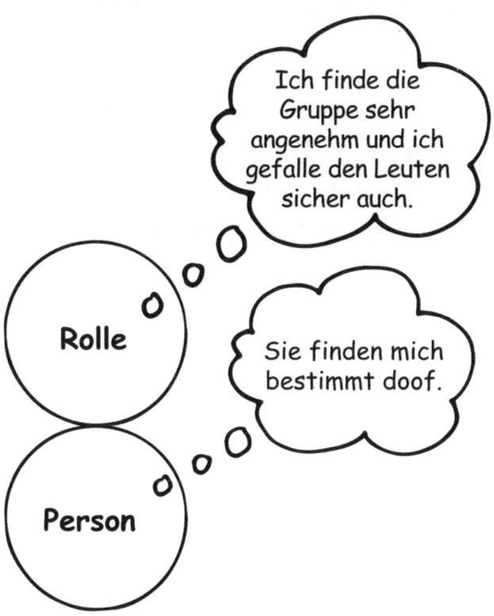

Wenn Sie den Teilnehmern positive Gedanken zuschreiben, fühlen Sie sich besser und reagieren effektiver. Bevor Sie ins Training gehen, können Sie sich die hilfreichen Gedanken noch einmal vergegenwärtigen. Das macht Sie dann auch bei „spannenden Situationen“ weniger empfindlich, weil Sie sie jetzt positiver interpretieren und sich zudem in der Rolle des Trainers stärker fühlen.

4.5 Bewertungen managen: Vom Müssen zum Dürfen

Die wichtigste Aussage der RET-Theorie ist für mich, dass es nicht die Interpretation ist, die eine Situation schmerzhaft macht, sondern unsere Bewertung – das, was wir über die Interpretation denken. Beispiele:

- „Sie hält mich für einen schlechten Trainer. Eine bodenlose Frechheit, dass sie das denkt!“
- „Sie sind überhaupt nicht bei der Sache, es interessiert sie nicht. Da sieht man es wieder: Ich kann es einfach nicht.“
- „Er wartet erst einmal seelenruhig ab, was auf ihn zukommt. So geht man doch nicht in ein Training.“

Jeder der Gedanken wird milder, wenn eine andere Bewertung der Interpretationen erfolgt. Beispiele:

- „Sie hält mich für einen schlechten Trainer. Das ist bedauerlich und ich weiß, dass andere Teilnehmer mich gut finden.“
- „Sie sind überhaupt nicht bei der Sache, es interessiert sie nicht. Tja, das kann passieren.“
- „Er wartet erst einmal seelenruhig ab, was auf ihn zukommt. Schade, aber womöglich braucht er das, um sich wohlzufühlen.“

Die Interpretationen sind dieselben, aber die Ladung, die sie in sich tragen, unterscheidet sich enorm. Der Grund ist, dass in den zuerst aufgeführten Gedanken sehr viel „Müssen“ steckt: Sie müssen bei jedem Teilnehmer sehr gut ankommen, jeder muss motiviert zum Training erscheinen, die Leute müssen Sie mögen. Bei der zweiten Reihe von Gedanken ist das „Müssen“ durch „können/dürfen“ ersetzt. Die Gedanken haben mehr Leichtigkeit. Es ist schön, wenn die Leute der Meinung sind, Sie seien ein guter Trainer, aber Ihnen ist klar, dass Sie das nicht erzwingen können. Teilnehmer dürfen eine abwartende Haltung einnehmen. Ein Training kann nicht immer perfekt laufen, auch wenn Sie sich das noch so wünschen.

Als Person haben wir oft starke Überzeugungen und Glaubenssätze, aber in der Rolle des Trainers ist es praktikabler, weniger starke Überzeugungen zu haben. Sie profitieren von weniger „müssen“ und mehr „dürfen“. Abweichendes Verhalten fällt Ihnen immer noch auf, sie werten es aber nicht mehr sofort ab. So können Sie freier eruieren, was diese Gruppe braucht: „Mmh, die Gruppe ist ganz schön träge. Das kann ich verstehen: Es ist nicht nichts, den ganzen Tag mit dem Kopf zu arbeiten. Was kann ich tun, damit wieder mehr Energie in die Sache hineinkommt?“

Permissive Kommunikation

Wie glaubwürdig Ihre Überzeugungen ankommen, hängt unter anderem von Ihrer Kommunikation ab. Welchen Text lesen Sie lieber?

Sie sollten einmal darauf achten, wie oft Sie das Wort „müssen" verwenden. Wenn in Ihrer Kommunikation viel von „müssen" die Rede ist, müssen Sie Ihre Sprache ändern. Es ist wichtig, dass Sie dann von „dürfen" oder „wollen" sprechen.

Wenn Sie oft in Kategorien von „müssen" reden, ist es empfehlenswert, Ihre Wortwahl zu ändern. Nützliche Konstruktionen sind:

- *Wenn Sie wollen ...*
- *Darf ich Sie um ... bitten?*
- *Ich möchte Sie gern einladen zu ...*
- *Es könnte funktionieren, wenn ...*

Die erste Variante wirkt zwingend und könnte zu Widerstand führen. Die zweite Variante ist wesentlich milder: Sie bietet dem Leser Raum, etwas zu tun oder auch nicht. Diese Art der Kommunikation wird „permissive Kommunikation" genannt. Permission steht für Erlaubnis. In der ersten Formulierung stülpt der Autor dem Leser seinen Willen über, in der zweiten Formulierung gibt er anderen die „Erlaubnis", die Dinge einmal anders zu betrachten oder anders zu machen. Das wirkt viel angenehmer und das Paradoxe daran ist, dass andere eher geneigt sind, dem Autor in diesem Punkt dann zu folgen.

Normen abschwächen:

Die Kommunikation wird offener, wenn Sie Forderungen in Wünsche umwandeln und „müssen" in „dürfen". Damit lassen Sie Ihren Teilnehmern die Freiheit, anders zu denken. Zwei Beispiele:

- Ich finde es angenehm, wenn sich die Leute aktiv beteiligen (Wunsch) und sie dürfen aber auch träge auf dem Stuhl sitzen (Erlaubnis).
- Die Menschen lernen dann optimal, wenn sie sich gut vorbereiten und ich hoffe, dass Sie das auch tun werden (Wunsch). Ich kann aber verstehen, wenn nicht jeder die Zeit dafür findet (Erlaubnis).

Es gibt mehrere Möglichkeiten, dies zu üben. Hier ein paar Vorschläge.

1. Schreiben Sie alles, was in Ihren Trainings mit einem „Müssen" verbunden ist, auf: für Ihre Teilnehmer, für Sie selbst, für die Organisation, für die Kollegen. Halten Sie nichts zurück.
2. Wählen Sie die drei wichtigsten aus. Von welchem „Müssen" sind Sie wirklich absolut überzeugt?
3. Wandeln Sie diese jetzt in „Wunsch-Sprache" und „dürfen" um.
4. Nehmen Sie davon die wichtigsten mit in das Training hinein. Entweder im Kopf oder festgehalten auf Papier an einer Stelle, die Sie gut im Blick haben.

Wenn Sie Ihre eigenen Normen etwas abschwächen, wird sich das automatisch in Ihrer Kommunikation niederschlagen. Der umgekehrte Weg ist auch möglich: Erst Ihre Kommunikation nachgiebiger werden lassen und dabei spüren, dass Ihre Denkweise auch milder und freier wird.

Ansichten nicht mehr so stark zu vertreten, will übrigens nicht heißen, dass Sie alle Normen weglassen. Als Trainer stehen Sie zu Ihrer Sache: Sie sind davon überzeugt, dass dieses Programm wertvoll für alle Ihre Teilnehmer ist. Und Sie äußern sich auch klar zu den Regeln und bewachen diese: „Mir ist es angenehm, wenn wir pünktlich starten." Der Unterschied besteht darin, dass Sie zwar klar, aber nicht zwingend kommunizieren: Sie ersetzen „müssen" durch „wollen" und „dürfen".

4.6 Wie können Sie Ihre Gedanken ändern?

Sich zu überlegen, wie ein hilfreicher Gedanke aussehen könnte, reicht meist noch nicht, um eine Veränderung herbeizuführen. Viele unserer Überzeugungen begleiten uns seit langer Zeit. Und sogar wenn uns das bewusst ist, ist eine Veränderung keine einfache Angelegenheit. Es braucht einiges an Übung und Zeit, um störende Gedanken durch hilfreiche Gedanken zu ersetzen. Dabei ist es nützlich, wenn man herausfindet, welche Situationen einen triggern, in diesen Kreisprozess einzusteigen: Was denken Sie, was fühlen Sie und was tun Sie? In Anhang 1 (vgl. Seite 191 ff.) habe ich herausgearbeitet, wie Sie als Trainer unter den fünf störenden Denkmustern leiden können. Dazu finden Sie zahlreiche Tipps, wie Sie anders damit umgehen können. Schauen Sie sich an, was Ihnen bekannt vorkommt und welche Aspekte Sie für sich nutzen können. Vielleicht wird Ihr Alptraum-Teilnehmer dann zum Traum-Teilnehmer: Die ideale Person, auf die Sie Ihre neuen Gedanken loslassen können und ergründen können, welche Rückkoppelung das auf Ihr eigenes Verhalten und auf den Teilnehmer hat.

5 Sich nicht verwickeln lassen: Übertragung und Gegenübertragung

Beispiel:

In Ihrem Training läuft alles prima. Nur mit einem Teilnehmer haben Sie Schwierigkeiten: Er geht bei jedem Punkt in die Gegenposition. Sagen Sie A, dann sagt er B. Egal, was Sie tun, immer bezieht er die andere Position. Wie reagieren Sie darauf? Behandeln Sie ihn im Plenum mit demselben Respekt wie alle anderen Teilnehmer oder zeigen Sie sich zunehmend irritiert?

In der Pause kommt Herr Renes mit ernster Miene auf Sie zu. Er sagt in einem aggressiven Ton: „Ich muss doch mal mit Ihnen reden. Ich finde, dass das gar nicht gut läuft. Mir scheint, Sie halten hier so etwas wie ein Standardtraining ab, es kommt mir so vor, als würden Sie eine Routine abspulen. Das hat mit uns nichts zu tun: Sie geben uns allgemeingültige Beispiele, Sie brechen Diskussionen harsch ab, weil Sie zu einer Übung kommen wollen, streuen Scherze ein, die Sie schon hundert Mal gemacht haben." Wie wirkt das auf Sie? Möchten Sie am liebsten im Boden versinken oder bleiben Sie ganz ruhig in Ihrer professionellen Rolle?

Frau Sussheim ist die temperamentvolle Chefin einer Baufirma. Sie spricht Sie in der Pause an: „Ich finde, Sie machen das wirklich fantastisch!" Wie fühlt sich das an? Freudig, stolz, zufrieden? Ist Ihnen Frau Sussheim nun sympathischer als zuvor? Oder denken Sie: „Das sagt mehr aus über sie, als über mich"?

Als Trainer sind Sie ständig den Reaktionen der Teilnehmer ausgesetzt. Oft entsprechen die Reaktionen den Erwartungen, manche kommen aber unerwartet und heftig. Die Wahrscheinlichkeit, dass Sie von einer Reaktion kalt erwischt werden und nicht sofort angemessen reagieren können, ist nicht zu unterschätzen. Was passiert dann? Sie fallen aus Ihrer Rolle. In diesem Kapitel werde ich untersuchen, welcher Mechanismus sich dahinter verbirgt und wie Sie diesem Mechanismus ausweichen können. Dazu werde ich mit der Theorie der Übertragung und Gegenübertragung arbeiten. Übertragung erklärt, warum manche Teilnehmer unerwartet oder heftig reagieren. Sie haben dann etwas gemacht, was bei diesen Teilnehmern alte Erinnerungen weckt und sie in alte Muster rutschen lässt. Sie befinden sich „in der Übertragung" und das behindert in dem Moment ihren Lernprozess. Deshalb wäre es wünschenswert, wenn Sie diesen Teilnehmern helfen könnten, aus der Übertragung herauszukommen. Das ist aber nicht ganz einfach. Möglicherweise ist Ihr erster Impuls der, das Verhalten der Teilnehmer persönlich zu nehmen. Damit gehen Sie in die Gegenübertragung: Sie haben sich verwickeln lassen und können nicht mehr professionell reagieren.

Worum geht es in diesem Kapitel?

In diesem Kapitel lesen Sie, wie Übertragung funktioniert (Abschnitt 1) und warum Übertragung ein Problem für die Teilnehmer ist (Abschnitt 2). Weiterhin erfahren Sie, wie Sie als Trainer in die Gegenübertragung geraten können (Abschnitt 3) und was dann mit Ihrer Rolle geschieht (Abschnitt 4). Im darauffolgenden Abschnitt 5 bekommen Sie Hinweise an die Hand, die verhindern, dass Sie in die Gegenübertragung geraten. Am Ende des Kapitels beschreibe ich, wie Sie Teilnehmer rechtzeitig von Bewunderung oder Irritation fernhalten können (Abschnitt 6) und was bei einer Eskalation zu tun ist (Abschnitt 7).

5.1 Übertragung: Aus 10 Prozent werden 100 Prozent

Übertragung nach Freud:

Der Begriff Übertragung wurde von Sigmund Freud (1856–1939) geprägt. Er hatte entdeckt, dass Klienten, die in ihrer Jugend vom Vater zurückgewiesen wurden, ihn, Freud, als strengen Vater wahrnahmen. Oder umgekehrt, dass sie sich in ihn verliebten, wenn sie in ihm ihren liebenden Vater wiedererkannten. Auf diese Weise wiederholen Klienten also die Muster ihrer Kindheit.

Zunächst sieht Freud in der Übertragung ein Problem, aber dann erkennt er ihren therapeutischen Nutzen. Wenn nämlich der Klient während der Behandlung Gefühle und Erwartungen auf seinen Therapeuten überträgt, ist davon auszugehen, dass er das auch mit anderen Menschen macht. Wenn sich ein Klient beispielsweise dem Therapeuten gegenüber in eine Abhängigkeitsposition bringt, ist der Schluss naheliegend, dass er das auch in seinen Freundschaften und Beziehungen außerhalb der Therapie tut. Der Therapeut erlebt während der Therapie, wie sich der Klient im täglichen Leben selbst im Weg steht.

In der Psychotherapie ist die Übertragung somit ein therapeutisches Mittel: Therapeuten nutzen die Übertragung, um den Klienten all jene Muster bewusst zu machen, die sie seit ihrer Kindheit unbewusst wiederholen. In einem Training wird man die Übertragung eher nicht therapeutisch nutzen, denn das entspricht meistens nicht dem „Vertrag", den Sie mit den Teilnehmern haben. Aber in einem Training kommt Übertragung sehr wohl vor. Manchmal zum Vorteil des Lernprozesses – bei der positiven Übertragung –, aber manchmal mit einer negativen, hemmenden Wirkung auf den Lernprozess.

Die Teilnehmer an einem Training scheinen alle erwachsene Menschen zu sein, aber wie wir bereits im Kapitel über die Transaktionsanalyse gelesen haben, bringen sie immer auch ihre „Kind-Rolle" mit. Ein Trainer kann dieses (innere) Kind der Teilnehmer ungewollt an die Oberfläche bringen, weil er die Rolle der Autorität verkörpert. Aufgrund der Rolle des Trainers neigen die Teilnehmer dazu, auf ihn so zu reagieren, wie sie das früher bei ihren Eltern, den Lehrern und Priestern usw. gemacht haben. Viel ist dafür nicht nötig: Wenn Sie nur zu 10 Prozent dasselbe tun wie die früheren Autoritäten, kann das bei den Teilnehmern die Reaktion auslösen. In ihren Augen tun Sie dann genau dasselbe wie früher Vater, Mutter, Lehrer oder Lehrerin. Aus 10 Prozent Übereinstimmung machen die Teilnehmer 100 Prozent und reproduzieren selbst genau jene Verhaltensweisen, die diese Personen früher bei ihnen ausgelöst haben. Dieser unbewusste Prozess wird Übertragung genannt.

Beispiele:

- Ein Teilnehmer konnte eine Lehrerin an seiner damaligen Schule nicht leiden. Ihre langatmigen Geschichten und die große Menge Text, die sie an die Tafel schrieb … Wenn Sie nun etwas erklären und ihm erscheint das zu lang, wird er ungeduldig wie damals das Kind. Sein Vorwurf lautet, das Training sei zu schulmeisterlich.
- Eine Teilnehmerin wurde früher gehänselt. Wenn sie heute an einem Training teilnimmt und jemand schenkt einem anderen Teilnehmer Kaffee ein, aber ihr nicht, fühlt sie sich sofort ausgeschlossen: „Es herrscht hier ein Klima der Unsicherheit."
- Eine Teilnehmerin ging früher sehr gerne zur Schule: Sie liebte es, zu lernen und von sachkundigen Dozenten Erläuterungen zu bekommen. Sie wurde dann immer ganz still und hat alle Informationen förmlich in sich aufgesogen. Wenn Sie nun im Training etwas erklären, nimmt sie sofort diese Haltung ein. Sie wird keine kritischen Fragen stellen und hält Diskussionen in der Gruppe für vergeudete Zeit.
- Ein Teilnehmer hat einen autoritären Vater, gegen den er sich auflehnte. Wenn Sie Hausaufgaben aufgeben und einige Male das Wort „müssen" verwenden, bekommen Sie automatisch dieselbe Reaktion: „Was heißt hier müssen? Das bestimme immer noch ich selbst!"
- Ein Teilnehmer hat einen autoritären Vater, dem er sich stets unterordnete. Wenn Sie Feedback geben, hört er sehr genau hin und bemüht sich, zu folgen.

Bei der Übertragung greift ein Teilnehmer irgendetwas, das der Trainer im Hier und Jetzt tut, auf und konstruiert sich ein ganzes Bild daraus. Klingt kompliziert, ist aber ein Alltagsphänomen: Wir alle befinden uns regelmäßig in der Übertragung, auch außerhalb des Trainings. So verliebt sich jemand in ein Mädchen, das ähnlich grüne Augen wie die Mutter hat. Oder jemand kann einen anderen Menschen nicht ertragen, weil der ihn an einen Kontrahenten aus seiner Schulzeit erinnert.

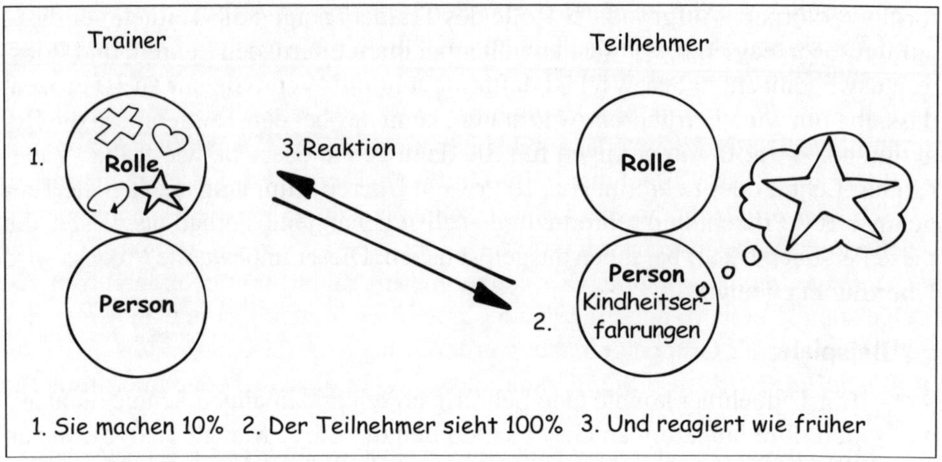

Abbildung 23: Übertragungsreaktion

Die Teilnehmer bringen also frühere Erfahrungen mit ins Training. Deshalb bilden sie ihren ersten Eindruck, schon bald nachdem sie den Raum betreten haben. Dieser hat teils mit dem zu tun, was Sie machen, aber auch mit ihren Assoziationen: Der Trainer erinnert sie an ihren Vater, ihre Mutter, die Erzieherin, den Lehrer und so weiter. Im Idealfall relativieren die Teilnehmer diesen ersten Eindruck, wenn sie mehr vom Trainer gehört und gesehen haben. Es kann aber auch passieren, dass ihr Bild vom Trainer von früheren Erfahrungen eingefärbt bleibt. Das bedeutet, die Teilnehmer bleiben in der Übertragung hängen.

Wie erkennt man Übertragung?

Die Signale, die auf eine Übertragung hinweisen, können äußerst subtil sein. Der erste Hinweis ist oftmals Ihr Bauchgefühl, wenn Sie meinen, der Teilnehmer verhalte sich „seltsam" und wenn Sie dieses Verhalten erstaunt oder leicht verärgert. Es gibt Signale, die mit hoher Wahrscheinlichkeit eine Übertragung anzeigen. Diese Signale sind:

- *Hohe Emotionalität.* In der Reaktion der Teilnehmerin steckt zu viel Emotion. Sie bricht beispielsweise in Tränen aus, obwohl nach Ihrem Dafürhalten gar nichts Schlimmes passiert ist.
- *Fehlende Flexibilität.* Ein Teilnehmer zeigt stets dasselbe Verhalten. Er ist immer still und folgsam oder er gibt permanent kritische Bemerkungen von sich.
- *Regression.* Ein Teilnehmer zeigt kindliches Verhalten. Sie merken, dass er sich kringelig lacht, zu spät kommt, seine Hausaufgaben nicht macht, viel kichert oder sehr ausgelassen ist.
- *Niedrige Impulskontrolle.* Die Teilnehmerin reagiert immer äußerst flott. Sie hat ständig eine Menge Fragen oder bietet sich immer als Erste an, wenn eine Übung vor der Gruppe gemacht werden soll.
- *Wiederholtes Muster.* Sie merken, dass Sie mit diesem Teilnehmer immer in demselben Muster landen. Er bittet immer um Rat und Sie geben Rat. Er hat immer einen kritischen Unterton und Sie gehen darauf ein.

Übertragung oder „normaler" Widerstand?

Als Trainer kann man es auch mit „normalem" Widerstand zu tun bekommen. Sie erklären eine Übung etwas zu schnell und die Teilnehmer bewegen sich nicht, weil sie nicht verstanden haben, was sie tun sollen. Sie machen einen etwas zu derben Witz und merken, dass sich jemand darüber ärgert. Nach dem Rollenspiel bekommt ein Akteur zu viel negatives Feedback und ist am Ende in Tränen aufgelöst.

Das können alles völlig normale Reaktionen sein: Etwas ist vorgefallen und es löst bei dem Teilnehmer bzw. den Teilnehmern Widerstand aus. Solange die Reaktion im Rahmen bleibt und Sie nachvollziehen können, wie Ihr Tun zu dieser Reaktion geführt hat, handelt es sich nicht um Übertragung.

An Übertragung ist dann zu denken, wenn die Reaktion unverhältnismäßig ausfällt und wenn ein Teilnehmer immer auf dieselbe Weise reagiert. Es ist dann sehr wahrscheinlich, dass er dabei ist, ein altes Muster zu wiederholen. Sie sind in dem Fall der Auslöser, aber danach wird ein alter Film abgespult.

Die meisten Teilnehmer werden sich im Übrigen nicht bewusst sein, dass eine Übertragung stattfindet. Wenn sie seltsam oder kindlich reagieren, tun sie das nicht, um Sie zu ärgern. Ihr Verhalten bringt ungewollt eine Reaktion in Gang, die sie nur schwer lenken können. Ihr „merkwürdiges" Verhalten sagt mehr über die Teilnehmer aus als über den Trainer.

5.2 Übertragungen behindern den Lernprozess

Eine Übertragung kann sowohl positive als auch negative Gefühle – beide in unterschiedlich starker Ausprägung – wachrufen. Kommt es bei einem Teilnehmer zur Übertragung, bedeutet dies, dass ihn seine persönlichen Muster einschränken. Es wird ihm schwerfallen, die Rolle des Lernenden anzunehmen. Egal, ob ein Teilnehmer für den Trainer Wut oder Bewunderung empfindet, beide Reaktionen sind nicht hilfreich.

Wenn es um die Übertragung negativer Gefühle geht, wird es dem Teilnehmer kaum möglich sein, überhaupt noch etwas zu lernen. Er ist seinem Zorn, der Traurigkeit oder der Angst, die jeweils viel Raum beanspruchen, gefangen. Da Übertragung immer unbewusst abläuft, wird der Teilnehmer seine negativen Gefühle Ihnen anlasten. Er ist der Meinung, Sie würden sich seltsam verhalten und deshalb reagiert er sehr heftig. Es ist Ihre Schuld, nicht seine. Eine starke negative Übertragung kann leicht eskalieren und in Vorwürfen an Ihre Adresse ausarten. Mit etwas Pech äußert er seine Vorwürfe in der Gruppe, wodurch alle Teilnehmer in ihrem Lernprozess gestört werden.

Beispiel:

Frau Flormüller (Trainerin): „Am letzten Tag des Seminars, kurz vor der Mittagspause will Herr Martens noch etwas loswerden. Fünf Tage lang hat er sich deplatziert gefühlt und zwar meinetwegen. Ich habe ihn am ersten Tag beim Reden abrupt unterbrochen, und daraufhin konnte er nicht mehr er selbst sein! Er versucht, ruhig zu sprechen, aber sein Ärger steht ihm ins Gesicht geschrieben. Die Gruppe sieht ihn schweigend an und ich weiß wirklich nicht, was ich dazu sagen soll. Das Ganze kommt für mich wie aus heiterem Himmel."

Auch wenn die Übertragung nur leicht negativ ist, ist das Lernen beeinträchtigt. Das kann so aussehen, dass sich ein Teilnehmer mal über dieses oder jenes Verhalten Ihrerseits ärgert, oder dass er mit Angst auf bestimmte Verhaltensweisen reagiert. Er hat noch die Fähigkeit, zu lernen, aber seine Gefühle lenken ihn auf jeden Fall ab. Ein Teilnehmer ärgert sich beispielsweise über die Art und Weise, wie Sie heute die Theorie präsentiert haben und deshalb ist er gedanklich nicht mehr bei den Inhalten. Oder er hat Angst vor dem Ton, in dem Sie Feedback geben und hört deshalb nicht mehr richtig, was Sie zu sagen haben.

Beispiel:

Herr Ruehler (Trainer): „Ich hatte so meine Schwierigkeiten mit Herrn Rossmann. Er saß mit verschränkten Armen da und schaute vor sich hin, sagte wenig und am Ende des Tages hatte er immer etwas zu kritisieren. Oft Kleinigkeiten, die ich angeblich falsch gemacht habe. Ich habe mit einem Kollegen darüber gesprochen und der meinte irritiert: ‚Kann sich der Mann nicht etwas mehr mit dem Training beschäftigen und weniger mit dir? Dann könnte er viel besser lernen.'"

Wenn eine stark positive Übertragung im Spiel ist, stellt dies für den Lernprozess ebenfalls ein Problem dar. Ein Teilnehmer, der Sie enorm bewundert, platziert Sie auf einem Sockel und alles, was Sie sagen, ist das Maß der Dinge. Er denkt nicht mehr kritisch über die Inhalte nach und wird die Meinung der anderen Teilnehmer geringer schätzen als Ihre. Das Arbeiten in Subgruppen findet er eher so la la; schließlich lernt man nur dann etwas, wenn der Guru dabei ist! Aber dieser Guru kann auch Fehler machen, andere Teilnehmer können auch wertvolle Beiträge liefern und der Lernstoff wird erst dann lebendig, wenn man sich kritisch mit ihm auseinandersetzt. Diese Lernangebote gehen an einem Teilnehmer mit sehr ausgeprägter positiver Übertragung ungenutzt vorbei.

Beispiel:

Frau Küster arbeitete schnell und zügig, alles an der Ausbildung fand sie toll und gelungen. Sie hatte eine hohe Meinung von mir, das war deutlich. Dann kam es einmal dazu, dass sie eine Aufgabe nur unvollständig löste. Wie besprochen schickte ich ihr meine Beurteilung per Mail. Beim nächsten Termin war sie etwas früher da und ich hatte Gelegenheit, sie zu fragen, wie es ihr damit ergangen war. Nicht gut, das war schnell klar. Sie war sehr enttäuscht von meiner Beurteilung und empfand mich als zu wenig nuanciert, so auf dem Papier. Sie sagte das höflich, aber mir war klar, dass sie ziemlich enttäuscht von mir war. Sie zeigte Selbsteinsicht und sagte: „Ich hatte Sie vielleicht auch zu sehr auf ein Podest gestellt; es ist ganz gut, dass dies nun so gelaufen ist."

Nur eine leicht positive Übertragung kann sich günstig auf den Lernprozess auswirken. Wenn ein Teilnehmer positive Erfahrungen aus seiner Jugend auf Sie projiziert, bedeutet dies, dass er sich bei Ihnen wohlfühlen und dem Training offen gegenüberstehen wird. Er wird Ihnen interessiert zuhören, sich vertrauensvoll an den Übungen beteiligen und sich sicher fühlen.

Beispiel:

Herr Markwart war, wie man unschwer merken konnte, erwartungsfroh bei der Sache. Er zeigte sich enthusiastisch bei der Vorstellungsrunde, reagierte zustimmend auf meine Worte und sagt „Klasse!" bei der Einführung der ersten Übung. Er war wissbegierig und voller Vertrauen, dass dieses Training ihm Gutes bieten würde.

Ist die Übertragung negativ oder zu positiv, wird dem Teilnehmer das Lernen erschwert. Deshalb lohnt es sich für den Trainer, diesbezüglich aufmerksam zu sein, und wenn nötig, den Teilnehmer aus der Übertragung herauszuholen. Das setzt voraus, dass Sie in der professionellen Rolle bleiben und sich nicht verwickeln lassen. Wenn Sie das dennoch tun, nehmen Sie die Übertragung persönlich und Ihre Reaktion wird dann Gegenübertragung genannt. In der Gegenübertragung sind Sie nicht mehr effektiv. Im nächsten Abschnitt lesen Sie, was dann genau passiert.

5.3 Sich verwickeln lassen: Die Gegenübertragung

Übertragung lässt den Trainer meistens nicht unberührt. Wenn jemand heftig und/oder negativ auf Ihr Verhalten reagiert, werden Sie zuerst dazu neigen, das persönlich aufzufassen. Man muss sich seiner Sache schon sehr sicher sein, um bei einem Kompliment nicht zu lächeln oder bei einem Vorwurf nicht in die Kampf-, Flucht- oder Erstarrungsreaktion zu gehen. Übertragung provoziert Gegenübertragung.

Gegenübertragung:

Der Begriff „Gegenübertragung“ hat in der Psychologie verschiedene Bedeutungen:
- Jede spontane Reaktion eines Therapeuten auf einen Klienten.
- Die unbewusste Reaktion eines Therapeuten auf die Übertragung eines Klienten.
- Die bewusst gewählte Reaktion eines Therapeuten auf die Übertragung eines Klienten.

In diesem Buch wird der Begriff „Gegenübertragung“ vor allem in der zweiten Bedeutung verwendet: Es geht um die unbewusste Reaktion eines Trainers auf die Übertragung eines Teilnehmers. Die Gegenübertragung im Sinne der ersten Bedeutung bespreche ich in Kapitel 4 zum Thema Rational-Emotiven Therapie (störende Überzeugungen). Gegenübertragung wie im dritten Satz beschrieben, wird hier noch später Gegenstand der Betrachtung sein: Dabei geht es um wohl überlegte, professionelle Reaktionen als Antwort auf Übertragung.

Positive Gegenübertragung

Als Trainer nehmen Sie Ihre Person mit ins Training. Und wie reagiert die Person, wenn ein Teilnehmer Sie voller Bewunderung anspricht: „Das ist wirklich das beste Training, das ich je erlebt habe. Einfach toll, wie Sie das machen!“ Denken Sie: „Das hat mit meiner Rolle als Trainer zu tun und sagt nichts aus über mich als Person“, und relativieren das Kompliment? Oder schwelgen Sie darin: „Wie schön, dass jemand merkt, wie gut ich bin!“, und gefällt Ihnen dieser Teilnehmer nun ein klein wenig besser als vorher?

Wenn Sie die Komplimente vollständig annehmen und der Teilnehmer, der sie Ihnen gemacht hat, Ihnen jetzt sympathischer ist als zuvor, befinden Sie sich in der Gegenübertragung. Ihnen ist nicht bewusst, dass sich das Kompliment des Teilnehmers auf Ihre Rolle bezieht und dass seine Bewunderung mehr über ihn als über sie aussagt. Stattdessen fassen Sie das Kompliment persönlich auf: „Endlich jemand, der merkt, wie gut ich bin. Dieser Tag ist gerettet!“ Nicht (nur) der Trainer freut sich, sondern (auch) die Person fühlt sich gesehen.

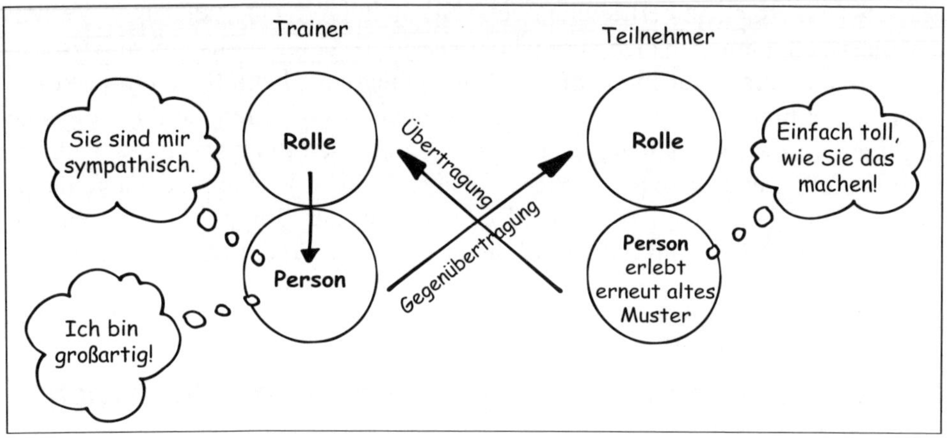

Abbildung 24: Positive Gegenübertragung

Negative Gegenübertragung: Autsch!

So, wie man Bewunderung seitens der Teilnehmer persönlich auffassen kann, kann man auch negative Übertragung persönlich nehmen. Wenn etwa ein Teilnehmer kundtut, er habe rein gar nichts gelernt, kann dies bei Ihnen Ärger auslösen. Eine „Vier“ auf dem Evaluationsbogen kann Sie in die Krise stürzen. Das deutet darauf hin, dass Sie in solchen Fällen die Kritik nicht mehr als Feedback auf Ihre Rolle empfinden, sondern sie auf sich selbst, auf Ihre Person beziehen. Deshalb kommt die Kritik so hart an und das schmerzt. Ihre Reaktion kommt aus dem Gefühl heraus, als Person gekränkt worden zu sein: Sie werden ärgerlich oder reagieren unsicher.

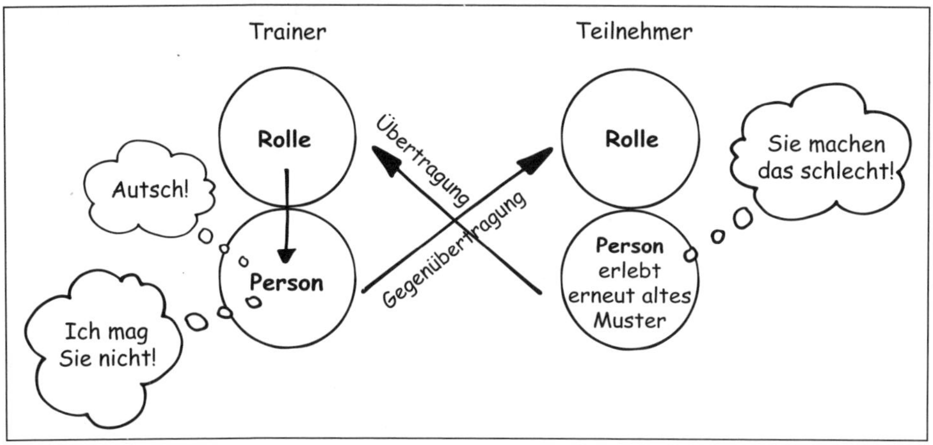

Abbildung 25: Negative Gegenübertragung

Sie sind in der Gegenübertragung, wenn Sie sich durch das „seltsame“ Verhalten eines Teilnehmers haben verwickeln lassen. Er reagiert aus einem persönlichen Muster heraus auf Ihre Rolle und Sie gehen nun ebenfalls in ein persönliches Muster hinein. Gegenübertragung erkennen Sie vor allem an Ihren eigenen Gefühlen. Lassen Sie sich von den Emotionen und den Reaktionen des Teilnehmers beeinflussen? Dann haben Sie wahrscheinlich das Problem der Gegenübertragung: Ihr Gefühl reagiert auf den Enthusiasmus der Gruppe („Hurra, Sie finden mich toll!“) bzw. auf die Irritation der Gruppe („So ein Mist, ich mache es nicht gut!“).

5.4 Wie Gegenübertragung den Trainer bei der Arbeit behindert

Sich durch die Übertragung eines Teilnehmers verwickeln zu lassen, ist für Trainer immer problematisch. Eine erste Konsequenz ist, dass man dann dem Teilnehmer nicht mehr aus der Übertragung heraus helfen kann. Im Gegenteil: Indem man sich verwickeln lässt, wird die Projektion des Teilnehmers Wirklichkeit („Siehst du, dieser Trainer tut so, als ob …“), die Übertragung wird bestätigt. Ohne es zu wollen, kommt man in einen Teufelskreis hinein. Die Gegenübertragung hat aber noch weitere beachtliche Nachteile für den Trainer und sein Funktionieren.

Der Blick auf die Gruppe ist nicht mehr neutral

Gegenübertragung behindert die Ausübung der Rolle des Trainers: Als Trainer haben Sie keinen neutralen Blick mehr auf die Gruppe. Einen Teilnehmer, der Sie bewundert, finden Sie (in der Gegenübertragung) sympathischer. Dadurch wird es schwieriger, sein Verhalten professionell zu betrachten und ihm zu geben, was er für seinen Lernprozess braucht. Wenn Sie nicht Acht geben, behandeln Sie ihn sogar wie einen Lieblingsschüler, wodurch seine Position in der Gruppe unhaltbar werden kann. Einem Teilnehmer, der (zu) kritisch ist, geht man eher aus dem Weg: Man erlebt ihn als dumm oder einschüchternd. Auch deshalb haben Sie seine Lernleistung nicht mehr gut im Blick und es wird schwieriger, ihm zu geben, was er für sein Vorankommen braucht.

Positive Übertragung und Gegenübertragung können auch zu Verliebtheiten führen. Der Teilnehmer/die Teilnehmerin verliebt sich aus der Übertragung heraus in den Trainer/die Trainerin und dieser/diese verliebt sich aus der Gegenübertragung heraus in den Teilnehmer/die Teilnehmerin. In einer solchen Situation wird es für den Trainer bzw. die Trainerin sehr schwierig, in seinem bzw. ihrem Verhalten professionell zu bleiben.

Der Blick auf sich selbst ist nicht mehr kritisch

Wenn Sie in der Gegenübertragung sind, wird es Ihnen schwerfallen, Ihr eigenes Tun und Funktionieren kritisch zu betrachten. Wenn Sie beispielsweise die entgegengebrachte Bewunderung ernst nehmen und nun tatsächlich glauben, Sie seien ganz toll, sind Sie weniger offen für die kritischen Signale aus der Gruppe. Sie laufen Gefahr, sich für Fehler zu rechtfertigen. Im umgekehrten Fall, wenn Sie negative Übertragung zu ernst nehmen, laufen Sie Gefahr, sich selbst die Schuld zu geben. Lesen Sie auch Kapitel 6 zum Thema Fehler machen.

Schwierigkeiten nach dem Training

Wenn Sie in der ausgeprägten Übertragung eines Teilnehmers mitgegangen sind, ist es nicht einfach, nach dem Ende des Trainings die Verwicklung wieder loszulassen. Bei ausgesprochener Bewunderung kann es schwerfallen, nach dem Training wieder vom Podest herunterzukommen. Ich kann mich noch gut an Gespräche mit Kollegen in der Zeit erinnern, als wir etwa drei Jahren im Beruf waren: Nach einem dreitägigen Training bekamen wir alle Ärger mit unseren Partnern zu Hause. Denn wir wollten uns gern weiter in der Bewunderung sonnen, was zu Hause natürlich nicht funktionierte. Ein ähnliches Problem entsteht, wenn Sie während eines Trainings in die negative Übertragung eines Teilnehmers verwickelt sind. Das kann zur Folge haben, dass noch lange nach dem Training eine blöde Bemerkung zu Bauchgrummeln führt, oder dass Sie sich überlegen, ob dieser Beruf der richtige für Sie ist, nachdem dieser eine Teilnehmer ständig etwas an Ihnen auszusetzen hatte.

5.5 Wie lässt sich Gegenübertragung verhindern?

Wenn Ihnen Bewunderung oder Kritik entgegengebracht wird, die überdosiert erscheint, sollten Sie bedenken, dass diese Reaktionen auf Ihre Rolle abzielen und mehr über den Teilnehmer aussagen als über Sie. Ja, sicher, Sie haben als Trainer eine Sache gut gemacht, aber Sie sind dadurch kein besserer Mensch geworden. Und, ja, Sie haben etwas vergeigt, aber so schlimm wie der Teilnehmer es darstellt, war es auch wieder nicht. Sie sind dadurch kein schlechterer Mensch geworden.

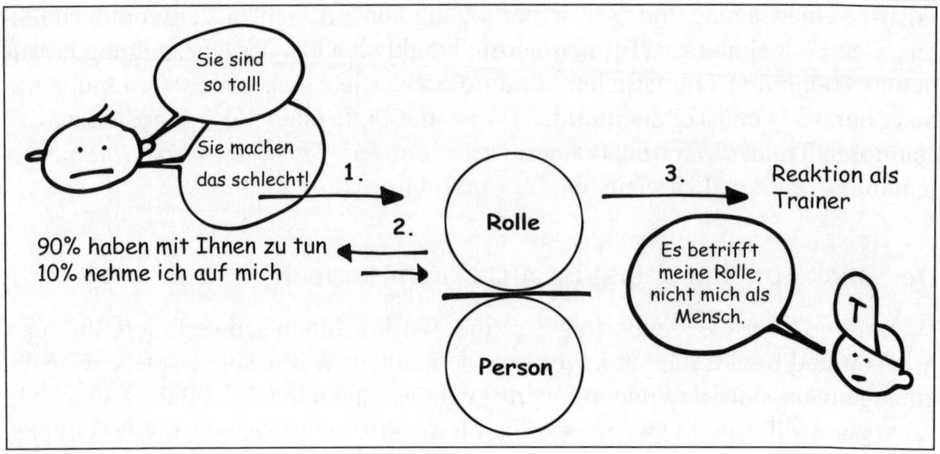

Abbildung 26: Gegenübertragung verhindern

Wie verhindern Sie Gegenübertragung? In dem nun folgenden Abschnitt bespreche ich drei Techniken, die dabei helfen, in der professionellen Rolle zu bleiben und sich nicht in die Übertragung des Teilnehmers verwickeln zu lassen.

1. Ich kümmere mich um mich selbst, das ist nicht Aufgabe der Teilnehmer

Wenn Sie sich in Ihrer Haut rundum wohlfühlen, sind Sie weniger auf die Wertschätzung der Gruppe angewiesen und weniger empfänglich für Kritik. Deshalb ist unbedingt auf eine gute Selbstfürsorge zu achten. Am besten ist es natürlich, wenn Sie sich tatsächlich wohl- und stabil fühlen, aber das hat man nicht immer in der Hand. Wer privat etwas Unschönes erlebt hat oder allgemein eine labile Phase durchlebt, trägt das im Training bei sich. Möglicherweise brauchen Sie dann die Wertschätzung der Teilnehmer etwas mehr als sonst („Na, Gott sei Dank, manches gelingt mir also doch noch!") und kommt Kritik härter an als sonst („Jetzt klappt auch das nicht mehr?"). Wenn Sie das einmal erkannt haben, können Sie sich wappnen. Schärfen Sie sich vor dem Training ein, dass es nicht Aufgabe der Gruppe ist, sich um Ihr Wohlergehen zu kümmern. Die anwesenden Personen sind Ihnen nichts schuldig, sie müssen Sie nicht loben, damit Sie sich gut fühlen können. Wenn Sie von diesen Gedanken ausgehen, wird es Ihnen im Training leichter fallen, Abstand zu den Reaktionen aus der Gruppe herzustellen.

2. Sich der eigenen Schwächen bewusst sein

Manche Reaktionen sind schwerer zu verkraften als andere. Wenn ein Teilnehmer Sie mit einem Vorwurf konfrontiert, der Sie (unbewusst) an etwas aus Ihrer Vergangenheit erinnert, besteht die Gefahr, dass Sie in ein altes Muster zurückfallen. Solche Teilnehmer sind unsere „Alptraum-Teilnehmer“. Ihr Abwehrmechanismus ist genau unsere Schwachstelle und so schaukeln wir uns gegenseitig hoch. Sie können herausfinden, wo Ihre Schwachstellen sind, indem Sie untersuchen, was genau dazu führt, dass Sie das Verhalten Ihres Teilnehmers so schrecklich und verwerflich finden: Erinnert dieses Verhalten Sie an etwas oder jemanden und reagieren Sie nun im Training genauso wie früher?

Beispiel:

Frau Chandros war das jüngste von sieben Kindern und bekam zu Hause eher wenig Aufmerksamkeit. Für sie war es normaler Alltag, dass ihre älteren Brüder und Schwestern über ihren Kopf hinweg redeten und alle Aufmerksamkeit für sich beanspruchten. Für sie war das kein schönes Gefühl. Nun kommt Frau Chandros in eine Trainingsgruppe mit mehreren dominanten Frauen und sie gibt sich zurückhaltend und bescheiden – genauso wie früher. Aber bei einer Zwischenbewertung hält sie der Trainerin vor, ihr absolut keine Aufmerksamkeit entgegenzubringen.

Die Trainerin ist entsetzt; sie kann nachts kaum schlafen und grübelt, was sie anders hätte machen müssen. In ihrer Jugend hat sie den Tod eines Bruders erlebt und sie bekam Schuldgefühle, wenn sie ihrer trauernden Mutter keine Aufmerksamkeit schenkte. In dem Vorwurf von Frau Chandros hört sie die Trauer ihrer Mutter und reagiert mit demselben Schuldgefühl.

Der Gegenübertragung auf der Spur:

1. Welches Verhalten von Teilnehmern geht Ihnen gewaltig gegen den Strich? Schreiben Sie so viel auf wie möglich.
2. Wählen Sie ein Verhalten aus und machen Sie es konkret: Was macht der Teilnehmer genau?
3. Wie reagieren Sie auf das Verhalten des Teilnehmers?
4. Wer aus Ihrer Vergangenheit hat sich genauso verhalten wie der Teilnehmer?
5. Wie haben Sie früher auf die Person aus Ihrer Vergangenheit reagiert?
6. Stimmt Ihre Reaktion auf den Teilnehmer mit der Reaktion von früher überein? Wenn ja, befinden Sie sich wahrscheinlich in der Gegenübertragung.

3. Lassen Sie sich nicht verwickeln: Schenken Sie allen Anwesenden gleich viel Aufmerksamkeit

Es gehört zu Ihrer Rolle als Trainer, allen Teilnehmern gleich viel Aufmerksamkeit und Wertschätzung entgegen zu bringen, unabhängig davon, welche Meinung die Teilnehmer von Ihnen haben. Sie pflegen eine professionelle Empathie für jeden Einzelnen und Sie halten professionelle Distanz zu allen. Professionelle Empathie zeigen, bedeutet, dass Sie

- bei jedem Teilnehmer versuchen zu sehen, was Sie an dieser Person mögen;
- bei jedem Teilnehmer wahrnehmen, was er bereits kann, welche Qualitäten er hat und was er in die Gruppe einbringt;
- jedem Teilnehmer gleich viel Aufmerksamkeit schenken;
- auf jeden Teilnehmer respektvoll reagieren, unabhängig davon, ob er Ihnen wohlwollend oder angriffslustig entgegentritt.

Professionelle Distanz wahren, bedeutet, dass Sie

- bei jedem Teilnehmer realistisch betrachten, wo seine Stolperfallen liegen und welche Lernziele zu verfolgen sind;
- erkennen, unter welchen Bedingungen es Ihnen leicht fällt, Aufmerksamkeit zu schenken und wann es Sie Mühe kostet;
- nach erhaltenen Komplimenten nicht auf Wolke sieben schweben und nach Kritik nicht am Boden zerstört sind.

Beispiel:

Sehr schönes Feedback auf dem Beurteilungsbogen meiner Kollegin: „Sie schenken allen gleich viel Aufmerksamkeit, den Perlchen und den Monstern (Scherz)." Schön, dass es dem Teilnehmer auffällt. Wie Kinder nicht wollen, dass ihre Eltern einen von ihnen lieber haben als die anderen, wollen die Teilnehmer sich alle gleichermaßen geschätzt fühlen. Das ist für den Trainer eine sichere Position. Denn anderweitig kann es passieren, dass er die Gunst verliert!

5.6 Der Umgang mit Irritation und übertriebener Bewunderung

Irritation und übertriebene Bewunderung helfen den Teilnehmern beim Lernen nicht weiter. Lässt sich der Trainer nicht verwickeln, findet keine Gegenübertragung statt. Damit ist der Weg frei für bewusste Interventionen, die es den Teilnehmern ermöglichen, wirklich im Training anzukommen. Dafür gibt es drei Möglichkeiten.

1. Der Teilnehmer nimmt nur einen Teil von Ihnen – in Vergrößerung – wahr. Sie können das Bild vervollständigen, indem Sie andere Aspekte Ihrer Person zeigen.
2. Der Teilnehmer interpretiert Ihr Verhalten. Sprechen Sie mit ihm darüber, damit die Interpretation verändert werden kann.
3. Der Teilnehmer reagiert immer auf dieselbe Art und Weise: Mit einem kleinen Scherz können Sie ihm sanft diesbezüglich Feedback geben, damit sich sein Verhalten ändert.

1. Vervollständigen Sie das Bild: Machen Sie Ihr eigenes Ding

Beispiel:

Seit ich Bücher schreibe, kommen manche Teilnehmer voller Bewunderung in das Training: „Sie sind also Karin-de-Galan?“ Ich spüre, wie sie zu mir aufschauen, weil Sie in mir die bekannte Buchautorin sehen.

Das steckte mir eine Weile quer. Ich machte mir Sorgen, dass ich die in mich gesetzten Erwartungen enttäuschen könnte und bemühte mich ganz besonders, um im Training mindestens so gut zu sein, wie in meinen Büchern. Und wenn mir am Ende eines Trainings gesagt wurde, mein Training sei genauso gewesen, wie ich es in den Büchern beschreibe, war ich erleichtert. Gott sei Dank, niemanden enttäuscht!

Inzwischen lasse ich das sein. Die Bewunderung darf ihren Platz bekommen, ich weiß ja, dass sie nicht realistisch ist. Ich gehe einfach an die Arbeit und nach einem halben Tag bin ich nicht mehr DIE Karin-de-Galan, sondern einfach Frau de Galan.

Zur Übertragung kommt es, weil Sie – der Trainer – etwas tun oder sagen, was den Teilnehmer an eine frühere Situation erinnert. Er ist darauf fixiert und sieht den Rest nicht mehr. Dieser Teilnehmer hat dann entweder eine überzogene Erwartung oder nimmt eine misstrauische Haltung ein.

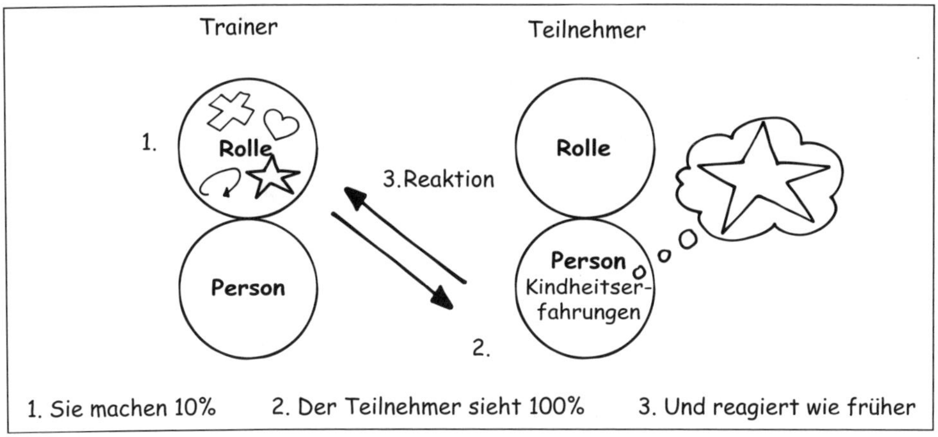

Abbildung 27: Übertragungsreaktion

Das beste Heilmittel ist, sich nicht verwickeln zu lassen, sondern ganz normal mit Ihrem Training weiterzumachen. Sobald der Teilnehmer mehrere Facetten Ihrer Person vorgeführt bekommt, wird er sein Bild mit der Zeit korrigieren. Das können Sie bewusst steuern, indem Sie in der Gruppe etwas von sich erzählen oder indem Sie verschiedene Seiten Ihrer Person zeigen: etwas in klaren Worten erklären, bestimmt zur Bearbeitung eines Auftrags auffordern, offen und ruhig in der Nachbesprechung kommunizieren, leichtfüßig auf einen Scherz reagieren, zwischen Tür und Angel etwas über sich selbst sagen, beispielsweise, wie schwierig Sie selbst früher in der Schule waren. Stellen Sie sicher, dass Sie nicht in einem einzelnen Muster landen und bleiben Sie flexibel (siehe dazu auch Kapitel 3 über die Transaktionsanalyse). Oft endet die Übertragung dann von allein.

Sie können noch bewusster Einfluss nehmen, indem Sie sich in der Pause neben den entsprechenden Teilnehmer setzen und mit ihm über andere Dinge reden. Wenn Sie Distanz spüren, lässt sich vielleicht ein Thema finden, das Sie beide verbindet: Sie haben vielleicht beide Kinder oder eben nicht, sie beide mögen gern reisen, segeln oder häkeln oder was auch immer … Egal, was es ist, es muss nur echt sein. Wir neigen dazu, Menschen, die uns ähnlich sind, sympathisch zu finden. Das könnte die negative Übertragung beenden.

Das Schwierige daran ist, dass man mit einem Teilnehmer in der negativen Übertragung oft nicht richtig warm wird. Als Privatperson würden Sie kaum die Nähe von jemandem suchen, der Sie so abwartend anschaut, Kritik äußert und mit der Tischnachbarin tuschelt und kichert. Es gehört aber zu Ihrer Rolle als Trainer, das zu tun. Wenn Sie in der Mittagspause die Wahl zwischen zwei Tischen haben, wählen Sie dann den Tisch mit den Teilnehmern, von denen Sie sich nicht angezogen fühlen.

Auch Bewunderung kann relativiert werden, indem man andere Seiten von sich zeigt. Wenn jemand aus der Gruppe Sie auf ein Podest stellt, geht diese Person davon aus, dass Sie in jeder Hinsicht fantastisch sind. Wenn Sie dann Ihre Schwächen zeigen, bekommt das Bild von „Superman“ Risse.

Vervollständigen Sie das Bild:

- Führen Sie ganz normal Ihr Training durch.
- Suchen Sie Kontakt
  - *bei Distanz:* Gemeinsamkeiten finden;
  - *bei Bewunderung:* zeigen Sie Ihre Schwächen.

2. Interpretation erfragen: Was geht im Kopf vor?

Beispiel:

Ende des ersten Tages: Ich verteile Aufgaben für die Zeit bis zum nächsten Termin. Eine Teilnehmerin stöhnt zuerst auf, lässt sich in den Stuhl zurückfallen und fängt dann zu kichern an. Ich fühle mich vor den Kopf gestoßen und bin leicht irritiert: Was soll dieses kindische Verhalten? Sie ist doch hier, weil sie etwas lernen möchte? Warum dieses Getue wegen ein paar Aufgaben? Wir sind hier doch nicht in der Schule, wo ihr etwas aufgezwungen wird. Ich lasse das Ganze dann so stehen und hoffe, dass es sich von alleine wieder legen wird. Im weiteren Verlauf ist die Teilnehmerin etwas still, sie scheint aber inhaltlich bei der Sache zu sein.

Gegen Ende des Seminars spricht mich die Teilnehmerin an. Sie berichtet mir, wie elend sie sich gefühlt habe, nachdem ich am ersten Tag einen etwas grobschlächtigen Scherz (in ihre Richtung) gemacht hatte. Dafür habe ich mich zwar entschuldigt, aber die Unsicherheit war geblieben: Würde ich sie insgeheim nicht doch ziemlich doof finden? Jetzt können wir die Sache ausführlich besprechen und das ist gut so. In den darauffolgenden Tagen erlebe ich eine völlig andere Person: engagiert, sie macht kluge Bemerkungen und versteht es, sich bei den Übungen zu profilieren. Ich kann mir nur an den Kopf greifen, dass ich nach dem ersten Termin nicht zu ihr hingegangen bin, um zu fragen, was los ist.

Wenn ein Teilnehmer sich auffallend verhält, helfen Sie ihm weiter, wenn Sie ihn unter vier Augen ansprechen und fragen, wie es bei ihm läuft. Das gibt ihm Gelegenheit, seine Einwände oder Hirngespinste auf den Tisch zu legen. Natürlich hoffen wir Trainer, dass die Teilnehmer von selbst zu uns kommen, wenn ihnen etwas nicht passt. Aber gerade ein Teilnehmer in der negativen Übertragung wird das nicht so leicht machen. Es geht schließlich um Misstrauen oder Irritation. Und wenn jemand Bewunderung für den Trainer hegt, leidet er ja nicht und wird das kaum ansprechen wollen. Als Trainer kann man einen Teilnehmer mit folgenden Gesprächstechniken anregen, sich zu öffnen.

Unverblümt danach fragen

Fragen Sie einfach, wie jemand Sie und das Training erlebt. Im Normalfall haben Sie schon ein wenig Smalltalk hinter sich und es bietet sich nun eine direkte Herangehensweise an: „Wie kommen Sie hier zurecht? Was halten Sie davon?" Wenn jemand dann ausweicht („Ganz gut!"), können Sie Ihre persönliche Hypothese anbringen: „Ich habe das Gefühl, dass Sie sich nicht so richtig wohlfühlen. Stimmt das?" Meistens genügt das, um mit offenen Karten zu spielen.

Hören Sie genau hin, auf den Inhalt und die Gefühle

Sie helfen einem Teilnehmer, seine Sicht der Dinge mitzuteilen, wenn Sie ihm auf zwei Ebenen zuhören: Was sagt die betreffende Person und vor allem, wie sagt sie es? Oft kann man das unterschwellige Gefühl an der Körpersprache oder an der Stimme erkennen: Lachen, eine wegbrechende Stimme oder ein schiefer Blick. Gerade das macht Ihnen wahrscheinlich ein ungutes Gefühl. Scheuen Sie nicht davor zurück, den Teilnehmer damit zu konfrontieren. Sagen Sie, was Ihnen auffällt, denn damit bekommt der Teilnehmer die Chance, offen zu sprechen.

Beispiel:

Frau Bimani beteiligte sich mit durchaus klugen Bemerkungen, aber ihre Stimme brach ihr jedes Mal dabei weg. Ich wurde ganz hibbelig davon: „Nun sagen Sie doch einfach, was Sie zu sagen haben!" Als ich von ihr wissen wollte, wie Sie das Training erlebt, sagte sie, es gefalle ihr gut und sie lerne viel. Aber wieder mit dieser wegbrechenden Stimme und sie schaute mich nicht richtig an. „Manchmal scheint mir auch, dass es ganz aufregend für Sie ist. Stimmt das?" Ja, das stimmte auch. Sie hatte schon lange keine Fortbildung mehr gemacht und war sich unsicher, ob Sie mit den anderen würde mithalten können. Ab und zu ging es im Training auch sehr flott voran. Dann setzte bei ihr immer eine leichte Panik ein.

Fragen Sie nach Beispielen und Fakten

Wenn jemand sich nicht gut fühlt oder Ihnen vorwurfsvoll begegnet, haken Sie nach, was genau los ist. Kann jemand einen konkreten Moment nennen, der bei ihm ein ungutes Gefühl hinterlassen hat und benennen, was in dem Moment genau vorgefallen ist? Je mehr Fakten Sie auf den Tisch bekommen, desto mehr Anknüpfungspunkte haben Sie für eine Lösung zur Verfügung.

Beispiel:

Frau Siegbert fand das Training langweilig. Sie hatte bereits die Theorie gelesen, wollte gerne üben und fühlte sich von den endlosen Diskussionen ausgebremst: „Wenn Sie erklärt haben, wie ein Coaching-Gespräch zu führen ist, kommen die anderen mit unendlich vielen Fragen und Beispielen. Als ob es so kompliziert wäre. Ich würde gerne praktisch üben!"

Trainer: „Können Sie ein Beispiel nennen?“

Frau Siegbert: „Sie hatten erklärt, dass es wichtig sei, einem Klienten die Dinge nicht abzunehmen, also nicht zu viel an Ratschlägen und Empfehlungen mitzugeben. Daraufhin kommt Herr Marquart mit einer Geschichte über seinen derzeitigen Klienten, der jedes Mal sagt, er würde sich bewerben und es doch nicht macht. Er wisse nun nicht weiter.“

Trainer: „Und was passiert da Ihrer Meinung nach?“

Frau Siegbert: „Jeder geht endlos auf dieses Beispiel ein. Aber das kapier’ ich nicht: Auf dem Board steht doch ganz deutlich, was dann zu tun ist. Ich verstehe das Problem nicht. Den Ball zurücklegen, unterschwellige Emotionen besprechen, konfrontieren … Es gibt so vieles, was man tun kann, muss man da so lange darüber reden?“

Trainer: „Also, Sie klinken sich dann aus?“

Frau Siegbert: „Ja, total.“

Fragen Sie, was der Teilnehmer braucht, damit das Lernen angenehmer wird

Die Beteiligten wissen oft sehr genau, was sie brauchen, damit sie sich im Training wohlfühlen. Fragen Sie sie danach! Auch wenn sie es noch nicht so genau wissen, ist es sinnvoll, Ihre Teilnehmer zum Nachdenken zu bewegen. Damit bleibt die Verantwortung geteilt. Natürlich können Sie Vorschläge machen.

Beispiel:

Trainer: „Was könnte Ihnen helfen?“

Frau Siegbert: „Wenn Sie die Diskussionen früher beenden würden. Mir wäre wichtig, weniger zu reden und mehr praktische Übungen zu machen.

Trainer: „Das verstehe ich und ich kann es mir gern genauer ansehen. Ich werde in der Gruppe eruieren, wie das für die anderen ist. Vielleicht gibt es ja noch mehr Beteiligte, denen die Diskussionen zu lange dauern und die sich dann innerlich ausklinken. Aber ein gewisses Maß an Diskussion wird es immer geben. Die Leute kommen nun mal mit ihren Fragen. Was wäre für Sie ausschlaggebend, damit Sie am Ball bleiben können? Wenn Sie es interessant fänden?“

Frau Siegbert: „Das ist ja gerade das Problem. Ich finde es nicht so interessant. Ich kann mir das Problem von Herrn Marquart einfach nicht vorstellen – die Sache erscheint mir so einfach.“

Trainer: „Und wie wäre es, wenn Sie das in der Situation sagen würden?“

Frau Siegbert: „Das kann ich doch nicht bringen. Ich habe ja kaum Erfahrung und dann werfe ich diesen Kommentar ein. Ob die anderen darauf erpicht sind?"

Trainer: „Das kann ich mir durchaus als erfrischend vorstellen! Und wenn Sie das gleich sagen, können Sie es aus Neugierde sagen und ohne Irritation. Was halten Sie davon?"

Frau Siegbert: „Ja, schon spannend eigentlich. Es wäre einen Versuch wert."

Trainer: „Wollen wir so verbleiben, dass Sie es ausprobieren? Und in der Pause schauen wir uns an, wie zufrieden Sie damit sind. Ich werde jetzt dann in der Gruppe nachfragen, wie die anderen das mit dem Tempo der Diskussionen sehen. Wenn es mehrere Personen gibt, denen die Diskussionen zu lange dauern, kann ich sie auch früher beenden."

Die Teilnehmer nehmen aus persönlichem Interesse an dem Training teil. Sie wollen etwas lernen und können deshalb auch „egoistisch" antworten: „Beenden Sie doch diese Diskussionen. Mir bringt das nichts." Aber ein Trainer ist für die gesamte Gruppe verantwortlich. Deshalb kann es nicht schaden, einem einzelnen Teilnehmer vor Augen zu führen, dass er Teil einer Gruppe ist. Versprechen Sie nicht sogleich allerlei Änderungen, solange Sie nicht wissen, wie die übrigen Teilnehmer dazu stehen.

Frage Sie den Teilnehmer nach seinem Erleben:

- Fragen Sie den Teilnehmer, wie er das Training erlebt und wie er Sie erlebt. Bringen Sie bei Bedarf Ihre Hypothese ins Spiel: „Es kommt mir so vor, als würden Sie sich ... fühlen."
- Hören Sie genau hin, auf den Inhalt und auf die Gefühle.
- Haken Sie im Fall von Beschwerden, unterschwelliger Kritik und unangenehmen Gefühlen nach.
- Fragen Sie bei Bedarf, was derjenige braucht, damit das Lernen angenehmer für ihn wird. Machen Sie Vorschläge. Lenken Sie unrealistische Erwartungen in realistische Bahnen: Behalten Sie die ganze Gruppe im Blick.

3. Nicht über, sondern miteinander lachen

Wenn die oben genannten Interventionen nicht ausreichen und ein Teilnehmer weiter in seinem abweichenden Verhalten stecken bleibt, können Sie auch gröberes Geschütz auffahren. Geben Sie jemandem bezüglich seines Verhaltens Feedback, sodass er einlenken kann. Auch wenn Ihnen ein Verhalten noch so seltsam erscheint, die betreffenden Teilnehmer merken das selbst oft gar nicht. Eine unschuldige Art, jemanden darauf hinzuweisen, ist ein gut platzierter Scherz. Miteinander darüber zu lachen, stärkt das Band untereinander und sorgt für eine heitere Stimmung in der Gruppe, obwohl Sie – ganz nebenbei – Feedback geben.

Ein Teilnehmer erbittet für die normalsten Dinge der Welt Ihre Zustimmung: „Kann ich zur Toilette gehen?“ Sagen Sie dann einmal: „Nein, Sie nicht!“, und zeigen ein breites Grinsen dazu. Oder: Jemand meldet sich zum x-ten Mal mit einer kritischen Frage. Antworten Sie dann: „Nee, nicht schon wieder, oder? Jetzt hätte ich doch mal gern gehört: ‚Oh, Trainer, einfach toll, was Sie alles sagen, ich bin ganz und gar Ihrer Meinung.‘“ So halten Sie dem anderen scherzhaft einen Spiegel vor. Wenn er nun herzhaft lachen kann, ist die Botschaft wahrscheinlich schon angekommen. Eine Verhaltensänderung ist dann sehr gut möglich.

- Ein Teilnehmer fragt verzweifelt: „Aber das ist sehr schwierig. Können wir das wirklich lernen?“ Mit einer ähnlich verzweifelten Stimmlage antworten Sie, dass es, Ihrer Meinung nach, in seinem Fall tatsächlich sehr schwierig sein wird, vielleicht sogar unmöglich.
- Ein Teilnehmer reagiert kritisch auf die Theorie, die Sie soeben erklärt haben: „In der Praxis läuft das völlig anders.“ Geben Sie ihm uneingeschränkt Recht! Schauen Sie voller Verzweiflung auf Ihr Board, streichen Sie mit großer Gestik alles durch murmeln vor sich hin: „Was für ein theoretisches Geschwätz! Unglaublich! Dass all die Gruppen vorher darauf hereingefallen sind!?“
- „Was für ein unglaublich toller Trainer Sie doch sind!“ Ja, in der Tat! Und wie froh Sie sind, dass das endlich einmal gesagt wird, denn im normalen Alltag schneiden Sie gar nicht so gut ab, obwohl Sie es genauso sehen: „Ich bin einfach toll!!“

Lachen ja, verletzen nein

Ist es für einen Teilnehmer nicht verletzend, wenn Sie ihn auf diese Art bloßstellen? Nein, das ist es nicht, wenn Sie die folgenden Tipps berücksichtigen:

1. Setzen Sie Ihren Humor nur dann ein, wenn Sie herausgefordert werden, also nicht schon bei der ersten kritischen Frage zu Ihrem Modell. Kritische Fragen zu stellen, ist erlaubt, aber wenn sich Ihnen die Nackenhaare aufstellen, ist das ein Hinweis, dass etwas nicht stimmt. Setzen Sie an einer solchen

Stelle einmal Ihren Humor ein, anstatt die Irritation immer mehr hochkochen zu lassen.

2. Lassen Sie einen warmen Unterton mitschwingen. Machen Sie spaßige Bemerkungen erst, wenn Sie die Gruppe und die Teilnehmer wirklich mögen. Denn, wer neckt sich am meisten? Unsere Angehörigen und unsere besten Freunde: „Was sich liebt, das neckt sich." Ist das also erst nach einer Weile erlaubt? Das hängt davon ab, wie lange Sie brauchen, bis Sie andere Menschen mögen. Wenn Sie von Anfang an das Gefühl haben – „Lieber Teilnehmer, ich kenne Sie noch nicht, aber Sie sind sicher wunderbar!" – dann dürfen Sie von Anfang an neckische Bemerkungen machen. Wenn es aber drei Jahre dauert, bis Sie sich erlauben, andere gern zu haben, tja, dann bleiben Ihre Scherze ausschließlich für Ihren inneren Kreis bestimmt. Auch gut.
3. Treiben Sie die Dinge richtig auf die Spitze, damit auch jeder versteht, dass Sie scherzen. Selbst dazu zu lachen ist meist eine gute Andeutung in die richtige Richtung ☺.

Richtig übertreiben

Wenn ich mich selbst so schlapp auf den Stuhl drapiere, wie der Teilnehmer, den ich persiflieren möchte, erziele ich keine Wirkung. Es wird ihm wahrscheinlich nicht einmal auffallen – ich verhalte mich schließlich genauso wie er. Erst wenn ich kurz davor bin, vom Stuhl zu rutschen, durchschaut er, dass ich mir einen Scherz erlaube.

Kongruent sein

Humor darf nie „echten Kontakt" ersetzen, sondern sollte Kontakt ermöglichen. Das heißt, dass wir nach einem Scherz oft noch „normal" reagieren müssen. Das ist meist auch möglich, weil die Spannung in der Luft dann weg ist.

Checkliste: Einen Teilnehmer scherzhaft spiegeln

- Spüren Sie Ihr Erstaunen oder Ihren Ärger.
- Übertreiben Sie die Reaktion Ihres Gegenübers
  - *mit dem Körper:* Der Teilnehmer gähnt hinter vorgehaltener Hand, Sie gähnen übertrieben und strecken die Arme dabei aus.
  - *mit der Stimme:* Der Teilnehmer spricht mit leicht erhobener Stimme, Sie schreien.
  - *in Bezug auf den Inhalt:* Dem Teilnehmer ist die Sache nicht ganz geheuer, Sie finden sie erschreckend und abstoßend.
- Lassen Sie Wärme aus Ihren Worten sprechen.
- Vorsicht! Wenn Sie das Verhalten eines Teilnehmers insgeheim blöd finden, geht eventuell der Schuss nach hinten los. Ein Teilnehmer spürt nämlich die Ablehnung durch alles hindurch.

5.7 Der Umgang mit heftigen Emotionen und mit Vorwürfen

Beispiel:

Trainerin Fendrich: Ich hielt ein dreitägiges Training und Frau Cabrino war enthusiastisch. Immer wieder stellte sie Fragen, reagierte als Erste und wollte jedes Mal als Erste üben. Mir war das schon fast unangenehm, aber ich reagierte trotzdem freundlich, auch, weil ich es schön fand, dass sie so begeistert war. Am Ende gab es eine kurze Reflexionsaufgabe mit drei Fragen. Ich habe die Gruppe um Reaktionen gebeten und wieder ergriff sie als Erste das Wort. Sie wollte alle Fragen beantworten und deshalb bat ich sie, einen Augenblick zu warten und erst andere reagieren zu lassen. Sie blieb fortan still und schaute nur noch auf den Boden. Als das Training beendet war, ging ich zu ihr: „Ich habe das Gefühl, dass ich Sie irgendwie getroffen habe.“ Sie war richtig verärgert: Sie fand das Training großartig und hatte sich mit Begeisterung eingebracht – und jetzt behandelte ich sie so unsensibel. Das fand sie schlicht unmöglich.

Starke negative Übertragung ist oft unerwartet und heftig. Der Teilnehmer hält Ihnen vor, keinen sicheren Rahmen zu bieten, zu wenig Führung zu zeigen, nicht schnell genug auf E-Mails zu reagieren. Sie spüren instinktiv, dass ein Kern von Wahrheit darin steckt, aber dieser Teilnehmer deutet zu gern mit dem Finger auf Sie. Die Situation kann so wuchtig sein, dass Sie, ohne es zu merken, in die Kampf-, Flucht- oder Erstarrungsreaktion gehen. Aus diesen Verteidigungsmechanismen heraus reagieren Sie, um sich selbst in Sicherheit zu bringen: Sie schlagen zurück (Kampf), machen sich selbst Vorwürfe (Flucht) oder verweigern den Kontakt (Erstarrung).

Die Kampfreaktion: Sie schlagen zurück

„Geht's noch, der ist ja nur am Meckern!“ Sie schauen nicht auf die 10 Prozent Ihres Verhaltens, sondern auf die 90 Prozent Seltsamkeit des Teilnehmers. Obwohl Sie auf den ersten Blick vielleicht alle Gesprächstechniken anwenden, fühlt der Teilnehmer Ihre unterschwellige Haltung: „Sie sind aber seltsam!“ Vielleicht wenden Sie die Gesprächstechniken auch weniger sauber an und sind bereits dabei, zurückzuschlagen. Das Gespräch strotzt dann nur so vor „Ja, aber“-Wendungen. Die Wirkung: Als Trainer stehen Sie weit über dem Teilnehmer und dieser sieht nun sein Bild bestätigt: Der Trainer ist gemein und hört mir nicht zu.

Die Fluchtreaktion: Sie machen sich Vorwürfe/Sie fühlen sich machtlos

Sie nehmen die 10 Prozent, die auf Ihr Konto gehen, an und machen daraus 100 Prozent. Sie nehmen sich die Vorwürfe sehr zu Herzen: „Oh, das ist ja schrecklich, dass Sie das so empfinden! Und das ist meine Schuld!“ Sie hoffen, dass der Teilnehmer dann sagen wird, so schlimm sei es auch wieder nicht, das macht er aber nicht. Die Wirkung auf den Teilnehmer ist, dass er recht bekommt, was das Inhaltliche seiner Vorwürfe angeht, aber nicht auf Sie als Trainer bauen kann. Die negative Übertragung bleibt bestehen: „War mir schon klar, dass Sie ein Loser sind.“ Sie biegen die Übertragung auf diese Weise nicht um und stellen keinen positiven Kontakt her.

Die Erstarrungsreaktion: Den Kontakt verweigern

Wenn Sie den Kontakt verweigern, gibt es zwei Möglichkeiten. Entweder, Sie gehen in die Erstarrungsreaktion und versteifen: Sie wissen nicht, was Sie sagen sollen, stottern ein wenig herum und schlagen schließlich vor, zu einem späteren Zeitpunkt darauf zurückzukommen, oder Sie gehen in die Rolle des Analy-

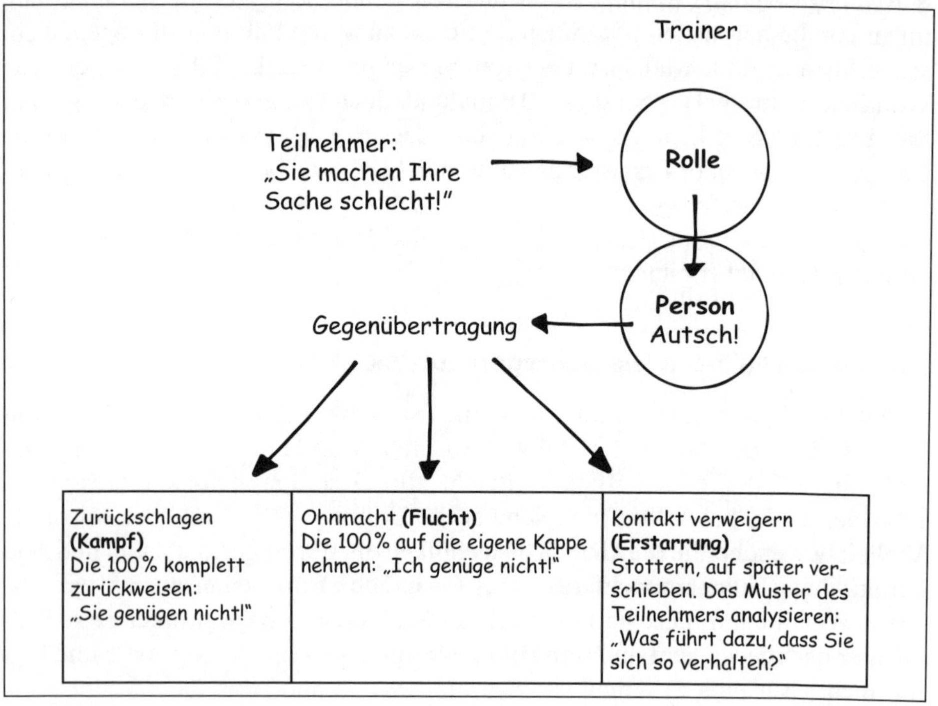

Abbildung 28: Kampf-, Flucht- oder Erstarrungsreaktion in Folge einer negativen Übertragung

tikers: „Interessant, dass Sie das sagen. Was machen Sie dann genau? Und wie funktioniert das für Sie?“ Sie nehmen die Haltung eines Wissenschaftlers ein, der mit der Lupe ein seltenes Insekt betrachtet. Das heißt, Sie sind in dem Moment nicht in Kontakt, Sie sehen den anderen als Studienobjekt. Diese Reaktion kommt bei Trainern sehr häufig vor. Das Vorgehen wirkt wie eine professionelle Reaktion, ist es aber nicht, weil es in einem solchen Moment nicht angemessen ist, den Teilnehmer zu analysieren. Die Motivation des Trainers ist dann auch nicht, dem Teilnehmer zu helfen, sondern sich selbst in Sicherheit zu bringen. Das funktioniert nicht. Aber was funktioniert? Wie können Sie Kontakt herstellen und dem Teilnehmer dabei behilflich sein, seine Vorwürfe auf ein realistisches Maß zurückzubringen?

Schritt 1: Gehen Sie aus der Gegenübertragung heraus

Bevor Sie damit anfangen können, einen Teilnehmer aus der Übertragung herauszuholen, müssen Sie sich zunächst um sich selbst kümmern. Es ist schwierig, in der Trainerrolle zu bleiben bzw. in die Trainerrolle zu gehen, wenn Sie heftig erschrocken sind – siehe Kapitel über die Kampf-, Flucht- und Erstarrungsreaktion. Das heißt, der erste Schritt muss sein, dass Sie sich selbst stabilisieren. Erlauben Sie sich, zu erschrecken und Kümmern Sie sich dann zunächst um sich selbst, um Ihr Wohlbefinden. Es ist logisch, dass Sie erschrocken sind, sich wütend und gekränkt fühlen, denn Sie haben viel mehr „Emotion“ abbekommen, als angemessen gewesen wäre: „Da ist etwas mit diesem Herrn/dieser Frau, aber das hat nur zu zehn Prozent mit Ihnen zu tun.“ Dieser Gedanke kann Ihnen weiterhelfen, aber oft kommt man auf die Schnelle nicht darauf, sich dies zu vergegenwärtigen.

- Seien Sie nachsichtig mit sich selbst: „Diese Reaktion ist erlaubt. Jeder andere an meiner Stelle hätte sich auch erschrocken.“ Sprechen Sie es an, dass Sie erschrocken sind.
- Gehen Sie ein wenig umher, damit Sie Zeit gewinnen, sich von dem Schreck zu erholen. „Ich hole mir einen Kaffee/gehe zur Toilette/suche einen Raum, um ungestört reden zu können.“ Sie können auch zusammen mit dem Teilnehmer ein Stück gehen. Das kann Ihnen helfen, den Schreck hinter sich zu lassen und dem Teilnehmer vielleicht auch. Bieten Sie sich selbst einen hilfreichen Gedanken an: „Das hat nur zu einem kleinen Teil mit mir zu tun.“

Wenn Sie sich beruhigt haben, können Sie sich überlegen, wie berechtigt der Vorwurf des Teilnehmers in Ihren Augen ist. Welchen Anteil haben Sie daran? Ist der Anteil wirklich so gewichtig, dass er die Reaktion des Teilnehmers rechtfertigt oder ist der Vorwurf unverhältnismäßig? Wenn der Vorwurf berechtigt ist, gibt es nur eine Möglichkeit: sich ohne Wenn und Aber zu entschuldigen. Womöglich müssen Sie die Angelegenheit auch in der Gruppe besprechen. Dieser Vorgang heißt *Killing the Leader*. In meinem Buch *Trainen, een praktijkgids*

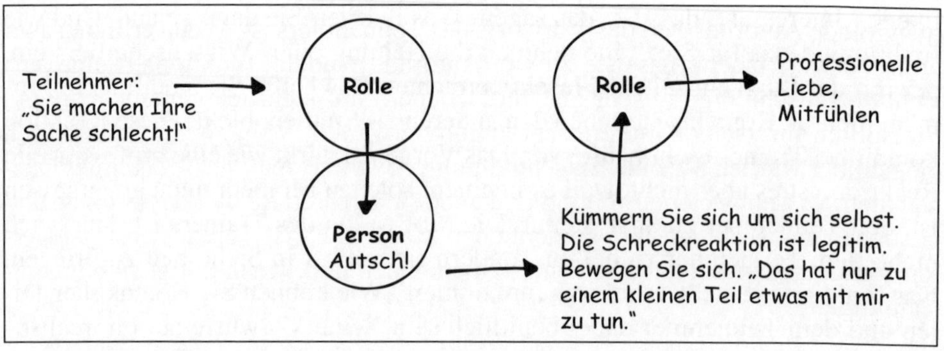

Abbildung 29: Aus der Gegenübertragung rausgehen

(Pearson, 2010) habe ich mich ausführlich damit beschäftigt. Wenn aber der Vorwurf unverhältnismäßig ist, ist wahrscheinlich Übertragung im Spiel. Schon allein diese Annahme wird Sie milder mit dem Teilnehmer umgehen lassen: „Dieser Teilnehmer braucht Hilfe, um aus der Übertragung heraus zu kommen." Sie fühlen mit dem Teilnehmer mit und aktivieren Ihre professionelle Empathie, was wiederum wichtig ist für Schritt 2.

Schritt 2: Akzeptieren Sie den Menschen hinter dem Teilnehmer und zeigen Sie es

Dass der Teilnehmer so angriffslustig war, hängt vermutlich mit einem Muster aus seiner Kindheit zusammen. Damals wurde er in ähnlichen Situationen immer von jemandem enttäuscht, angeschnauzt, verletzt … Intuitiv erwartet er das jetzt auch von Ihnen. Wenn es Ihnen gelingt, anders zu reagieren und ihn okay zu finden, führt allein das oft schon zu großer Erleichterung: „Ich darf der sein, der ich bin." Das bedeutet, Sie haben den Kontakt wiederhergestellt. Sie nehmen der negativen Übertragung die Wucht und möglicherweise wird sie sogar umgewandelt in positive Übertragung: „Vielleicht kann ich Ihnen ja doch vertrauen/auf Sie setzen/mit Ihnen was anfangen/Vielleicht sind Sie doch bei uns."

Erreichen lässt sich das am besten durch ein Lob und durch aufrichtige Anerkennung, wie zum Beispiel mit dieser Bemerkung: „Das finde ich richtig gut, dass Sie zu mir gekommen sind und sich nicht in die Schmollecke zurückgezogen haben." Sehr nützlich ist es auch, nachzuhaken und aufrichtiges Verständnis zu zeigen. Ein ernst gemeintes Kompliment kann in einem Gespräch die Wendung bringen. Der Teilnehmer spürt, dass er mit all seinen Macken akzeptiert wird und Sie ihm „die gute Mutter/der gute Vater" sind, die/den er braucht.

Bei Schritt 2 werden Sie sich möglicherweise auch für die zehn Prozent, die Sie falsch gemacht haben, entschuldigen. Das kommt meistens gut an, außer wenn mangelnde Autorität Teil des Vorwurfs des Teilnehmers ist. Wenn er Ihnen aber zum Vorwurf macht, dass sie zu viel Autorität bündeln, funktioniert eine aufrichtige Entschuldigung sehr gut. Ihr Bedauern muss ehrlich gemeint sein und Sie sollten Ihrerseits keine Entschuldigung erwarten. Von einem ebenbürtigen Gegenüber würden Sie eine Entschuldigung erwarten, aber die Teilnehmer müssen nicht wissen, welche Empfindlichkeiten sie zu ihren Reaktionen bringen und sie haben ein Recht auf ihre persönlichen Macken. Es ist Teil des professionellen Handelns eines Trainers, Fehler zu erkennen und, wenn nötig, sich zu entschuldigen.

Beispiel:

Trainerin Fendrich: „Ich fand die Reaktion von Frau Cabrino ziemlich krass, aber sie hatte irgendwo auch recht. Ich hatte ihr zuvor viel Raum gegeben und meine Irritation unterdrückt. Als ich ihren Redebeitrag abrupt unterbrach, war meine Haltung nicht neutral, sie hat meine Irritation gespürt. Das war nicht gut. Es tut mir aufrichtig leid, dass ich nichts gegen meine wachsende Irritation unternommen habe und dass ich die Teilnehmerin in der Gruppe zurechtwies. Ich hätte das anders machen müssen.

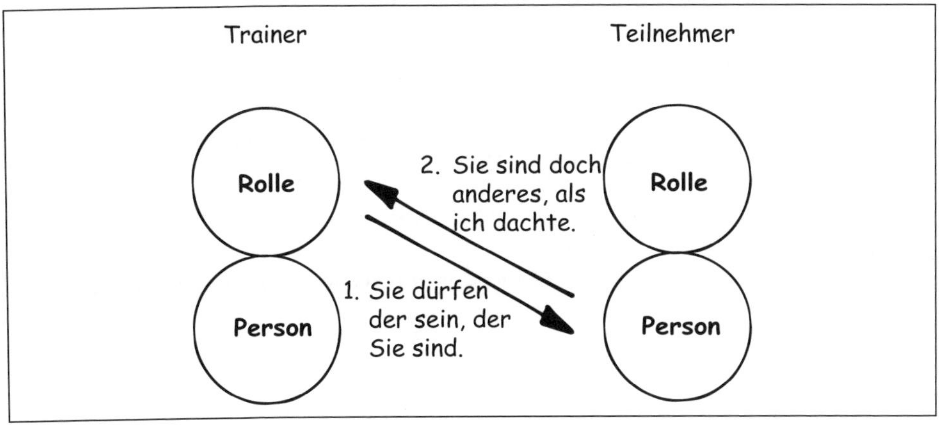

Abbildung 30: Abschwächen der negativen Übertragung

Schritt 3: Machen Sie einen realistischen Vertrag

Sobald Sie wieder Kontakt spüren, ist es an der Zeit, sich inhaltlich mit dem Vorwurf auseinanderzusetzen. Wichtige Voraussetzung ist, dass Sie sich als gleichwertige Parteien gegenüberstehen, denn damit helfen Sie dem Teilnehmer in die Rolle des Erwachsenen. Hören Sie gut zu, was er Ihnen zu sagen hat. Worum geht es ihm genau? Was wirft er Ihnen vor? Behalten Sie im Kopf, dass der Teilnehmer zwar übertreiben mag, aber auch einen Kern von Wahrheit trifft: Das sind die zehn Prozent Auslöser, mit denen Sie etwas anfangen können. Wenn er sagt, Sie würden zu umständlich und zu viel reden, können Sie abwägen, ob Sie Ihre Redebeiträge ein wenig kürzen sollten. Bringen Sie aber zugleich Ihre Meinung und die Interessen der Gruppe mit ein. Damit erreichen Sie zweierlei:

- Sie zeigen, dass Ihre Meinung zählt. Da Übertragung durch das ungleichgewichtige Verhältnis zwischen Trainer und Teilnehmer getriggert wird, hilft das, die Übertragung beim Teilnehmer zu verhindern. Wichtig dabei ist, dass Sie im Gespräch den anderen nicht „fürsorglich" behandeln: Stehen Sie zu Ihrer Meinung und zeigen Sie das offen.
- Sie haben die Interessen der Gruppe im Blick. Wenn der Teilnehmer sich beschwert, weil es zu langsam vorangeht, können Sie nicht ohne Weiteres versprechen, das Tempo zu erhöhen. Sie können aber zusagen, dass Sie diesen Punkt in der Gruppe thematisieren werden.

Insgesamt geht es darum, die Balance zu finden und den Bedürfnissen des Teilnehmers Rechnung zu tragen, genauso wie Ihren eigenen Normen und Bedürfnissen und die Verantwortung für die Gruppe im Auge zu behalten.

Wenn Sie Klarheit über die beiden Meinungen gewonnen haben, werden Sie eine vernünftige Lösung finden. Erklären Sie, was Sie ändern können und was nicht, und überzeugen Sie sich davon, wie das bei dem Teilnehmer ankommt. Wenn er „ja" auf Augenhöhe sagt, haben Sie einen „Vertrag", einen inhaltlichen, aber auch einen, der die Beziehung regelt. Sie sind sich einig geworden, dass Sie zusammen weitermachen wollen.

Fragen an den Teilnehmer
• Womit haben Sie ein Problem? Fragen Sie nach Fakten: Was mache ich genau, was geschieht genau? • Suchen Sie die Ausnahmen: Gibt es auch Momente, in denen sich das anders anfühlt?
Was geben Sie von sich preis?
• Untersuchen Sie, ob der Vorwurf berechtigt ist: Können Sie ihn (teilweise) nachvollziehen? Kommunizieren Sie Ihre Wahrnehmungen. • Was ist Ihnen persönlich wichtig, was ist wichtig für das Programm, für die Gruppe als Ganzes?
Zu einer Vereinbarung kommen
• Sagen Sie, was Sie verändern wollen und was nicht. • Gibt es einen Änderungswunsch, der die Gruppe betrifft? Erklären Sie, dass Sie das mit der Gruppe besprechen wollen. • Bitten Sie um eine verbindliche Vereinbarung und fragen Sie, ob der/die Teilnehmer/in nun weitermachen kann.

Unterschwellig: Nachsicht

Das Gespräch wird nur dann ein Erfolg, wenn Sie den Gesprächspartner wirklich ernst nehmen und akzeptieren! Die Essenz ist, dass Sie sein Verhalten mit Nachsicht betrachten. Das gelingt besser, wenn man seine eigenen Macken gut kennt und sich selbst gegenüber nachsichtig sein kann. Es ist in Ordnung, dass wir Macken haben, der eine mehr als der andere, aber niemand ist frei davon.

Checkliste: Der Umgang mit Übertragung

1. *Gehen Sie aus der Gegenübertragung heraus*
   - Gefühle annehmen und benennen.
   - Zeit gewinnen: Holen Sie sich einen Kaffee, gehen Sie zur Toilette.
   - Bewegen Sie sich.
   - Realität spüren: Das hat nur zu einem kleinen Teil etwas mit mir zu tun.
2. *Sie sind okay, so wie Sie sind*
   - Gehen Sie auf Ihr Gegenüber zu; Zeigen Sie Nachsicht.
   - Haken Sie nach, hören Sie zu, fassen Sie zusammen, zeigen Sie Verständnis.
   - Was gefällt Ihnen an dem anderen? Machen Sie ihm ein Kompliment.
   - Wenn nötig, entschuldigen Sie sich für Ihren Anteil.
3. *Auf dem Weg zu einem realistischen Vertrag*
   - Die Fakten erfragen: Was mache ich genau? Was geschieht genau?
   - Ausnahmen kennen: Ist es manchmal auch anders?
   - Was erkennen Sie wieder und was nicht? Geben Sie Auskunft.
   - Was wollen Sie mit der Gruppe besprechen? Geben Sie Auskunft.
   - Was wollen Sie ändern und was nicht? Geben Sie Auskunft.
   - Ist die Vereinbarung verbindlich und kann der Teilnehmer bzw. die Teilnehmerin jetzt weitermachen?

Unterschwelliges Gefühl

- Gefühle des Teilnehmers teilen.
- Bereitschaft, den eigenen Anteil zu untersuchen.
- Relativieren: Sie erkennen, dass das auch viel über den Teilnehmer aussagt.

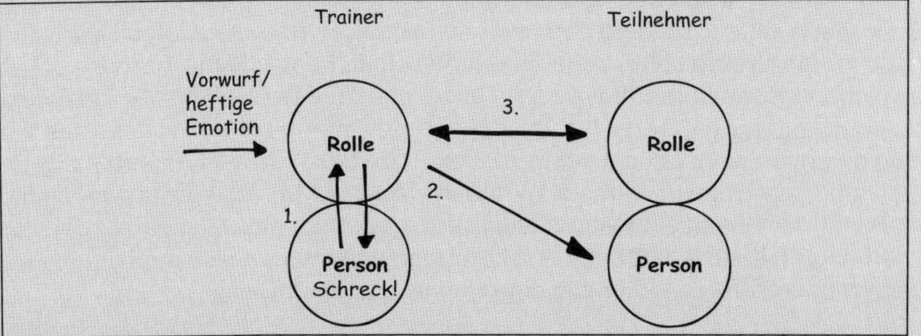

Abbildung 31: Umgang mit Übertragung

Die Vertreibung aus dem Paradies[3]

Nach meinem ersten Training bekam ich eine Menge Komplimente und ich schwebte vor Erleichterung, Freude und Stolz einen halben Meter über dem Boden. Sie fanden mich gut! Mich! Im Schulsport immer als Letzte ins Team gewählt und jetzt, sieh mal einer an! Keine gebügelten Blusen im Schrank, unfähig, nur ein (ein!) Stück Schokolade zu essen, meine Wohnung kein Fall für die Seiten von *Schöner Wohnen* und doch, sieh mal einer an!

Und was für einen Bereich ich mir ausgesucht habe. Ich glaube nicht, dass es einen anderen Beruf gibt, in dem man so viel Anerkennung und Komplimente einfahren kann. Die Teilnehmer, die einem in der Pause sagen, wie toll man es macht, die Noten acht und neun auf den Evaluationsbögen und heutzutage folgen obendrein freundliche Berichte auf Twitter und Springest.

Klar, dass man sich wünscht, diese Bewunderung würde auch auf das private Umfeld überspringen. Vor allem jetzt, wo der Partner Fulltime im Geschäft mitarbeitet und in den E-Mails nachlesen kann, wie fantastisch ich bin: „Hatte gestern einen herrlichen Tag mit Frau de Galan und einer tollen Gruppe. Ich habe Frau de Galan als sehr angenehme und einzigartige Persönlichkeit erlebt, sie ist menschlich und professionell einfach top. Alles bestens!“ Nachdem er eine solche Mail gelesen hat, müsste doch minimal ein Heiratsantrag folgen? Aber nein, das einzige, was Mann von sich gibt, ist: „Wollen wir diese Teilnehmerin fragen, ob sie ihre Erfahrung auf Springest teilen möchte?“ Oh ja, er kümmert sich um die Öffentlichkeitsarbeit. Und er meint, das, wovon die Teilnehmerin spricht, das sei doch meine Arbeit.

An dieser Stelle kippe ich aus dem Paradies. Im Training werde ich vielleicht auf Händen getragen, aber privat? Mein älterer Bruder geht jederzeit in die kontroverse Diskussion mit mir, meine gute Freundin schätzt mich sehr, aber aus anderen Gründen. Die Kinder sind sicher stolz, wenn sie die Verkaufszahlen meiner Bücher sehen, aber wenn ich vom Computer nicht aufschaue, wenn sie laut „Mama!“ rufen, sind sie genervt.

Die Vertreibung aus dem Paradies: Fantastische Trainerin erweist sich als *Normaler Mensch*. Und es ist gut, wenn die Fantastische Trainerin das realisiert. Denn wenn ich ein Training beginne und mich aufgrund der letzten Beurteilung noch für die Größte halte, geht die Sache schief. Fantastische Trainerin schafft es nicht, in Kontakt mit *Normalem Teilnehmer* zu treten. *Normaler Teilnehmer* durchschaut das blitzschnell und lehnt sich abwartend zurück, sodass das Training garantiert nicht fantastisch wird. Das Ende des Liedes ist, dass ich das Gefühl habe, als Trainerin versagt zu haben – oder als Mensch. Denn wer sich so stark mit der Punktzahl Neun identifiziert, empfindet eine Sieben als persönlichen Angriff, kann eine Sechs nicht ertragen und erinnert sich auch nach zwölf Jahren noch sehr genau an die eine Drei (ja, auf einer Skala von 1 bis 10).

---

[3] Dieser Artikel wurde 2012 in der Zeitschrift *Tijdschrift voor Ontwikkeling in organisaties* veröffentlicht.

Es geht also darum, weniger empfänglich für Wertschätzung zu werden. Das ist allerdings nicht so einfach. Denn auch wenn der Mensch Karin de Galan ohne auskommen müsste, so braucht die Trainerin Karin de Galan die Anerkennung nur zu sehr, um in ihrer Arbeit gut zu funktionieren. Die Teilnehmer lernen auch besser und mehr, wenn sie sich wohlfühlen, wenn sie den Trainer mögen. Und außerdem ist jede Neun eine ausgezeichnete, kostenlose Werbung: Zufriedene Kunden sind die besten Botschafter. Das heißt, für Karin de Galan, die Trainerin, lohnt es sich, in punkto Anerkennung und Wertschätzung sensibel zu sein.

Die richtige Balance muss gefunden werden: sich über Wertschätzung freuen, aber nicht abheben; aus Kritik lernen, sich aber nicht aus dem Lot bringen lassen. Alles, was an uns herangetragen wird, müssen wir wohlüberlegt dosieren, so als wären wir chronisch auf Diät: Wir dürfen das Stück Schokolade essen, aber nicht die ganze Tafel. Und das ist mir immer schon schwergefallen…

6 Aus Fehlern lernen: Kognitive Dissonanz

Beispiel:

Ich unterhalte mich mit Martin, einem Kollegen, der am Boden zerstört ist. „Letzte Woche hatte ich ein Training in einer Gruppe. Wir waren kurz davor anzufangen, als noch eine Teilnehmerin hereinkam, eine etwas seltsame Frau: Sie wollte ihre Jacke nicht ausziehen, stellte sich einfach in die Mitte des Kreises, ohne mich eines Blickes zu würdigen, ohne zu grüßen. Es war reichlich spät und so fing ich mit meinem Programm an. Beim Namensspiel lachte sie kein einziges Mal. Als sie an der Reihe war, sich mit einem Wort vor ihrem Namen vorzustellen, blieb sie sehr lange still. Daraufhin machte ich einen kleinen Scherz und sagte: Richterin Roskamp, denn sie stand tatsächlich da wie eine strenge Richterin. Alle lachten, sie aber nicht. Dann zeigte ich einen Film und wir redeten darüber. Alle machten aktiv mit, nur sie saß halb mit dem Rücken zu mir gedreht schweigend da. Ich ließ sie gewähren, sie würde sicher bald merken, wie unhöflich das war, so dachte ich. Dann, nach einer Weile, fragte ich sie direkt nach ihren Eindrücken von dem Film. Und sie explodierte. Ein kindischer Film sei das gewesen und ich sei nichts weiter als ein Küchenpsychologe. Ich war wie vom Donner gerührt und habe zunächst noch versucht, höflich darauf zu reagieren, aber sie blieb in dieser wütenden Haltung. Wir machten dann eine Pause, sie ging hinaus zum Rauchen. Nach der Pause wollte sie nicht zurückkommen. Ich habe das Training mit den anderen Teilnehmern zu Ende gemacht, aber die Atmosphäre war vergiftet. Danach machte ich mir Vorwürfe, weil ich die Eskalation nicht verhindert habe."

Mein Kollege ist derart niedergeschlagen, dass ich versuche, ihn aufzumuntern: Das liegt doch nicht nur an ihm? Diese Frau lief etwas neben der Spur, wenn ich mir die Geschichte so anhöre. Und ich kenne ihn als ausgezeichneten Trainer, also so schlecht kann er es gar nicht gemacht haben. Aber es hilft nicht, Martin bleibt dabei, dass er früher hätte eingreifen müssen. Ich schlage ihm dann vor, gemeinsam zu erarbeiten, was er nicht gut gemacht hat, damit er daraus etwas lernen und seine Schlüsse ziehen kann. Als wir das machen, wird Martin nur noch deprimierter: „Siehst du, ich habe es wirklich nicht gut gemacht. Das ist ein Anfängerfehler."

Als ich Martin eine Woche später begegne, ist er wieder gut gelaunt. Er hat inzwischen ein Training gehalten, das gut gelaufen ist. Er hat sein Selbstvertrauen wiedergefunden: „Ich kann es also doch!" Auf meine Frage nach dem vorherigen Training zuckt er mit den Schultern: „Das war ungut, ein Patzer, aber, ach, das passiert ja jedem einmal." Glücklicherweise ist er wieder in seiner alten Form.

Haben Sie so etwas auch schon einmal erlebt? Ich schon. Ich reagiere ähnlich wie Martin und kenne diese Haltung auch von anderen Kollegen: Ein Training endet im Fiasko, ich leide schrecklich darunter und bin dann wahnsinnig erleichtert, wenn es bei einem folgenden Training wieder gut klappt: Gott sei Dank, ich kann es doch!

Ich habe allerdings schon seit langem das Gefühl, dass dies ein ungesunder Prozess ist und wenn ich den Fall von Martin betrachte, empfinde ich das umso stärker. Es muss doch andere Möglichkeiten geben?

1. Kann das Training nicht weniger heftig eskalieren? Martin scheint in seiner eigenen Wahrheit – „Frau Roskamp benimmt sich seltsam" – gefangen zu sein. Wäre die Sache weniger eskaliert, wenn er zu einem früheren Zeitpunkt Kontakt hergestellt hätte?
2. Kann Martin nicht etwas weniger unter der Eskalation leiden? Er empfindet die Sache als sein persönliches Versagen und geht in der Reaktion zu weit. Jeder Mensch macht Fehler, warum kann er das Geschehene nicht mit mehr Leichtigkeit betrachten?
3. Gibt es etwas, dass Martin aus dieser Erfahrung lernen kann? Direkt nach dem Training ist er für eine sachliche Analyse zu sehr am Boden zerstört. Nachdem sein nächstes Training sehr erfolgreich verlief, möchte er nicht mehr daran erinnert werden. Das ist schade.

Worum geht es in diesem Kapitel?

In diesem Kapitel will ich herausfinden, ob man das besser machen kann. Zuerst werde ich erkunden, wie wir im Allgemeinen mit Fehlern umgehen. Als Trainer leiden wir unter der Schuldzuweisung an uns selbst, aber dieser Schuldzuweisung geht noch etwas anderes voraus, nämlich ein unbewusster Prozess der Selbstrechtfertigung. Das ist das Thema der ersten beiden Kapitelabschnitte. Beide Reaktionen sind nicht sehr hilfreich, aber menschlich. Im dritten Kapitelabschnitt werde ich Alternativen aufzeigen: Was passiert, wenn wir uns nicht der Selbstbeschuldigung und der Selbstrechtfertigung hingeben, sondern aus der Situation lernen? Das ist allerdings leichter gesagt als getan. In Abschnitt 4 lesen Sie, wie man aus der Selbstrechtfertigung herauskommen und in Abschnitt 5, wie man aus Schuldzuweisungen sich selbst gegenüber herauskommen kann. In den letzten beiden Abschnitten geht es um die Frage, wie Sie einem Kollegen aus seiner Rechtfertigung und Schuldzuweisung sich selbst gegenüber herausholen können und zum Schluss (vgl. Anhang 2) will ich die Frage stellen, was das alles für Ihre Teilnehmer bedeutet: Wie können Sie den Teilnehmern dabei helfen, aus ihren Fehlern zu lernen?

6.1 Selbstrechtfertigung als erste Reaktion

Schauen wir uns zuerst an, an welcher Stelle das Training von meinem Kollegen Martin eskaliert. Liest man den Text über diesen Fall noch einmal durch, merkt man, dass es schon mit dem Hereinkommen der Teilnehmerin anfängt. Frau Roskamp gibt niemandem die Hand und Martin findet das seltsam. Bei der Vorstellungsrunde sitzt sie steif dabei, Martin macht eine scherzhafte Bemerkung und als sie darüber nicht lacht, liegt es an ihr: „Kaum Gefühl für Humor." Der dritte Zwischenfall ist, dass sie bei einem Gruppengespräch mit dem Rücken zu ihm sitzt: „Unhöflich!"

Ein Außenstehender wird leicht erkennen können, dass Martin sein Urteil über Frau Roskamp schnell gebildet hat. Die Situation wäre wohl nie in der Form eskaliert, wenn Martin selbst zur Begrüßung die Hand gegeben hätte, oder wenn er in der Vorstellungsrunde etwas Nettes gesagt hätte, anstelle der sarkastischen Bemerkung über die „Richterin Roskamp".

Das Besondere ist, dass wir alle für diese Form der Reaktion anfällig sind. Es gibt zahlreiche Studien von Psychologen über die Reaktionen von Menschen in Situationen, in denen etwas aus dem Ruder läuft. Es hat sich gezeigt, dass sich in solchen Situationen jeder rechtfertigt. Wir haben alle die Neigung, zu denken, es liege nicht an uns, wenn etwas nicht gut läuft. Es liegt immer an etwas oder jemand anderem: Die Umstände passen nicht, ein Kollege hat einen Fehler gemacht, die Zeit war zu knapp und so weiter.

Alle Menschen neigen dazu, sich selbst zu rechtfertigen, so die Psychologen, um kognitive Dissonanz zu vermeiden. Die meisten Menschen haben ein positives Selbstbild: Wir gehen davon aus, dass wir gute Menschen sind: dass unsere Absichten nachvollziehbar sind, dass wir ausreichend über alles nachdenken, dass wir fähig und tüchtig sind, dass wir meistens die richtigen Entscheidungen treffen. Wenn wir dann Informationen bekommen, dass wir vielleicht etwas Dummes getan haben, kommt unser positives Selbstbild unter Druck (kognitive Dissonanz).

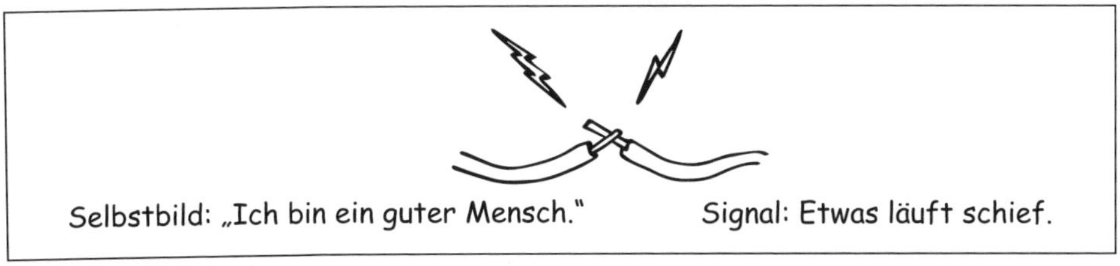

Abbildung 32: Selbstrechtfertigung als erste Reaktion

Dieser Druck ist so unangenehm, dass wir ihn gerne abfedern wollen. Der einfachste Weg, dies zu erreichen, ist, die entsprechende Information zu unserem

Vorteil nachzujustieren. Es geht nichts schief – und wenn es doch schiefgeht, liegt es nicht an uns.

Kognitive Dissonanz:

Der Begriff „kognitive Dissonanz" wurde von dem US-amerikanischen Sozialpsychologen Leon Festinger (1919–1989) geprägt. Er untersuchte 1956 eine Sekte, deren Mitglieder dachten, die Welt würde am 21. Dezember desselben Jahres untergehen. Die Gruppenanführerin, Marian Keech, versprach ihren Anhängern, sie würden am 20. Dezember um Mitternacht von einer fliegenden Untertasse gerettet werden. Viele ihrer Anhänger kündigten ihren Job, verkauften ihr Haus und gaben ihr Erspartes weg.

Als am 20. Dezember um Mitternacht kein Raumschiff eintrifft, wird die Sekte unruhig. Um zwei Uhr nachts machen sich die Mitglieder ernsthaft Sorgen. Glücklicherweise hat Marian Keech um Viertel vor Fünf eine Vision. Diese besagt, dass die Welt durch den tief verwurzelten Glauben der Sekte gerettet wurde: „Seit Beginn der Zeit ist noch nie eine solche Güte und ein solches Licht über die Erde gekommen, als jetzt durch diesen Raum strömt."

Man würde nun erwarten, dass die Sektenmitglieder wütend auf Marian Keech und auf sich selbst wären, denn sie haben, in der Erwartung, eine Reise ins Universum zu machen, ihren Besitz verschenkt. Doch sie reagieren nach der Vision völlig begeistert: Durch die von ihnen bewirkte „Rettung" stehen sie noch stärker in ihrem Glauben. Viele Mitglieder, die vor dem 21. Dezember keinen Drang zum Missionieren hatten, rufen jetzt bei der Zeitung an, um über das Wunder zu berichten. Schon bald fangen sie an, Passanten auf der Straße anzusprechen, in der Hoffnung, diese zu bekehren. Sie wischen die unbequeme Wahrheit – „Ich war so verrückt, mein Bankguthaben und mein Haus wegzugeben" – vom Tisch und stellen ihr eine noch kraftvollere Kognition gegenüber: „Wir haben die Welt gerettet."

Ursprünglich definierte Festinger die kognitive Dissonanz als die Unvereinbarkeit zweier willkürlicher Kognitionen (Vorstellungen, Gedanken, Auffassungen, Gefühle, Emotionen). In den letzten Jahrzehnten haben Kritiker wiederholt darauf hingewiesen, dass logische und emotionale Unvereinbarkeit nicht dasselbe ist. Die logische Unvereinbarkeit von Kognitionen setzt die meisten Menschen keineswegs unter einen Druck, den sie gerne auflösen möchten. Sie zucken diesbezüglich mit der Schulter: buchstäblich und sprichwörtlich. Anders verhält es sich mit einer Kognition, die im Widerspruch zum eigenen Selbstbild steht, die also eine psychologische Unvereinbarkeit darstellt. Diese führt zu Spannungen, die gern aufgelöst werden wollen. Deshalb wird die kognitive Dissonanz inzwischen als die Spannung zwischen einer Kognition und unserem Selbstbild gesehen.

Raucher, auch ehemalige Raucher, wissen aus Erfahrung, wie das funktioniert. Ständig werden Sie mit Hinweisen, wie ungesund das Rauchen ist, konfrontiert und dennoch rauchen sie weiter. Das führt unweigerlich zu kognitiver Dissonanz, die sich dadurch abschwächen lässt, dass man die störenden Signale ignoriert. Man sieht dann die Warnhinweise auf den Zigarettenschachteln einfach nicht mehr. Falls man sie doch noch wahrnimmt, kann man noch die Botschaft relativieren: „Mein Opa hat sein Leben lang geraucht und er wurde 93 Jahre alt. Wenn ich nach ihm komme, wird es auch mir nicht schaden.“ Oder: „Ich brauche die Zigaretten gegen den Stress, der ist schließlich auch schädlich.“

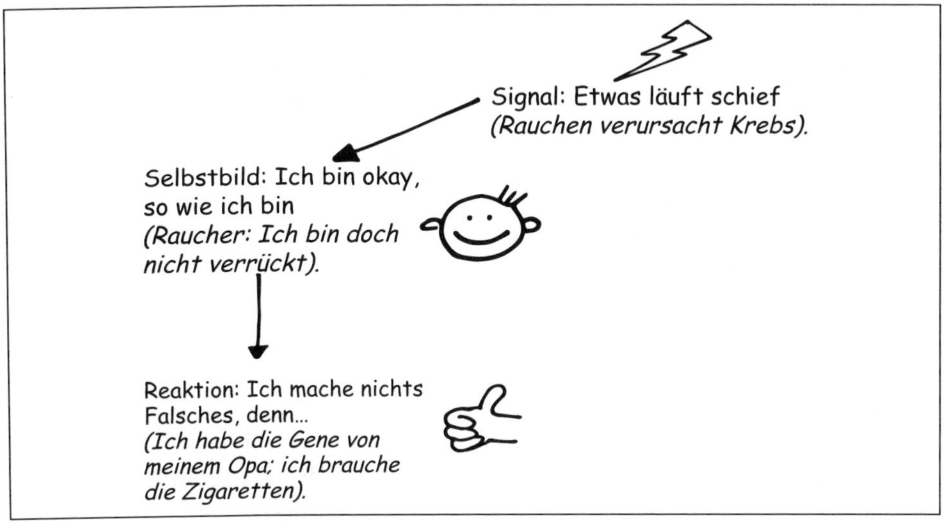

Abbildung 33: Kognitive Dissonanz

Selbstrechtfertigung:

Wir rechtfertigen uns selbst, indem wir verweisen auf:
1. unsere Intention („Ich habe es gut gemeint, dann kann es doch gar nicht falsch sein!“);
2. unser Verhalten („Ich konnte nicht anders, aber der Teilnehmer hat sich seltsam benommen!“);
3. die Wirkung („Im Grunde genommen ist das gar nicht so schlimm. Es hat auch seine guten Seiten.“).

Kognitive Dissonanz abzuschwächen, funktioniert automatisch. Wenn wir erkennen, dass wir – sehr wahrscheinlich – etwas Dummes getan haben, sucht unser Gehirn unbewusst nach einer Selbstrechtfertigung. Das merkt man in der Regel selbst nicht, bei anderen erkennt man es aber oft auf Anhieb. Erkennen Sie die Selbstrechtfertigung in den folgenden Beispielen?

- In dem Beispiel von Martin: „Wir waren kurz davor, anzufangen, als noch eine Teilnehmerin hereinkam, eine etwas seltsame Frau: Sie wollte ihre Jacke nicht ausziehen, stellte sich einfach in die Mitte des Kreises, ohne mich eines Blickes zu würdigen, ohne (mit Handschlag) zu grüßen. Es war reichlich spät und so fing ich mit meinem Programm an."
- Ein Trainer leitet die Nachbesprechung eines Rollenspiels ein. Er hat nicht zuerst der Teilnehmerin Gelegenheit gegeben, sich abzureagieren, sondern hat sie unmittelbar und ziemlich scharf gefragt: „Haben Sie jetzt Ihr Ziel erreicht?" Das führte dazu, dass aus der Gruppe sofort Kritik laut wurde und die Teilnehmerin schließlich in Tränen ausbrach. Später sagte der Trainer zu einem Kollegen: „Das war natürlich nicht so gut, aber normalerweise mache ich das nie. Da ist wohl auch irgendetwas bei ihr, was mich dazu gebracht hat, es so zu machen. Sie ist schon eine ziemlich eigenartige Teilnehmerin."
- Zwei Teilnehmer lassen wissen, dass sie das Training zu zäh finden. Der Trainer bespricht diesen Kommentar mit einem Kollegen und ärgert sich dann über die Sache: „Ja, sonst noch was? Die können sich doch selbst um ihre Energie kümmern – das ist doch nicht meine Aufgabe!"
- Am Schluss äußert sich ein Teilnehmer negativ über das Training. Die Reaktion des Trainers: „Ich verstehe Ihre Kritik, aber ich hätte es angenehm gefunden, wenn Sie das früher gesagt hätten. Jetzt kann ich nichts mehr damit anfangen."
- Aus den Bewertungen geht hervor, dass ein Trainer schlecht abschneidet. Seine Reaktion: „Ja, aber mit der Bewertung wird ja nur die Zufriedenheit des Teilnehmers erfasst und nicht, was das Training letztendlich bewegt hat. Langfristig gesehen ist das doch das Wichtigste."
- Ein Teilnehmer ist wegen einer plumpen Bemerkung verärgert. „Aber so habe ich es doch gar nicht gemeint! Wenn er das nicht verstehen will, stimmt bei ihm selbst etwas nicht ganz."
- Der Trainer wird zuerst auf Händen getragen und hat jetzt deutlich etwas falsch gemacht: „Na ja, letztlich ist das doch gut so, denn so sieht die Gruppe, dass ich auch nicht perfekt bin und die Teilnehmer können selbst mehr Verantwortung übernehmen. Das ist für den Lernprozess nur von Vorteil."

Es ist schwierig, sich selbst beim Versuch der Selbstrechtfertigung zu ertappen. Die oben aufgeführten Beispiele habe ich alle wortwörtlich so von Kollegen gehört, aber ich kann kein einziges Beispiel von mir selbst nennen. Das kann natürlich auch heißen, dass ich so perfekt bin, dass ich mich nie rechtfertigen muss, aber ich fürchte, dass dies vor allem zeigt, wie unbewusst dieser Vorgang abläuft.

Beispiel:

Ich habe ein Interview gelesen, in dem die Vorsitzende einer Umweltorganisation sagt, sie würde dreimal in der Woche ein Bad nehmen, obwohl beim Baden viel mehr Wasser verbraucht wird als beim Duschen. Unter Umweltaktivisten ist Baden daher ziemlich tabu. Ich sah das schon deutlich vor mir, wie sie dreimal die Woche, unter Schuldgefühlen in der Badewanne saß, aber so war es gar nicht. Die Vorsitzende fand es kleinlich, daraus ein Problem zu machen: „Ich entspanne mich beim Baden sehr gut und bin anschließend wieder fit für die Arbeit. Das erscheint mir viel wichtiger als ein paar Liter Wasser, die ich einsparen könnte." Das ist natürlich richtig. Aber als Leser habe ich mir auch gedacht: „Man kann auch beim Yoga entspannen, das verbraucht noch weniger Wasser."

6.2 Von der Selbstrechtfertigung zur Selbstbeschuldigung: „Ich habe alles falsch gemacht!"

Wie wir gesehen haben, kommt Selbstrechtfertigung recht häufig vor. Und meist kommen wir prima damit zurecht: Wenn jemand mit unschönen Rückmeldungen konfrontiert wird, lässt er sich eine Ausrede einfallen, die sein Gewissen beruhigt: „Es liegt nicht an mir." Allerdings funktioniert diese Strategie nicht immer. Manchmal sind die Hinweise, dass etwas wirklich klemmt, so hartnäckig, dass man sie nicht wegargumentieren kann. Das gilt auch für meinen Kollegen Martin: Er erwartet, dass Frau Roskamp einlenkt, dass sie erkennt, wie unverschämt ihr Verhalten ist. Doch Frau Roskamp wird nur noch gereizter und aufmüpfiger und das Ende vom Lied ist, dass sie mit einer Zigarette in der Hand im Garten steht.

Martins Versuch, das Problem wegzuargumentieren („etwas seltsame Person") ist gescheitert und, was noch schlimmer ist, die ganze Gruppe hat dabei zugesehen. Als ihm das bewusst wird, fühlt er sich schuldig: „Es hat mir wirklich total leidgetan, ich hätte das verhindern müssen." Je länger er darüber nachdenkt, desto stärker wird sein Schuldgefühl. Eine Woche nach dem Training ist er immer noch am Boden zerstört: „Siehst du, ich habe es wirklich nicht gut gemacht. Das ist ein Anfängerfehler." Martins Selbstrechtfertigung ist umgeschlagen in Selbstbeschuldigung.

Selbstbeschuldigung klingt ziemlich dramatisch und kommt bei Trainern dennoch sehr häufig vor.

- Ein Trainer bekommt in der Nachbesprechung eines Rollenspiels den wunden Punkt nicht richtig zu fassen. Die Besprechung ist am Ende unbefriedigend, es fehlen klare Erkenntnisse und der Teilnehmer hat keinen zweiten Versuch gemacht. In der Pause befällt den Trainer ein mieses Gefühl: „Ach, ist das blöd, ich habe das nicht gut gemacht und ich weiß noch nicht einmal, woran es lag. Ich kann das einfach nicht!"

- Ein Teilnehmer erklärt am Ende des Trainings, dass er keine wirklich neuen Erkenntnisse gewonnen habe. Der Trainer wacht nachts auf und spürt Panik: „Jetzt ist es raus, ich bringe nichts Neues."
- Die Trainerin hat anfangs einen Scherz gemacht, der aber nicht gut ankam. Eine Teilnehmerin geht in der Pause zu ihr und sagt, sie habe sich darüber geärgert. Die Trainerin überschlägt sich mit Entschuldigungen und fühlt sich elend: „Ich auch immer mit meinen groben Scherzen!"

Bemerkenswert ist, dass sich in der psychologischen Literatur nicht viel zum Thema Selbstbeschuldigung finden lässt. In der Literatur geht es hauptsächlich um die Selbstrechtfertigung, obwohl die Selbstbeschuldigung genauso ein Mittel zur Reduktion von kognitiver Dissonanz ist. Man folgt dabei nur einer anderen Route. Bei Selbstbeschuldigung lässt sich die störende Kognition nicht mehr wegargumentieren und deshalb gleicht man sein Selbstbild an. Der Gedanke „Ich tauge nichts" wird ersetzt durch: „Jetzt zeigt es sich, ich kann es einfach nicht." So schmerzlich das auch ist, es ist auf jeden Fall deutlich.

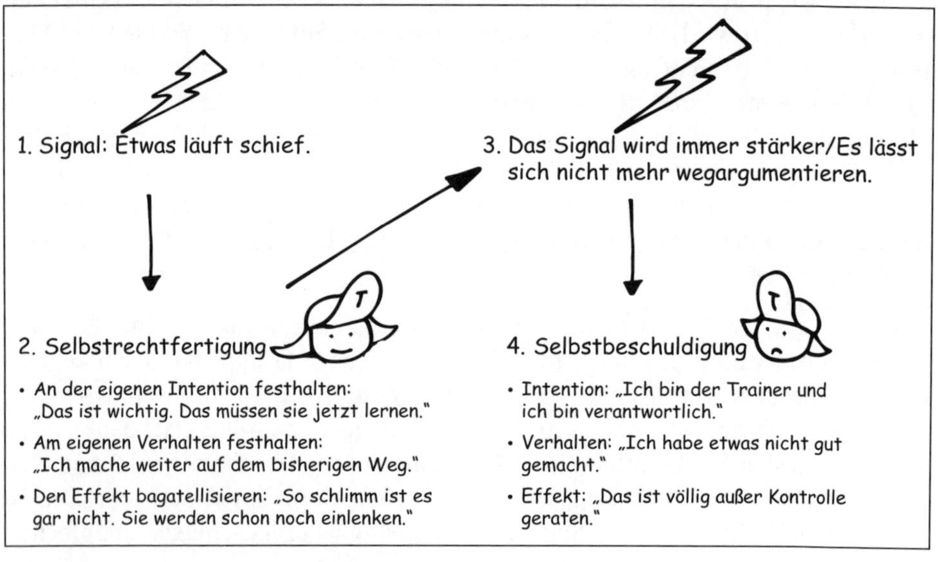

Abbildung 34: Selbstbeschuldigung

Selbstbeschuldigung ohne Selbstrechtfertigung?

Wie liegen nun die Dinge bei Menschen mit einem niedrigen Selbstwert? Man kann sich leicht vorstellen, dass solche Menschen mit Selbstbeschuldigung reagieren, wenn sie Signale empfangen, dass etwas nicht in Ordnung ist. Das würde zu einer niedrigen Wertschätzung der eigenen Person passen: „Es ist meine Schuld." Doch lässt sich das in Experimenten nicht nachweisen. In ihrem Buch „Mistakes were made (but not by me)" (auf Deutsch unter dem Titel: *Ich habe recht, auch wenn ich mich irre* erschienen) geben Carol Tavris und Elliot Aronson zahlreiche Beispiele dafür, wie Menschen auf Signale reagieren, die ihnen vermitteln, sie hätten eine falsche Wahl getroffen. Daraus geht hervor, dass wir alle zuerst in die Rechtfertigung gehen.

Selbstbeschuldigung:

Es gibt drei Möglichkeiten der Selbstbeschuldigung:
1. Die Intention: „Jetzt ist es raus, ich bin schlecht!"
2. Das Verhalten: „Ich kann das einfach nicht gut." Und dieses Bild wird immer wieder neu abgespult wie eine kaputte Grammophonplatte.
3. Der Effekt: „Hiermit habe ich das Training in den Sand gesetzt. Keiner hat etwas gelernt!"

6.3 Aus Fehlern lernen, aber wie?

Selbstrechtfertigung und Selbstbeschuldigung können also als völlig natürliche Reaktionen betrachtet werden. Wenn man ein Signal empfängt, das einem sagt, irgendetwas laufe schief, ist man zunächst geneigt, die Sache wegzuargumentieren, und wenn das nicht gelingt, neigt man dazu, die ganze Schuld auf sich zu nehmen. Das ist verständlich, aber leider nicht sehr effektiv, denn daraus lernt man nichts. Das hat damit zu tun, dass man das ungute Signal immer auf sich selbst bezieht: Man stellt es neben sein Selbstbild und zieht dann eine Schlussfolgerung. Das heißt, man geht davon aus, dass das ungute Signal etwas darüber aussagt, wer wir als Person sind und nicht, was wir in unserer Rolle als Trainer tun.

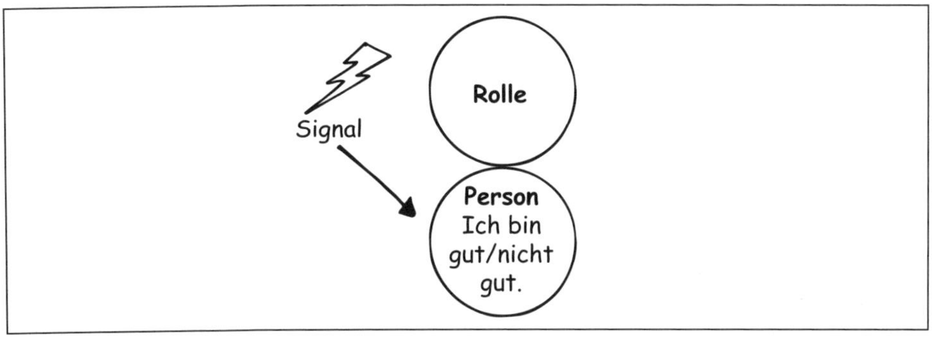

Abbildung 35: Reaktion auf ein Signal

Wirklich lernen können wir erst, wenn wir solche Signale nicht mehr persönlich nehmen, sondern auf unsere Rolle beziehen. Dann sind wir frei, unser Verhalten anzuschauen, ohne uns in die Rechtfertigung oder die Beschuldigung zu flüchten.

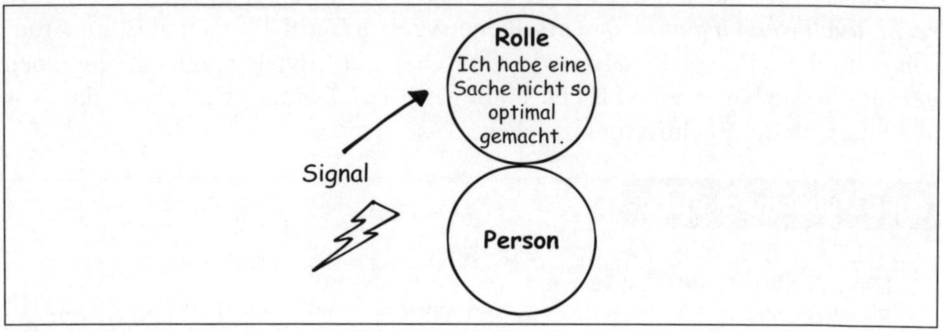

Abbildung 36: Signale nicht persönlich nehmen, sondern auf Rolle beziehen

Das eigene Verhalten anzuschauen, meint, dass Sie auf der Ebene der Fakten so genau wie möglich beobachten, was geschieht. Sie richten Ihren Blick ganz speziell auf Verhaltensweisen und ihre Wirkung – so wie wir es unseren Teilnehmern empfehlen, wenn sie sich gegenseitig Feedback geben. Solange Ihre Beobachtungen weitgehend global bleiben, findet kein Lernprozess statt. Dann bleiben Sie leicht in allgemeinen Vorsätzen hängen, dem Äquivalent der vagen Tipps, die unsere Teilnehmer manchmal aus der Gruppe bekommen. Sie lernen am meisten, wenn Sie gedanklich zurückgehen zum ersten Hinweis, dass etwas schiefgegangen ist und sich dann die folgenden Fragen stellen:

1. Was geschieht genau in dem Moment, in dem es anfängt, schiefzugehen?
2. Wie reagieren Sie auf die Ereignisse?
3. Welche Wirkung hat das?
4. Welche Wirkung hätten Sie gerne erzielt?
5. Was können Sie künftig besser machen, um diese Wirkung zu erzielen?

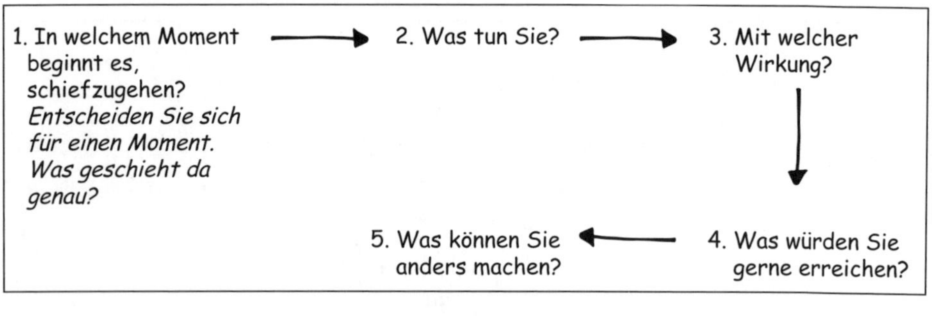

Abbildung 37: Verhaltensweisen und ihre Wirkung genau analysieren

1. Identifizieren Sie den ersten Moment, an dem etwas schiefgeht

Sobald Sie das Signal auffangen, dass etwas schiefgeht, spulen Sie den Film zurück. Reden Sie über die Situation in der Gegenwartsform, dann fühlt es sich so an, als würden Sie den Moment erneut erleben. Wann genau beginnt das ungute Gefühl, das Wegschauen, die zähen Übungen? Was geschieht hier? Um derart faktengetreu wie möglich zu beobachten, tun Sie so, als würden Sie durch die Linse einer Kamera schauen. Damit bekommen Sie die Distanz, die Sie zum Lernen brauchen. Beispiele:

- Martin: „Es fängt damit an, dass Frau Roskamp hereinkommt und mich nicht anschaut."
- Frau Paulsen: „Ich merke, dass der Gruppe das Training zu beschwerlich ist und bin den ganzen Tag damit beschäftigt, die Leute zu motivieren. Wenn ich mich frage, wo es anfing, komme ich zu dem Ergebnis, dass das schon bei der Vorbereitung war: Ich habe mir zu schwierige Übungen ausgedacht."

2. und 3. Was machen Sie und mit welcher Wirkung?

Schauen Sie als nächstes Ihr eigenes Verhalten an, ohne sich zu beschönigen oder zu beschuldigen. Was haben Sie genau gemacht? Und welche Wirkung haben Sie damit erzielt? Beispiele:

- Martin: „Ich finde sie auf Anhieb doof und denke mir: ‚Wer kommt denn einfach so herein ohne die Hand zu geben?' Als sie danach bei einer Übung auch noch barsch reagiert, mache ich einen blöden Scherz. Der ist zwar quasi ‚gut gemeint', aber ich spüre selbst, dass eine starke Emotion dahinter steckt. Ich sehe, dass ihr das nicht gefällt: Sie schaut weg."
- Frau Paulsen: „Ich bin geradezu verliebt in meine neue Übung. Deshalb habe ich sie in das Programm eingefügt, ohne mir Gedanken zu machen, ob sie zu dieser Gruppe passt. Ich erstelle keine Zeitpläne, sondern denke mir: ‚Es läuft, wie es läuft.' Während des Trainings merke ich, die Zeit wird knapp und ich zweifle kurz, ob ich die Übung noch bringen soll. Dann sage ich mir, dass die Übung doch zu schön ist, um sie wegzulassen. Außerdem habe ich das Gefühl, schnell entscheiden zu müssen, weil die Gruppe wartet. Die Übung erweist sich als problematisch: Die Nachbesprechung kostet viel Zeit und einige Teilnehmer klinken sich aus. Am Ende ist es so, dass wir fast den ganzen Vormittag damit verbringen, zu reflektieren und nur noch wenig Zeit für mein restliches Programm bleibt. Bei den Bewertungen bekommt dieser Trainingstag oft eine ‚Sieben', während die anderen Tage oft eine ‚Acht' oder eine ‚Neun' bekommen haben."

4. und 5. Was wollen Sie erreichen und was können Sie anders machen?

Wenn Sie einmal erkannt haben, was Sie falsch gemacht haben, ist die Lösung oft schnell gefunden. Gerade weil Sie einen einzigen Moment heranzoomen und sich ansehen, was Sie Sie in diesem Moment genau gemacht und gedacht haben, können Sie leicht auf eine Alternative kommen. Beispiele:

- Martin: „Für mich steht der gute Kontakt zu meinen Teilnehmern an erster Stelle. Das heißt, wenn jemand mit mieser Laune hereinkommt, will ich erst recht Kontakt suchen. Einfach kurz miteinander reden, daran arbeiten, die Person angenehm zu finden, oder wenigstens zu verstehen, was mit dem Menschen gerade los ist. Dann reagiere ich besser und dann kann die entsprechende Person auch schneller auftauen."
- Frau Paulsen: „Ich möchte den Lernprozess in der Gruppe in den Mittelpunkt stellen und mich nicht in meine Übung verlieben! Es gibt zwei Dinge, die ich anders machen kann: bei einer neuen Übung immer erst überprüfen, inwieweit sie zum restlichen Programm passt. Und wenn ich während des Trainings Zweifel habe, will ich nicht mehr zu schnell entscheiden, sondern notfalls eine kurze Unterbrechung zum Nachdenken nehmen."

An sich ist Lernen ja nicht schwierig: Wir schauen uns unser Verhalten in einer konkreten Situation an und entdecken ziemlich schnell, was wir anders hätten machen können. Aber das gelingt nur, wenn wir uns von Selbstrechtfertigung und Selbstbeschuldigung fernhalten. Lernen unterstellt, dass wir unangenehme Signale nicht persönlich nehmen. Vermutlich ist Ihr erster Impuls, das doch zu tun. Wir sind nun einmal so gebaut, dass wir bei möglichen Fehlern sofort eine Schlussfolgerung über unser Selbstbild ziehen: sich zuerst rechtfertigen, dann beschuldigen. In den folgenden Abschnitten lesen Sie, was Sie tun können, um nicht in die Selbstrechtfertigung zu verfallen (Abschnitt 4) und Sie erfahren, wie Sie Selbstbeschuldigung überwinden können (Abschnitt 5). Es ist nicht einfach, dies alleine zu bewerkstelligen, deshalb folgen noch zwei Abschnitte, die sich damit beschäftigen, wie Sie Kollegen helfen können: Was können Sie tun, damit Ihr Kollege weder in die Selbstrechtfertigung (Abschnitt 6) noch in die Selbstbeschuldigung geht (Abschnitt 7)?

6.4 Offen für Signale und Zeichen sein: Selbstrechtfertigung vorbeugen

Selbstrechtfertigung ist ein Reflex, den man nie hundertprozentig vermeiden kann. Sie können aber dafür sorgen, dass Sie sich weniger oft selbstrechtfertigen, damit mehr Raum für Entwicklung und für Lernschritte entsteht. In diesem

Abschnitt erfahren Sie mehr darüber, was Sie tun können, um der Rechtfertigung vorzubeugen. Wir unterscheiden vier Wege:

1. Eine hilfreiche Überzeugung: „Ich darf lernen." Sie nehmen Signale dadurch weniger persönlich.
2. Achten Sie auf ungute Gefühle und auf typische Formulierungen. So können Sie rechtzeitig den Moment, in dem Sie in eine Selbstrechtfertigung zu verfallen drohen, erkennen.
3. Seien Sie offen für Kritik seitens der Teilnehmer: Wenn Sie sie danach fragen, was Sie genau machen, können Sie aus dem Feedback der Teilnehmer lernen.
4. Suchen Sie im Kollegenkreis nach Sparring-Partnern: So bleibt Ihre Lernhaltung „aktiv".

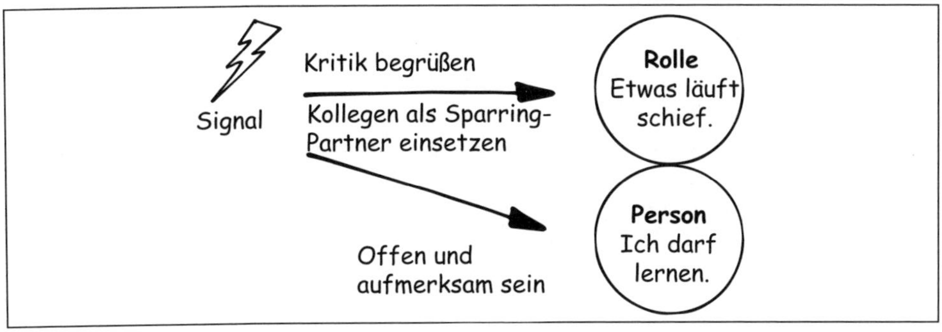

Abbildung 38: Selbstrechtfertigung vorbeugen

1. Hilfreiche Überzeugung: „Ich darf lernen"

Mit welchen Gedanken gehen Sie in das Training? Geht es Ihnen in erster Linie darum, Ihre Sache gut zu machen oder erlauben Sie sich, Fehler zu machen und daraus zu lernen? Wenn Sie der Meinung sind, dass Sie Ihre Sache immer sehr gut machen müssen, empfinden Sie jedes unerwünschte Signal als Angriff auf Ihr Selbstbild. Und dann sind Sie eher der Gefahr ausgesetzt, sich selbst zu rechtfertigen. Wenn Sie sich aber erlauben, etwas zu lernen, kommen Sie besser damit zurecht, wenn einmal eine Sache nicht klappt, weil Sie dann nicht in erster Linie damit beschäftigt sind, Ihr Selbstbild zu schützen.

Die Überzeugung „Ich darf lernen" ist wirklich hilfreich; es ist allerdings nicht einfach, sie während eines Trainings auch tatsächlich immer „parat" zu haben. Die Teilnehmer sind schließlich wegen eines Trainers gekommen, der eine gute Leistung erbringt. Vor allem am Anfang sind sie noch unsicher und hoffen oder erwarten, dass Sie, der Trainer, Sicherheit – und keine Zweifel – ausstrahlen. Das macht die Sache mit der „Lernerlaubnis" schwierig. In Ihrer Rolle als Trainer brauchen Sie die Überzeugung, dass Sie derjenige sind, der weiß, „was in einer Situation richtig ist". Für Sie als Person ist es nützlich, die Überzeugung zu pflegen, dass Lernen erlaubt ist. Es ist keine leichte Aufgabe, mit diesen beiden Überzeugungen im Gleichgewicht zu sein. Notwendig sind jedenfalls beide.

Fixed Mindset oder Growth Mindset?

Carol Dweck beschreibt diese lernende Grundhaltung sehr schön in ihrem Buch *Mindset* (deutsche Ausgabe *Selbstbild: Warum unser Denken Erfolge oder Niederlagen bewirkt*). Sie stellt zwei Haltungen einander gegenüber: Fixed Mindset (als „statisches Selbstbild" übersetzt) und Growth Mindset („als dynamisches Selbstbild" übersetzt). Beim Fixed Mindset ist Erfolg ein Zeichen für das Talent einer Person und Fehlschläge sind ein Beweis für fehlendes Talent. Nach diesem Gedankengang ist Lernen eigentlich nicht möglich, denn die Überzeugung lautet, dass man etwas entweder kann oder nicht kann und dass dies unveränderlich sei. Somit hat es auch keinen Sinn, hart zu arbeiten oder zielgerichtet zu üben.

Beim Growth Mindset geht man davon aus, dass man vieles lernen kann, wenn man bereit ist, zu üben und sich anzustrengen. Hier begreift man das Gehirn als Muskel, den man durch Übung trainieren kann: So wie man seine Leistungen im Fußball oder in der Leichtathletik steigern kann, kann man auch im Rechnen oder der Grammatik immer besser werden.

In einem der zahlreichen Beispiele im Buch wird von einer Frau berichtet, die an der Universität ihrer Wahl nicht zugelassen wird. Bei einem Fixed Mindset würde sie diese Ablehnung akzeptieren und das Gefühl haben, sie sei wohl nicht geeignet (Selbstbeschuldigung) oder sie hätte sich darüber aufgeregt, weil die Universität nicht erkannte, welche Qualitäten in ihr stecken (Selbstrechtfertigung). Aber diese Frau reagiert anders. Zuerst ist sie etwas frustriert und dann ruft sie die Universität an: Sie will wissen, warum sie abgelehnt wurde, damit sie etwas daraus lernen kann. Das meint Growth Mindset. Die Geschichte erhält schließlich noch ein Happy-End, weil unerwartet ein Platz frei wird. Die Universität beschließt, diese Frau nachrücken zu lassen, weil sie sich so wissbegierig gezeigt hat.

2. Achten Sie auf Ihre Gefühle und auf typische Formulierungen

Selbstrechtfertigung ist ein automatischer Prozess und deshalb ist es schwierig, den Mechanismus bei sich selbst zu erkennen. Es gibt aber zwei deutliche Indikatoren, die anzeigen, wenn man kurz davor ist, sich selbst zu rechtfertigen:

- Jeder Selbstrechtfertigung geht das Signal voraus, dass etwas nicht stimmt. Das kann alles Mögliche sein, aber es gibt dieses Signal immer und es verursacht ein ungutes Gefühl. Bei meinem Kollegen Martin geschieht das schon, als Frau Roskamp den Raum betritt: „Wir waren kurz davor, anzufangen, als noch eine Teilnehmerin hereinkam. (…). Sie wollte ihre Jacke nicht ausziehen, stellte sich einfach in die Mitte des Kreises, ohne mich eines Blickes zu würdigen, ohne (mit Handschlag) zu grüßen." Martin nimmt also wahr, dass etwas nicht stimmt, aber er schreibt das sofort Frau Roskamp zu: „etwas seltsame Frau."

Das Entscheidende ist, dass Sie die Störung bemerken und nicht sogleich eine Meinung dazu haben, sondern sich anschauen, was genau los ist. Was sehen Sie? Und genauso wichtig: Was fühlen Sie? Welche Schlussfolgerungen ziehen Sie daraus? Auf diesem Weg können Sie zu einer durchdachten Entscheidung kommen, anstatt impulsiv zu agieren. Gehen Sie die Sache ruhig an – „go slow". Das ist natürlich eine Herausforderung, wenn man bedenkt, dass gerade in Ihrer Rolle oft schnelle Entscheidungen von Ihnen verlangt werden.

- Wenn Sie doch bei Ihrer Argumentation hängen bleiben und in die Selbstrechtfertigung verfallen, wird dies oft begleitet von typischen Sätzen im Kopf. Sie reden sich selbst Dinge ein, die sie bei anderen sofort als Ausflüchte erkennen würden. Seien Sie in Bezug auf diese Sätze wachsam. Wenn Sie sie bei sich selbst bemerken, laufen Sie Gefahr, in die Selbstrechtfertigung zu verfallen.

Einige Sätze, die eine mögliche Selbstrechtfertigung anzeigen:

- Ich muss das ja machen, sonst schaffen wir das restliche Programm nicht mehr.
- Es liegt natürlich auch an den Leuten selbst, ob sie etwas lernen.
- Ich habe ein Recht auf ein oder zwei missratene Trainings im Jahr. Niemand ist perfekt.
- Diese Art von Training sollte ich einfach gar nicht machen, das können andere besser.
- Die Gruppe muss auch selbst in Bewegung kommen.
- Der erste Tag war mühsam. Soll ich das mit der Gruppe besprechen? Nein, dann gehen wir wieder zu sehr auf den Prozess ein, das schadet womöglich mehr, als es bringt. Wir müssen auch noch zum Programm des zweiten Tages kommen, das ist wichtig.
- Was für eine schwierige Gruppe, meine Güte. Ich habe wirklich keine Ahnung, was ich mit denen anfangen soll. Erst mal eine Nacht darüber schlafen. Wer weiß, vielleicht läuft es dann besser.
- Dieser Teilnehmer hat wirklich immer was zu meckern.
- Menschen finden nun einmal immer einen Grund, sich zu beklagen.
- Ich kapiere nicht, worüber die sich so aufregen.
- Schlussendlich haben sie sehr wohl etwas gelernt und darum geht es doch.
- Das mache ich sonst nie.
- Wissen Sie, wenn der Auftraggeber dabei ist... Schwierig dann, eine vertrauensvolle Atmosphäre zu schaffen.
- Mein Co-Trainer hat eindeutig zu scharf reagiert, aber ich konnte nichts tun. Wenn ich mich eingemischt hätte, wäre es nur noch schlimmer geworden.

- Diesen Auftrag will ich so schnell wie möglich vergessen. Der Job war doch von vorneherein zum Scheitern verurteilt.
- Eine Bewertung mit einer „Sieben“ bedeutet nicht immer das Gleiche.
- Wenn jemand eine „Sechs“ vergibt, sagt das vor allem etwas über ihn selbst und sein Engagement aus.
- Wenn die Leute erst bei der Beurteilung mit ihrer Kritik kommen, finde ich das wirklich schade: Wage dich mal früher aus der Deckung und sage deine Meinung!

3. Kritik seitens der Teilnehmer begrüßen

Ein Trainer kann eine ganze Weile mit seinem Programm fortfahren, ohne zu merken, dass die Gruppe nicht mehr bei ihm ist. Deshalb ist es so wichtig, Feedback seitens der Teilnehmer ernst zu nehmen, auch wenn das nicht immer einfach ist. Schauen wir uns einmal die denkbar schwierigste Situation an: Im Lauf des Tages haben Sie ein paar Fehler gemacht, wodurch die Anspannung bei den Teilnehmern gewachsen ist. Sie spüren, dass etwas in der Luft liegt, aber sie argumentieren es weg. Es folgt der Moment, an dem die Kritik offen zutage tritt.

Beispiel:

Ich hielt einmal ein Training zum Thema Verhandlungsführung vor einer Gruppe von HRM-Mitarbeitern einer großen Bank. Dazu hatte ich ein paar hübsche Beispiel zum Üben ausgewählt: Harvard-Prinzip usw. Ich finde es immer wichtig, dass die Mitwirkenden über ihre alltägliche Praxis hinausschauen müssen. Ich habe zwar gespürt, dass ich damit nicht gerade Begeisterung auslöste, aber an sich lief alles ganz gut. Am Nachmittag, so gegen 15.00 Uhr, sagte jemand in der Gruppe, er finde das Training doch sehr allgemein. Ich sah die anderen zustimmend nicken. Als ich dann nachgefragte, schleuderte mir ein Teilnehmer plötzlich frustriert entgegen, für ihn sei die Veranstaltung die reinste Zeitvergeudung. Davon bin ich ganz schön erschrocken.

Kritik seitens der Teilnehmer! Wie reagieren Sie?

- „Also, wirklich, hätten Sie doch früher etwas gesagt! Sie müssen doch nicht so undifferenziert austeilen?“
- „Ach je, was ist denn jetzt los, alle sind auf einmal unzufrieden! Was habe ich denn falsch gemacht?“
- „Gut, dass Sie mir das sagen. Ich sehe, dass Sie über den bisherigen Ablauf richtig frustriert sind. Ich würde gerne mit Ihnen gemeinsam anschauen, was ich genau gemacht habe, was zu Ihrer Unzufriedenheit geführt hat. Wer kann mir etwas dazu sagen?“

Mit der dritten Reaktion halten Sie sich fern von Selbstrechtfertigung (Reaktion 1) und Selbstbeschuldigung (Reaktion 2), sondern nehmen in den Blick, was Sie genau getan haben: Sie wollen aus Ihren Fehlern lernen. Haken Sie immer noch einmal nach und suchen Sie nicht zu schnell nach Lösungen. Sie lassen sich Beispiele nennen von Dingen, die Ihnen nicht so gut geglückt sind und hören zu, wie die Gruppe das erlebt hat. Meist genügen zwei oder drei Beispiele, um zu verstehen, was Sie genau getan haben und damit die Gruppe sich wieder beruhigen kann.

Wenn Sie wirklich Fehler gemacht haben und die Gruppe deswegen frustriert ist, sollten Sie sich entschuldigen. Sie benennen Ihr Verhalten und räumen ein, dass es keinen Schönheitspreis verdient hat. Gleichzeitig zeigen Sie, dass Sie dennoch aufrecht bleiben: Ihr Selbstbild bleibt intakt *und* Sie entschuldigen sich für Ihr Verhalten. Das bedeutet, die Gruppe kann sich im Training weiterhin sicher fühlen.

Wenn Sie das ein paar Mal gemacht haben, lernen Sie auch, Ihre Zweifel ernst zu nehmen und zu einem früheren Zeitpunkt bei der Gruppe zu überprüfen, wie das Training ankommt. Sie können dann viel früher eingreifen und das Gespräch mit den Teilnehmern wird leichtfüßiger ausfallen.

4. Stellen Sie sicher, dass Sie regelmäßig Feedback von Kollegen bekommen

Man kann sich immer Feedback von der Gruppe geben lassen, aber Feedback von Kollegen ist auch sehr hilfreich. Schildern Sie den Kollegen die Situationen, bei denen Sie Zweifel haben. Das können Sie in einer offiziellen Ausbildung tun, in einer selbst zusammengestellten Intervisionsgruppe oder am Telefon. Sorgen Sie so für Ihre Lernerfahrungen. Damit verhindern Sie, dass Sie in Ihrer eigenen Wahrheit gefangen bleiben.

> **Beispiel:**
>
> Manchmal fühle ich eine gewisse Schwelle, wenn ich Kollegen etwas zum Besprechen vorlegen möchte. Ich bin zum Beispiel am Grübeln wegen eines Entwurfs und überlege: „Soll ich Henriette fragen, ob sie kurz mitdenken könnte?“ Aber dann denke ich mir oft, dass ich es allein hinkriegen muss und kämpfe mich durch. Schon irgendwie seltsam, denn es ist immer toll, wenn ich mit Henriette am Ausprobieren bin! Sie stellt Fragen, die mich auf neue Ideen bringen und gibt mir immer den einen oder anderen Tipp, die das Programm abrunden, sodass es auf einmal „passt“. Ich komme auf Ideen für neue Arbeitsformen und es ist immer so, dass ich am Ende den Hörer erleichtert auflege.

6.5 Vom Leiden zum Lernen: Vom Umgang mit Selbstbeschuldigung

Wenn Sie nicht rechtzeitig genug eingreifen und die Situation eskaliert, ist es so gut wie unvermeidlich, dass Sie in eine Selbstbeschuldigung hineinschlittern. Sie fühlen sich schlecht und denken, dass Sie „alles" falsch gemacht haben. Vom Verstand her wissen Sie, dass Sie übertreiben: Warum müssen Sie so darunter leiden? Wie schlimm ist es denn genau genommen? Aber damit lässt sich das miese Gefühl nicht wegwischen. Es hilft, wenn Sie sich bewusst machen, dass eine Selbstbeschuldigung eine normale Reaktion darstellt, um kognitive Dissonanz zu vermeiden. Dann darf das miese Gefühl seinen Platz haben und Sie müssen sich nicht auch noch deswegen schlecht fühlen. „Was bin ich doch für ein Idiot, dass ich so darunter leide!", wird nur noch zu: „Ich leide."

Es kostet Zeit, vom Leiden zum Lernen zu gelangen, vom eigenen Selbstbild zurückzugehen zum eigenen Verhalten. Will man das erreichen, muss man zuerst seine Person „heilen", wieder das Gefühl bekommen, dass man okay ist. Das geht, indem Sie den Schmerz aushalten. Nehmen Sie den Schmerz wahr, wenn er sich meldet: Registrieren Sie Ihre Gedanken und Gefühle, ohne daran etwas ändern zu wollen. Hilfreich kann sein, wenn Sie für sich feststellen: „Ich merke, dass ich denke, dass…", oder: „Ich merke, dass ich mich traurig fühle". Je mehr Raum Sie Ihren Gefühlen und Gedanken geben, desto schneller werden Sie sich beruhigen.

Ebenfalls hilfreich ist es, aktiv „Beweise" dafür zu suchen, dass Sie okay sind. Suchen Sie Kontakt zu Familienangehörigen oder Freunden: Sie können Ihnen das Gefühl, dass Sie wunderbar sind, so wie Sie sind, besonders gut vermitteln und Ihnen zeigen, dass es neben dem Trainerberuf auch noch ein Leben gibt! Sorgen Sie gut für sich selbst: Sorgen Sie für guten Schlaf, ernähren Sie sich gesund, treiben Sie Sport und spüren Sie, dass Ihr Körper funktioniert. Dieser Teil von Ihnen ist auch okay.

Versuchen Sie in jedem Fall nicht, zu schnell zu analysieren. Solange Sie in der Selbstbeschuldigung verharren, wird die Analyse von Ihren Emotionen eingefärbt sein. Das geschieht sehr gern nachts, wenn Sie grübeln und der Trainingsfilm in Dauerschleife im Kopf abläuft. Es hat dann den Anschein, als würden Sie versuchen, aus den Fehlern zu lernen, aber das stimmt nicht: Sie quälen sich. Es ist besser, sich Ihre Gefühle bewusst zu machen und mit der Zeit loszulassen.

Wenn die Gefühle sich beruhigt haben und Sie wieder einigermaßen stabil sind, können Sie zum Lernen übergehen. Nehmen Sie sich den ersten Moment vor, analysieren Sie, was geschehen ist, und was Sie beim nächsten Mal anders machen wollen. Dieser Vorsatz bringt oft schon Erleichterung mit sich und falls Sie tatsächlich „eine zweite Chance" bekommen, ist das Leid ausgestanden.

Beispiel:

Martin: Zu meinem Glück saß in der nächsten Woche wieder ein „Richter Roskamp" in meiner Gruppe. Ich habe mir die ganze Zeit gedacht: „Der Kontakt zu meinen Teilnehmern steht für mich an erster Stelle." Und es hat gewirkt. Ich konnte sehr gut bei diesem Teilnehmer anknüpfen und ihn akzeptieren und er öffnete sich und zeigte sich als ein Mensch, der sich sehr gut einbrachte.

Ich kann es doch!

Beispiel:

Am Donnerstag und Freitag hielt ich ein Training ab, das erbärmlich lief. Es gelang mir nicht, Kontakt zu den Teilnehmern zu bekommen und ich hatte den Eindruck, dass sie zwar brav alle Übungen machten, aber ohne viel Inspiration. In der Evaluation kam das zum Ausdruck: Einige Teilnehmer fanden das Training viel zu träge. Mein Wochenende war gelaufen. Nach dem Wochenende hatte ich eine neue Gruppe. Natürlich hatte ich mich bis ins kleinste Detail vorbereitet: Dieses Mal musste alles klappen! Und das tat es auch. Zufällig war dabei eine schriftliche Zwischenevaluation geplant und ich schnitt dabei besonders gut ab. Ich schwebte über dem Boden – „Ich kann es doch!" – und die vorherige Gruppe war schnell vergessen.

Viele Trainer dürften diese Erfahrung kennen. Mit einem neuen, erfolgreichen Training manövriert man sich weg vom „Ich hab's nicht drauf" hin zum „Ich kann es doch". Während die eine Gruppe Sie nur „so la la" findet, hält die nächste Gruppe Sie für großartig. Die letzte Erfahrung überdeckt die vorletzte und Ihr Gehirn kommt wieder zur Ruhe. Leider bringt eine solche neue Erfolgserfahrung wenig Erkenntnis. Sie werden sich zwar beruhigt fühlen und weniger frustriert sein, aber davon lernt man noch nichts. Was müssen Sie bei einem nächsten Mal anders machen, damit Sie die Stolpersteine mit der ersten Gruppe vermeiden? Diese Frage bleibt unbeantwortet.

Selbstbeschuldigung hinter sich lassen:

- Betrachten Sie Selbstbeschuldigung als normale Reaktion auf einen Fehler.
- Ertragen Sie Ihren Kummer, bis er nachlässt; nicht zu schnell zum Analysieren übergehen.
- Suchen Sie aktiv nach Belegen für die andere Seite: Ich bringe es doch!
- Wenn Ihre Emotionen sich gelegt haben: Lernen Sie.

6.6 „Das liegt aber nicht an mir!“ – Helfen Sie Ihrem Kollegen aus der Selbstrechtfertigung heraus

Beispiel:

Das Training von Carla Michalsen war ganz prima gelaufen, bis sie die Evaluationsbögen sah: Sie sei unsicher gewesen, habe sich nicht an die Zeiten gehalten und keine ordentlichen Unterlagen dabei gehabt. Sie verstand die Welt nicht mehr und war zutiefst empört, als sie auf mich zuging: „Das ist sowas von daneben! Die Teilnehmer haben total viel gelernt! Am Ende des Tages habe ich in die Runde gefragt, wie sie den Tag fanden und sie waren alle völlig zufrieden. Okay, die Pause ist zeitlich etwas ausgeufert, aber das kam, weil ich gerade mit einem Teilnehmer am Reden war. Und die Unterlagen sind wirklich nicht das Wichtigste an einem Training, sie haben nur eine unterstützende Funktion! Was für eine blöde Gruppe!“

Sie sind gewiss schon einmal einem Kollegen begegnet, der erbost über eine Gruppe war und Sie dachten sich: „Na mein Bester, vielleicht hast du selbst auch deinen Teil dazu beigetragen…“ Haben Sie die Möglichkeit, den Raum verspürt, diesen Gedanken zu kommunizieren? Wahrscheinlich war das etwas schwierig. Ihr Kollege ist dabei, sein Selbstbild zu verteidigen und darum halten Sie sich bedeckt. Oder, schlimmer, Sie reden ihm nach dem Mund. Vielleicht haben Sie das mit den besten Absichten getan (Sie mögen Ihren Kollegen sehr und wollen ihm die Angst nehmen, die Sie bei ihm spüren), aber richtig helfen Sie ihm so nicht. Ihr Kollege lernt aus dieser Erfahrung nichts und beim nächsten Mal fällt es ihm noch schwerer, sich Fehler einzugestehen. Denn wenn man sich dreimal gedacht hat, dass eine „Sechs“ auf dem Evaluationsbogen auch viel über den Teilnehmer selbst aussagt, wird es problematisch, will man eine „Sechs“ später als Signal dafür sehen, dass man etwas nicht besonders gut gemacht hat. Man muss sich dann rückblickend mit einer Vielzahl von Situationen aus der Vergangenheit konfrontieren.

Sie können einem Kollegen, der in seiner Selbstrechtfertigung feststeckt, erst dann helfen, wenn Sie mit seinen Emotionen empathisch sind, ihn aber zugleich animieren, sich die Tatsachen anzuschauen. Sicher keine leichte Aufgabe, denn für Ihren Kollegen fühlt sich das zunächst bedrohlich an. Das bedeutet, dass Sie Schritt-für-Schritt vorgehen müssen.

Schritt 1: Gefühle würdigen

Würdigen Sie zunächst das Empfinden, dass Ihr Kollege getan hat, was er tun konnte. Das ist seine stärkste Emotion. Wenn Sie davon nichts wissen wollen, wird sich Ihr Kollege kaum für Ihre Meinung öffnen.

Sie: „Ich kann mir gut vorstellen, dass du genervt bist. Du verbringst den ganzen Tag in dem Glauben, deinen Job gut zu machen und dann diese Evaluation, das muss sich ja anfühlen, wie ein Angriff von hinten!"

Carla Michalsen: „Ja, genau. Aber worum geht es denn eigentlich? Die Unterlagen und die Pausenzeiten! Das sind doch Nebensächlichkeiten. Entscheidend ist, ob sie etwas gelernt haben, aber darüber wird nicht geredet! Und dass ich etwas unsicher bin, da können sie doch wohl darüber hinweg sehen, oder?"

Sie: „Wirklich unangenehm! Du hast dich reingekniet und dann werfen sie dir das vor die Füße."

Carla Michalsen: „Ja, ich bin jetzt auch ziemlich frustriert."

Stille.

Sie: „Das tut mir echt leid für dich. Ich weiß, dass du dich mit Herz und Seele für deine Gruppen engagierst. Ich denke, dass du das dieses Mal auch gemacht hast."

Carla Michalsen: „Ja, das stimmt."

Stille.

Carla Michalsen: „Ob die das wirklich so sehen? Dass ich unsicher bin? Und die Kopien?"

Wenn Sie die Emotionen anerkennen und empathisch reagieren, kommt Ruhe in die Sache. Es ist auch sehr nützlich, ein – wirklich gemeintes – Kompliment auszusprechen, denn damit stützen Sie das Selbstbild der Kollegin. Wahrscheinlich stellt sie dann selbst die Frage, was sie mit der ganzen Sache nun anfangen soll, oder aber Sie müssen das Gespräch in diese Richtung lenken.

Schritt 2: Zustimmung erbitten

Bitten Sie um Erlaubnis, die Situation untersuchen zu dürfen: „Meinst du, es wäre interessant, sich anzuschauen, was da genau geschehen ist und was du möglicherweise für einen Einfluss darauf hattest?" Wenn sie darauf mit „Ja" antwortet, kreieren Sie Raum für eine Untersuchung.

Schritt 3: Die Situation untersuchen

Jetzt können Sie mithilfe der Methode aus Abschnitt 3 untersuchen, was genau geschehen ist. Bitten Sie Ihre Kollegin, sich die Situation noch einmal vor Augen zu führen, fragen Sie, was sie genau gemacht hat, und welche Wirkung das hatte. Das bringt sie wahrscheinlich bereits zum Nachdenken. Sie können ihr aber auch selbst Feedback geben. Das wird sie leichter akzeptieren, wenn Sie bei den Fakten bleiben und Verhalten und Wirkung benennen: „Wenn man Teilnehmer bittet, ihre Anmerkungen so lange zurückzuhalten, bis man mit den Erklärungen fertig ist, kann ich mir vorstellen, dass sie still werden und danach keine Fragen mehr haben."

Wichtig: Selbstbild stützen

Bei diesem Gespräch ist wichtig, dass Sie spüren und ausstrahlen, dass Sie Frau Michalsen okay finden und als Mensch schätzen. Damit können Sie ihr helfen, die kognitive Dissonanz zu ertragen und aus der Situation zu lernen. Werden Sie nicht ungeduldig, haken Sie bei einem „Ja – aber" lieber noch einmal nach und stellen Sie sicher, dass Sie verstehen, was Carla Michalsen meint. Zeigen Sie Empathie mit ihren Gefühlen.

Wichtig: Selbstbeschuldigung identifizieren

Es besteht die Gefahr, dass Frau Michalsen von der Selbstrechtfertigung in die Selbstbeschuldigung geht: Sobald sie ihren Fehler eingesehen hat, wechselt sie in die andere Richtung. Seien Sie wachsam, damit Sie sie auch in diesem Punkt unterstützen können. Lesen Sie dazu auch die Tipps im nächsten Abschnitt.

6.7 „Ich bin ein lausiger Trainer" – Helfen Sie einem Kollegen aus der Selbstbeschuldigung heraus

Dieses Kapitel beginnt mit dem Beispiel von meinem Kollegen Martin, der sich selbst vorwirft, sein Training vergeigt zu haben. Meine Reaktion ist die, dass ich ihn aufbauen will: Er ist ein sehr guter Trainer, diese Frau, die er im Training hatte, ist neben der Spur. Eine alltägliche Reaktion: Als Außenstehende sehen wir überproportional großes Leiden und wir sehen Selbstzweifel, die wir nicht für angebracht halten. Deshalb bemühen wir uns umso mehr, das Selbstbild wieder aufzubauen und die Wahrheit des Trainers zu relativieren.

Wenn Ihnen eine solche Hilfe selbst einmal zuteilwurde, wissen Sie ja, wie viel Trost sie spenden kann. Ihr Kollege glaubt an Sie! Leider wirkt dieser Trost nur zeitlich begrenzt, denn nach einer Weile fallen Sie in die Selbstbeschuldigung zurück. Das funktioniert folgendermaßen. Etwas ist schiefgelaufen und Sie haben daraus selbst die Schlussfolgerung gezogen, dass es Ihre Schuld ist (1) und Sie

ungeeignet für den Job sind (2). Das ist die Phase der Selbstbeschuldigung. Ihr Kollege versucht, Sie von einem anderen Blick zu überzeugen. Er gibt der Gruppe die Schuld (3) und möchte Sie von Ihren Fähigkeiten als Trainer überzeugen (4). Das ist gut gemeint, aber das bringt Sie faktisch in die Selbstrechtfertigung. Ich wette zehn zu eins, dass Sie diese Phase schon einmal durchlaufen haben, bevor sich herausstellte, dass etwas wirklich nicht gut gelaufen war. Die Wirklichkeit lässt sich vorübergehend wegwischen, aber wenn Sie dann alleine mit sich und Ihren Gedanken sind, spüren Sie, dass die Geschichte Ihres Kollegen nicht zu dem Gefühl, dass etwas schief gelaufen ist, passt. Und damit stehen Sie wieder ganz am Anfang (vgl. Abbildung 39).

Diese Art der Hilfestellung bringt also nichts. Sie bewirkt eine vorübergehende Erleichterung, aber auf lange Sicht lernt man nichts daraus. Wir können jemandem erst dann wirklich weiterhelfen, wenn wir seine Selbstbeschuldigung mittragen helfen und ihn Schritt für Schritt zum Lernen bewegen können. Das lässt sich folgendermaßen bewerkstelligen.

1. Geben Sie den Gefühlen Raum

Seien Sie empathisch, zeigen Sie Verständnis und hinterfragen Sie. Etwa so:

- Du bist davon ganz schön angefressen, oder?
- Was wirfst du dir denn eigentlich vor?
- Ich kann mir gut vorstellen, dass das ein schreckliches Gefühl ist.

Wenn Sie diese Gefühle gut kennen, kann es hilfreich sein, das kurz zu erwähnen – vor allem, wenn der andere eine hohe Meinung von Ihnen hat. Wenn Sie sich auch schon einmal wertlos gefühlt haben, obwohl der andere meint, Sie seien ein guter Trainer, bedeutet das vielleicht, dass auch er jetzt übertreibt.

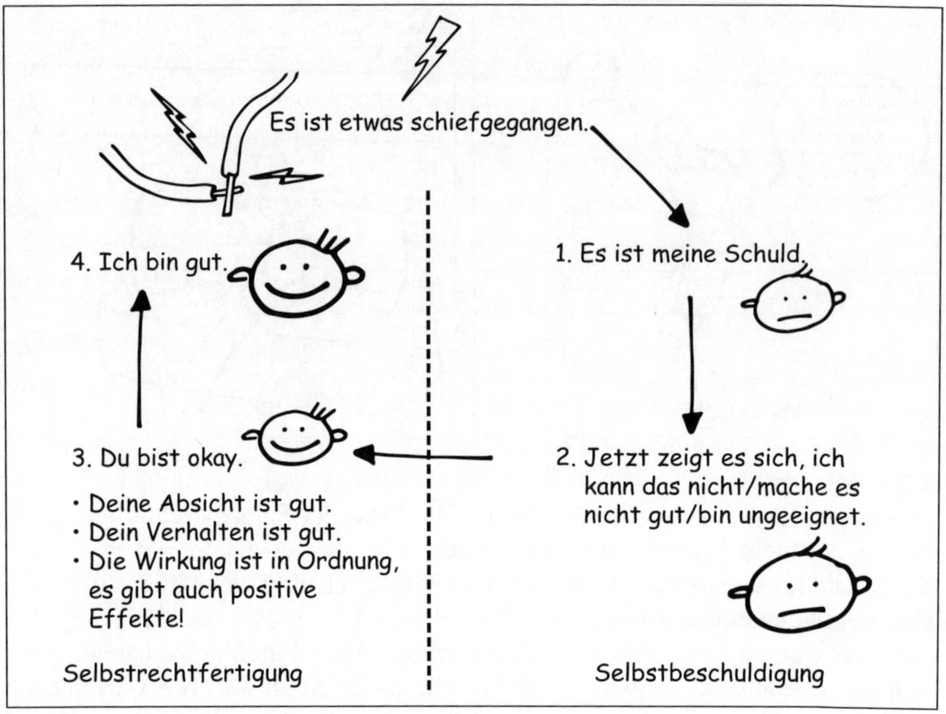

Abbildung 39: Kreislauf aus Selbstrechtfertigung und Selbstbeschuldigung

2. Suchen Sie den Gegenpol

Wenn jemand in der Selbstbeschuldigung steckt, sollten Sie der Seite der Selbstrechtfertigung Aufmerksamkeit geben. Das können Sie auf folgende Weise tun:

- Die positiven Absichten hervorheben („Du wolltest das Richtige tun").
- Komplimente aussprechen für Dinge, die Sie selbst bei dem anderen gesehen haben in einem anderen Training oder von denen er erzählt hat.
- Danach fragen, was gelungen ist oder was das Training schließlich gebracht hat.

Konstruieren Sie keine langen Argumentationsketten, sondern sagen Sie in kurzen Sätzen Ihre Meinung; damit erzielen Sie am meisten Wirkung.

3. Helfen Sie bei der Feststellung der Tatsachen

Wenn sich die Emotionen gelegt haben und das Selbstbild der betreffenden Person realistischer geworden ist, können Sie zur Analyse übergehen.

Wie finden Sie heraus, wo ihr Kollege steht?

Einmal angenommen, Ihr Kollege bittet Sie um Feedback. Wie können Sie dann wissen, ob es sich um eine echte Lernfrage handelt, oder ob der Kollege in der Selbstrechtfertigung oder der Selbstbeschuldigung steckt? Sie können es aus der Art und Weise, wie er darüber spricht, heraushören. Spricht er mit leiser Stimme, hält kaum Augenkontakt und wirkt insgesamt niedergeschlagen, geht es um Selbstbeschuldigung. Wenn er aufrecht vor Ihnen sitzt, mit lauter Stimme spricht und selbstsicher wirkt, steckt er in der Selbstrechtfertigung. Und wenn er die Situation bereits anhand der Fakten beschreibt, ohne viel zu urteilen, ist er im Lernprozess. Sollten Sie noch zweifeln, können Sie auch danach fragen: „Du hast/Sie haben das Gefühl, dass es danebengegangen ist, nicht wahr? An wem liegt das hauptsächlich deiner/Ihrer Meinung nach?“ Er wird dann erklären, wer seiner Meinung nach schuld daran ist, und dann wissen Sie, ob er sich selbst beschuldigt („Es liegt an mir“) oder rechtfertigt („Die Gruppe war ja sehr schwach“).

6.8 Aus Fehlern lernen

Zu Beginn dieses Kapitels habe ich überlegt, ob es möglich ist, Fehler früher zu bemerken, weniger unter Fehlern zu leiden und mehr aus Fehlern zu lernen. Am Ende dieses Kapitels möchte ich diese Fragen explizit noch einmal beantworten.

Was die erste Frage angeht: Ja, man kann Fehler bereits früher bemerken, wenn man den Moment erkennt, an dem man in die Selbstrechtfertigung geht. Wenn Sie einmal verstanden haben, wie dieser Prozess funktioniert, können Sie rechtzeitig aussteigen. Können wir auch weniger stark unter unseren Fehlern leiden? Ja und nein. Wenn Sie einen Fehler früher bemerken, ist Ihr Selbstbild noch nicht damit verknüpft und der Fehler ist damit weniger schmerzhaft. Aber wenn Sie einmal in der Selbstbeschuldigung angekommen sind, folgt Leiden. Das heißt, Sie verbinden dann den Fehler mit Ihrer Person und eine Stimme in Ihrem Kopf sagt, dass Sie nichts draufhaben. Die Tatsache, dass Sie durchschauen, wie das funktioniert, nimmt den Schmerz nicht weg, macht es aber etwas leichter, ihn zu tragen.

Können wir mehr lernen? Absolut! Indem wir uns für die Fakten öffnen und diese untersuchen – allein, mit Kollegen oder Teilnehmern – können wir lernen. Das erfordert Mut. Mut, sich damit zu konfrontieren, was man getan hat, und vor allem den Mut, weiter zu experimentieren und das Risiko einzugehen, neue Fehler zu machen. Aber die Mühe lohnt sich, denn wenn Sie sich erlauben, Fehler zu machen, agieren Sie souverän vor der Gruppe. Und das ist dann wieder sehr gut für die Gruppe (vgl. Abbildung 40).

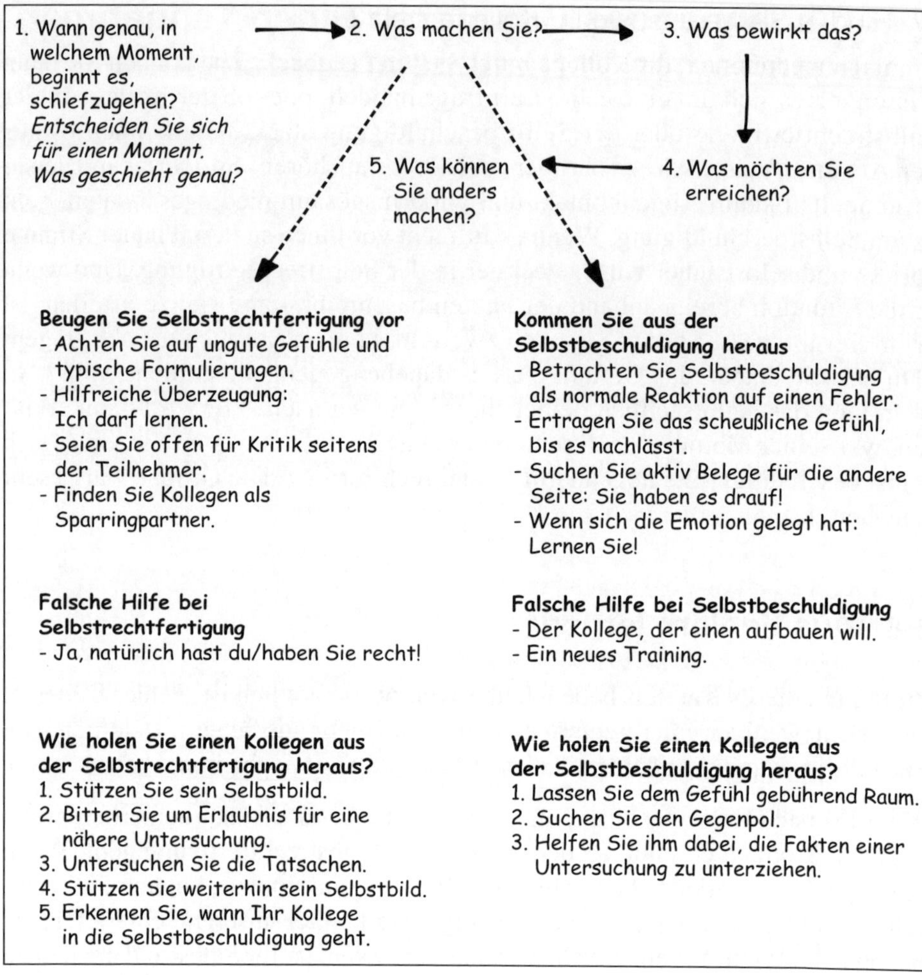

Abbildung 40: Lernen Sie aus Ihren Fehlern

7 Ein spannendes Gespräch: Einen Teilnehmer wegen seines Verhaltens ansprechen

Oft läuft es im Training wie von selbst und Sie müssen nicht lang über Einzelheiten nachdenken: Sie beherrschen Ihren Job und wissen, was Sie tun. Aber manchmal klappt es nicht: Sie ärgern sich über einen Teilnehmer, sind erschrocken angesichts einer überraschenden Reaktion oder fühlen sich wie ein Versager. Sie fallen aus Ihrer Rolle heraus und tappen in Ihre persönliche Falle.

In den vorherigen Kapiteln habe ich fünf Fallgruben, die einen Trainer ins Wanken bringen können, behandelt und aufgezeigt, wie man sich befreien kann. In diesem letzten Kapitel lasse ich alle Modelle noch einmal Revue passieren und zwar anhand einer Situation, die für jeden Trainer immer wieder spannend ist: das Gespräch unter vier Augen mit einem Teilnehmer.

Man bittet einen Teilnehmer zum Gespräch unter vier Augen, wenn sein Verhalten vom Lernen ablenkt. Zu denken ist zum Beispiel an jemanden, der immer lange Reden hält, in Diskussionen immer als erster reagiert, jedes Mal knapp zu spät kommt, ständig über seinen unfähigen Arbeitgeber klagt usw. Sie tun allen Beteiligten einen Gefallen, wenn Sie diesem Teilnehmer helfen, sein Verhalten zu ändern. Der kürzeste Weg zum Ziel ist, ihn zur Seite zu nehmen und Feedback auf sein Verhalten zu geben.

Einen Teilnehmer wegen seines Verhaltens anzusprechen, ist eine heikle Angelegenheit. Das Gespräch besteht aus mehreren Einzelschritten, die präzise platziert und aufeinander abgestimmt sein wollen. Wenn Ihnen das gelingt, können Sie in fünf bis zehn Minuten erreichen, dass der Teilnehmer bereit ist, sein Verhalten zu ändern und dass der Kontakt zu ihm besser ist als vorher. Wenn Sie aber einen Schritt überspringen oder nur halb gehen, dauert das Gespräch deutlich länger und Sie erreichen möglicherweise das Gegenteil: eine vergiftete Beziehung und ein Teilnehmer, der in seinem Verhalten feststeckt.

Auch wenn Sie die entsprechende Gesprächstechnik gut beherrschen, bleibt ein solches Gespräch immer eine spannende Aufgabe. Schließlich haben Sie eine konfrontierende Mitteilung zu machen und Ihr Gegenüber kann darauf heftig reagieren. Eine gewisse Gefahr besteht darin, dass Sie sich selbst bei dem Gespräch im Weg sind. Sie wollen gern knapp und deutlich Feedback geben, aber dann lassen Sie sich doch zu zusätzlichen Erläuterungen zu Ihrer Botschaft hinreißen, eben weil Sie unter einem gewissen Druck stehen. Sie wissen, dass Sie ohne starke Emotionen sprechen sollten, wenn aber der Teilnehmer mit Argumenten dagegen hält, steigt doch Ärger in Ihnen auf.

Worum geht es in diesem Kapitel?

Zuerst widme ich mich der Frage, warum es effektiv ist, einem Teilnehmer unter vier Augen Feedback zu geben (Abschnitt 1). Im zweiten Abschnitt lesen Sie, welche Herangehensweise dafür geeignet ist. Anschließend nehme ich nacheinander alle Modelle aus den vorherigen Kapiteln dazu: Mit welchen Fallgruben müssen Sie jeweils rechnen und wie lassen sich die Fallgruben umgehen?

7.1 Erklären Sie niemanden zum schwarzen Schaf

Jede Trainingsgruppe kennt ihre „schwierigen Teilnehmer". Da ist der Teilnehmer, der umständlich und rational spricht, während die anderen offen und emotional sind, oder der Teilnehmer, der einwirft, diese Veränderung sei doch schon hundertmal vergeblich versucht worden, oder derjenige, der im Training alle fünfzehn Minuten sein Handy checkt und die Pausen telefonierend verbringt, während die anderen auf das Training fokussiert sind.

Das schwarze Schaf:

In seinem Buch *Group psychotherapy* (Prentice Hall, 1979) beschreibt Baruch Levine vier Phasen, welche jede Gruppe von der Gruppenbildung bis zu ihrer Auflösung durchläuft. Bei diesem Prozess wird oft ein schwarzes Schaf gefunden. Es ist das Gruppenmitglied, welches:
1. am stärksten abweicht,
2. sich sozial ungeschickt bewegt.

Da dieser Teilnehmer am stärksten abweicht, neigen die anderen dazu, ihn auszugrenzen. Sie nehmen keinen Augenkontakt auf, blättern in ihren Unterlagen, wenn er etwas sagt, stöhnen, unterbrechen ihn oder lachen ihn sogar aus. Ein Trainer merkt bei sich oft dieselbe Reaktion: Ärger, Irritation, die Neigung, diesen Teilnehmer zu negieren. Bevor man sich versieht, schließt man sich der Gruppe an und schon hat man ein schwarzes Schaf kreiert. In den Pausen haben Sie diese Person dann am Hals, weil sie Ihnen doch Leid tut, dass sie keinen Kontakt zu den anderen Teilnehmern findet.

Levine zufolge ist es von wesentlicher Bedeutung, dass das schwarze Schaf in der Gruppe bleibt, und zwar aus zwei Gründen. Zum einem, um die Sicherheit zu gewährleisten: Wenn ein schwarzes Schaf ausgeschlossen wird, folgt danach ein anderer Teilnehmer auf die Position dessen, der am stärksten abweicht oder am wenigsten gut ankommt. Wenn wir das schwarze Schaf in der Gruppe belassen können, kreieren wir damit die Norm, dass jeder anders sein darf. Diese Norm vermittelt den anderen das Gefühl von Sicherheit.

Der zweite Grund, der für den Verbleib in der Gruppe spricht, ist, dass das schwarze Schaf eine für die Gruppe wichtige Botschaft hat, die diese aber nicht gern hören möchte. Der Schwarze-Schaf-Teilnehmer geht oft gegen die Normen des Trainers an. Der telefonierende Teilnehmer sagt faktisch: „Es gibt auch noch ein Leben außerhalb des Trainings und das ist mir genauso wichtig!" Der rational redende Teilnehmer demonstriert, dass es nicht nur um Emotionen geht, sondern auch um Fakten.

Sobald ein Teilnehmer in einer Gruppe Irritation auslöst, haben Sie als Trainer zwei Dinge zu tun.

1. *Unterstützen Sie den schwierigen Teilnehmer in der Gruppe:* Seine Botschaft muss gehört werden! Das heißt, Sie reagieren auf jeden Beitrag des schwarzen Schafs positiv, so wie Sie das bei jedem anderen Teilnehmer auch tun würden. Das Wichtigste ist, dass Sie Ihr Gefühl umbiegen: von der Irritation zur professionellen Empathie. Es lohnt sich, darüber nachzudenken, was aus der Gruppe verschwinden würde, wenn das schwarze Schaf nicht mehr dabei wäre. Welche inhaltliche Botschaft ginge verloren?
2. *Führen Sie den Teilnehmer korrigierend:* Auch das schwarze Schaf hat etwas zu lernen. Er muss lernen, sich an die Gruppe anzupassen. Es mangelt ihm an sozialer Kompetenz, so wie es seine Botschaft bringt. Es muss lernen, sich etwas mehr an die Gruppennorm anzupassen und Anteile von sich selbst hintenanzustellen.

Um korrigierend auf das schwarze Schaf einwirken zu können, sprechen Sie diesen Teilnehmer wegen seines Verhaltens an. Das sollte unter vier Augen geschehen, weil im Plenum das Gefühl der Sicherheit fehlen würde („Etwas stimmt mit diesem Teilnehmer nicht"). Außerdem würden Sie die Gruppe mit einer Besprechung im Plenum dazu verführen, Partei gegen das schwarze Schaf („Wie gut, dass das einmal gesagt wird!") oder gegen den Trainer („Also, wirklich, war das notwendig auf diese Art?") zu ergreifen. Beide Prozesse stören die Verhältnisse in der Gruppe und lenken vom Ziel des Trainings ab, nämlich ohne Einschränkungen etwas zu lernen.

7.2 Ansprechen in sechs Schritten

Dieses Gespräch funktioniert am besten, wenn Sie die Schritt-für-Schritt-Methode genau befolgen. Es geht – kurz gefasst – um folgende Schritte:

1. Nicht zu lange warten. Die Irritation bei Ihnen und in der Gruppe ist sonst zu weit fortgeschritten.
2. Seien Sie sehr klar in Ihrem Feedback: Sie wollen die Botschaft auf jeden Fall loswerden, also fangen Sie am besten damit an.

3. Widmen Sie den Emotionen Ihres Gesprächspartners und den Hintergründen für sein Verhalten viel Aufmerksamkeit. Dadurch fühlt er sich verstanden und der Kontakt wird wieder hergestellt.
4. Fassen Sie die Intention des Teilnehmers zusammen, benennen Sie sein Verhalten und berichten Sie, welche Wirkung dieses Verhalten auf Sie hat. So bringen Sie das Problem ganz klar auf den Tisch, ohne den anderen zu verurteilen. In neun von zehn Fällen sagt der Teilnehmer dann von sich aus, dass er das gerne ändern möchte.
5. Besprechen Sie die Frage, wie er sich genau ändern kann.
6. Halten Sie ein Auge darauf, ob er sich auch wirklich anders benimmt.

Im Folgenden habe ich die einzelnen Schritte weiter ausgearbeitet.

1. Vorneweg

Wenn das Verhalten eines Teilnehmers Sie ärgert oder erstaunt, ist damit ausreichend Grund für ein Feedback gegeben. Warten Sie nicht zu lang, denn sonst läuft die betreffende Person Gefahr, in ihrem Muster festzufahren. Je mehr Zeit verstrichen ist, desto schwieriger wird es, sich dazu zu äußern.

Zu einer guten Vorbereitung auf das Gespräch gehört, dass Sie genau sagen können, was die Person macht und wie das auf Sie wirkt. Schriftliche Notizen sind dabei nützlich. Schreiben Sie zwei oder drei Beispiele auf, damit Sie im Gespräch konkret werden können.

Weiter ist es wichtig, dass Ihr Herz – wenn Sie in das Gespräch gehen – beim Teilnehmer ist und Sie nicht irritiert sind. Das können Sie dadurch erreichen, dass Sie sich schon im Vorfeld überlegen, was die Absichten des Teilnehmers sein könnten. Warum macht er das, was er macht? Sie werden sanfter, wenn Sie dem Verhalten gedanklich eine positive Absicht zugrunde legen können. Der Teilnehmer unterbricht Sie nicht, um Ihnen auf die Nerven zu gehen, sondern, weil er den Stoff verstehen will.

Vorneweg:

- Nicht zu lange warten.
- Schreiben Sie sich auf, welches Verhalten Sie störend finden und welche Wirkung dieses Verhalten hat. Nennen Sie Beispiele.
- Überlegen Sie, welche positiven Absichten der Teilnehmer haben könnte.
- Bleiben Sie im Umgang mit dem Teilnehmer in der Gruppe positiv.

Zu guter Letzt: Behandeln Sie den Teilnehmer in der Gruppe weiterhin positiv. Hören Sie zu, was er zu sagen hat, machen Sie ihm Komplimente, stellen Sie sicher, dass Sie ihn mit derselben professionellen Empathie behandeln wie die anderen Teilnehmer. Damit können Sie verhindern, dass er spürt, dass Sie geladen sind und dass Sie ein Gespräch mit einem Teilnehmer, der auf der Hut ist, beginnen.

2. Geben Sie Feedback

Benennen Sie das Verhalten des Teilnehmers und wie es auf Sie wirkt. Es ist von grundlegender Bedeutung, dass Sie das Verhalten so konkret wie möglich benennen. Lassen Sie sozusagen den Film noch einmal laufen: „Ich sehe, dass Sie während des Trainings ungefähr jede Viertelstunde auf Ihr Telefon schauen." Warten Sie, bis der Teilnehmer das Verhalten bestätigt und kommen Sie dann auf die Wirkung zu sprechen: „Mich lenkt das ab und das ist mir unangenehm."

Würden Sie das Verhalten nicht objektiv beschreiben, würden Sie wohl etwas in dieser Art sagen: „Sie sind mit Ihrem Kopf nicht beim Training." Das ist schon eine Interpretation und der Teilnehmer wird richtigstellen wollen: „Ich bin sehr wohl bei der Sache!" Wenn Sie konkretes Verhalten beschreiben, kann er das nur bestätigen.

Weiter ist wichtig, die (Außen-)Wirkung deutlich zu benennen, zum Beispiel indem Sie Ihr Gefühl ausdrücken („Das lenkt mich ab") oder indem Sie das Verhalten der Gruppe beschreiben („Ich sehe, dass die anderen in Ihre Richtung schauen"). Es hat keinen Sinn, das Gefühl der Gruppe zu beschreiben, denn auch das wäre eine Interpretation und der Teilnehmer kann anderer Meinung sein („Ich sehe, dass es auch die Gruppe irritiert" – „Das hält sich meiner Meinung nach durchaus in Grenzen").

Beschreiben Sie die Wirkung so neutral wie möglich, ohne starke Emotionen. Wenn Sie beispielsweise sagen: „Und das lenkt mich enorm ab, das geht einfach nicht!", wird der Teilnehmer sich persönlich angegriffen fühlen. Als Botschaft kommt dann an: „Du bist nicht okay!"

Geben Sie Feedback:

- Benennen Sie das Verhalten: Geben Sie ein Beispiel, spulen Sie den Film zurück.
- Benennen Sie die Wirkung: Beschreiben Sie Ihr Gefühl oder das Verhalten der Gruppe.

3. Bitten Sie um eine Reaktion

Für einen Teilnehmer ist es immer eine spannende Sache, Feedback zu bekommen, auch wenn es neutral formuliert ist. Der Teilnehmer kann daraufhin schweigen, sagen, dass es nicht wahr ist, es für Unsinn halten… Deshalb lassen Sie nun Ihren Plan beiseite und zeigen sich interessiert an seiner Seite der Geschichte.

- Erkundigen Sie sich nach seinen Emotionen: Wie geht es ihm damit, das zu hören? Das bewirkt, dass der Teilnehmer seinem Herzen Luft machen kann und verhindert, dass er eingeschüchtert, verärgert oder erstaunt bleibt.
- Erkundigen Sie sich nach seinen Absichten: Wie kommt es, dass er dieses oder jenes macht? Was möchte er damit erreichen?

Fragen Sie so lange weiter, bis Sie den Teilnehmer aufrichtig verstehen. Wenn es Ihnen gelingt, ihm ein Kompliment auszusprechen, zum Beispiel für seine Absichten, wissen Sie, dass Sie mit dem Herzen wirklich bei dem Teilnehmer sind. Sie können seine Qualitäten erkennen, ohne daran zu denken, was das für Sie bedeutet.

Trainer: „Wie kommt es, dass Sie alle fünfzehn Minuten Ihr Telefon checken?"

Teilnehmer: „Es ist einfach irre viel los bei mir bei der Arbeit und so habe ich das Gefühl, dass ich die Kontrolle habe."

Trainer: „Das hilft Ihnen also?"

Teilnehmer: „Ja, da laufen gerade spannende Dinge und dann weiß ich, ob ich in der Pause anrufen muss."

Trainer: „Was läuft denn da alles?"

Teilnehmer: „Ich musste gestern jemandem kündigen und ich befürchte, dass dieser Mitarbeiter heute mit seinem Anwalt spricht. Es kann also sein, dass unser Jurist mich deshalb anrufen wird."

Trainer: „Das ist ja heftig. Ich kann mir vorstellen, dass Sie auch mit Ihren Gedanken dort sind. Wie geht es Ihnen damit, jetzt in diesem Training zu sitzen?"

Teilnehmer: „Na ja, ich habe schon gezweifelt, ob ich teilnehmen sollte, aber ich finde das eben auch wichtig. Aber es stimmt, meine Gedanken schweifen schon mal ab."

Trainer: „Und in solchen Momenten checken Sie dann via Telefon, ob Sie Mails bekommen haben?"

Teilnehmer: „Genau, das gibt mir dann kurzzeitig Ruhe."

Trainer: „Das verstehe ich. Dann wissen Sie, dass momentan nichts Dringendes wartet."

Teilnehmer nickt.

Trainer: „Sie haben ja richtig viel Herzblut für Ihre Arbeit, oder?"

Teilnehmer: „Ja, schon. Heute Nacht habe ich deshalb schlecht geschlafen."

Bitten Sie um eine Reaktion:

- Geben Sie dem Teilnehmer Gelegenheit, Dampf abzulassen (Emotion).
- Frage: „Warum machen Sie das?“ (Absicht).
- Machen Sie ein Kompliment, zum Beispiel bezüglich der Absichten.

In diesem Stadium kann es sich zwiespältig anfühlen, Verständnis für den anderen zu zeigen, denn es könnte den Anschein erwecken, Sie würden Ihr eigenes Feedback untergraben. Doch davor sollten Sie keine Angst haben, denn jetzt folgt Schritt 4.

4. Fassen Sie zusammen: Absicht – Verhalten – Wirkung – STILLE

Mit diesem Schritt bringen Sie die beiden Geschichten – Ihre und die des Teilnehmers – zusammen, und zwar, indem Sie die vorherigen Schritte auf die folgende Art und Weise zusammenfassen.

- Zuerst fassen Sie die Absicht(en) des Teilnehmers zusammen.
- Dann benennen Sie sein Verhalten.
- Und dann benennen Sie die Wirkung, die das Verhalten auf Sie oder die Gruppe ausübt.

Beispiel:

Trainer: „Sie machen sich also Gedanken darüber, dass Sie möglicherweise etwas Dringendes im Zusammenhang mit dem Mitarbeiter, dem gekündigt wurde, erledigen müssen. Wenn Sie daran denken, checken Sie sicherheitshalber Ihr Telefon, damit Sie wissen, ob Sie gebraucht werden oder nicht. Deshalb schauen Sie etwa alle fünfzehn Minuten auf Ihr Telefon. Mich lenkt das ab und das ist mir unangenehm.“

Nach diesen Worten lassen Sie Stille aufkommen, damit die Botschaft zum Teilnehmer durchdringen kann. In 99 von 100 Fällen wird der Teilnehmer dann so etwas sagen wie: „Oh, das geht natürlich nicht. Ich möchte Sie nicht ablenken.“ Wenn Sie solche Worte hören, können Sie das Gespräch mit Schritt 5 weiterführen.

Manchmal ist die Botschaft noch nicht angekommen und der Teilnehmer sagt: „Ja, das ist schade, aber das ist Ihr Problem. Für mich ist es wirklich wichtig, mein Telefon zu checken.“ Wenn der Teilnehmer so reagiert, wiederholen Sie die Schritte 3 und 4, aber dieses Mal heben Sie die Wirkung stärker hervor.

- Sie haken zuerst nach: „Das ist Ihnen also wirklich wichtig?“
- Sie zeigen Verständnis: „Das kann ich mir gut vorstellen.“

- Und nun heben Sie die Wirkung stärker hervor: „Und mich lenkt das ab, ich finde das nicht in Ordnung."
  Gehen Sie am Ende mit der Stimme nach unten und schauen Sie den Teilnehmer dabei an.

Lassen Sie nun wieder Stille aufkommen, damit der Teilnehmer spüren kann, dass Sie es ernst meinen. Sie haben Verständnis für die gute Absicht *und* Sie wollen, dass sich das Verhalten ändert.

Im äußersten Fall besprechen Sie mit dem Teilnehmer, ob er weiter am Training teilnehmen möchte. Sein Ausscheiden ist nicht Ihr Ziel, aber Sie sind, wenn nötig, bereit, diese Möglichkeit in Betracht zu ziehen, denn: Sie wollen wirklich, dass der Teilnehmer sein Verhalten ändert! Nur wenn er sich darauf einlassen kann, gehen Sie zum nächsten Schritt über.

Fassen Sie zusammen: Absicht – Verhalten – Wirkung – STILLE

- Sie wollen also … (Absicht)
- und deshalb machen Sie … (Verhalten).
- Auf mich wirkt das … (Wirkung).

Möchte der andere nichts ändern?
- Zeigen Sie Verständnis und heben Sie die Wirkung stärker hervor.

5. Welche Alternativen gibt es?

Der Ball ist jetzt beim Teilnehmer: Er ist dazu bereit, etwas zu ändern. Sorgen Sie dafür, dass der Ball bei ihm bleibt und zwar, indem Sie ihn nach seinen Ideen und Vorstellungen fragen. Wenn ihm nichts einfällt, können Sie ihm Tipps geben. Überlegen Sie genau, ob eine Abmachung für den Teilnehmer akzeptabel ist. Wenn Sie ihm jetzt etwas aufdrängen, was inakzeptabel für ihn ist, fällt es Ihnen später wieder vor die Füße, weil er dann nichts ändern wird.

Trainer: „Wie können wir das nun klären, was ist für Sie eine akzeptable Lösung?"

Teilnehmer: „Na ja, ich könnte in den Pausen mein Telefon checken."

Trainer: „Ist das für Sie machbar? Sie wissen, dass wir ungefähr alle eineinhalb bis zwei Stunden Pause machen."

Teilnehmer: „Ja, ich denke, das kann ich schaffen."

Trainer: „Und stellen Sie sich vor: Es gibt eine Diskussion zu einem Thema, das Sie nur bedingt interessiert, Sie klinken sich innerlich kurz aus und Sie denken an Ihre Arbeit… Ich kann mir vorstellen, dass Sie dann doch den Drang spüren, zum Telefon zu greifen."

Teilnehmer: „Ja, das stelle ich mir tatsächlich schwierig vor."

Trainer (Stille.)

Teilnehmer: „Ich weiß eigentlich nicht genau, was ich dann machen werde. Wenn ich mich ausklinke, werde ich sicher an die Arbeit denken…"

Trainer: „Was ich mir dann gut vorstellen könnte, wäre, dass Sie darüber reden, dass die Diskussion Sie nicht mehr so interessiert oder dass Sie etwas tun, wodurch es für Sie wieder interessanter wird. Was halten Sie davon?"

Wichtig ist, das neue Verhalten sehr konkret zu machen. Was wird der Teilnehmer künftig genau machen? Wahrscheinlich fällt ihm das zunächst noch nicht leicht, denn das Verhalten ist neu für ihn. Wenn Sie aber alles genau besprechen und vielleicht sogar einüben, steigen die Erfolgschancen.

Für den Teilnehmer ist es angenehm, wenn Sie das Gespräch mit einem Kompliment beenden. Naheliegend ist, etwas darüber zu sagen, wie er auf dieses Gespräch reagiert hat: „Schön, dass Sie das aufgreifen, Herr Schmidt!" Oder Sie bringen noch einmal die Absicht ins Gespräch, beispielsweise, wenn es sich um jemanden handelt, der so wissbegierig ist, dass er sie ständig unterbricht: „Ich schätze Ihr Engagement sehr!"

Welche Alternativen gibt es?

- Fragen Sie den Teilnehmer nach Ideen und seinen Vorstellungen.
- Geben Sie, falls nötig, Tipps.
- Frage: „Wie wollen Sie das genau machen?", denn neues Verhalten einzuüben ist schwierig.
- Überlegen Sie sich, wie Sie eventuell helfen können.
- Beenden Sie das Gespräch mit einem Kompliment.

6. Nachbereitung

Nachdem Sie Feedback gegeben haben, sollten Sie ein Auge darauf haben, ob der Teilnehmer sein Verhalten tatsächlich ändert. Ich habe die Erfahrung gemacht, dass die Teilnehmer immer einen Versuch wagen, etwas anders zu machen. Oft besprechen sie es sogar in der Gruppe und bekommen Hilfe von den anderen angeboten. Das Schöne daran ist, dass ein eventuelles Ärgernis sich so in Luft auflöst, beziehungsweise sich zu einem Lernpunkt wandelt, zu dem alle beigetragen haben.

Wenn der bewusste Teilnehmer sein Verhalten ändert, ist es empfehlenswert, ihm zu zeigen, dass Sie das bemerkt haben. Sie können explizit ein Kompliment aussprechen, aber ein Augenzwinkern kommt meist auch gut an.

Ändert sich der Teilnehmer nicht, geben Sie ihm mehr Zeit: Manchmal fallen Teilnehmer noch einmal in ihr altes Muster zurück und gehen die Veränderung dann an. Aber beim zweiten Mal schrillen die Glocken: Jetzt ist es an der Zeit, den Teilnehmer noch einmal zur Seite zu nehmen. Im Gespräch folgen Sie denselben Schritten, aber beim Feedback beziehen Sie sich auf die Abmachung, die Sie beide getroffen haben: „Wir haben vereinbart, dass Sie Ihr Telefon nicht checken, aber heute Vormittag habe ich gesehen, dass Sie es zweimal gemacht haben, gegen halb elf und kurz vor der Mittagpause. Ist Ihnen das bewusst? Ich finde das wirklich sehr störend und ich frage mich, wofür wir überhaupt die Vereinbarung gemacht haben?“ Dann folgt Schritt 3 – neugierig sein, Emotionen erspüren – anschließend Schritt 4. Hier kommt es darauf an, dass Sie sehr genau und streng in Ihrer Zusammenfassung sind und gut im Blick haben, ob der Teilnehmer wirklich zur Verhaltensänderung bereit ist. Akzeptieren Sie an der Stelle kein „ich will es mal probieren“, denn dann stehen Sie wieder am Anfang.

Nachbereitung:

- Behalten Sie im Blick, ob der Teilnehmer die Dinge jetzt anders macht.
- Machen Sie ihm zügig ein Kompliment unter vier Augen, um das neue Verhalten zu verstärken.
- Verändert sich der Teilnehmer nicht? Nehmen Sie ihn zur Seite und werden Sie deutlicher.

Das Schöne ist, dass nach einem solchen Gespräch die Beziehung zum Teilnehmer oft besser ist als je zuvor. Sie sind sehr nah an ihn herangekommen und der Teilnehmer fühlt sich wirklich von Ihnen gesehen und akzeptiert.

Checkliste – Gespräch mit einem Teilnehmer unter vier Augen

1. Vorneweg
- Nicht zu lange warten.
- Schreiben Sie sich auf, welches Verhalten Sie störend finden und welche Wirkung dieses Verhalten hat. Nennen Sie Beispiele.
- Überlegen Sie, welche positiven Absichten der Teilnehmer haben könnte.
- Bleiben Sie im Umgang mit dem Teilnehmer in der Gruppe positiv.

2. Geben Sie Feedback
- Benennen Sie das Verhalten: Geben Sie ein Beispiel, spulen Sie den Film zurück.
- Benennen Sie die Wirkung: Beschreiben Sie Ihr Gefühl oder das Verhalten der Gruppe.

3. Bitten Sie um eine Reaktion
- Geben Sie dem Teilnehmer Gelegenheit, Dampf abzulassen (Emotion).
- Frage: „Warum machen Sie das?“ (Absicht)
- Machen Sie ihm ein Kompliment, zum Beispiel aufgrund der Absichten.

4. Fassen Sie zusammen: Absicht – Verhalten – Wirkung – STILLE
- Sie wollen also … (Absicht)
- und deshalb machen Sie … (Verhalten).
- Auf mich wirkt das … (Wirkung).

Möchte der andere nichts ändern?
- Zeigen Sie Verständnis und heben Sie die Wirkung stärker hervor.

5. Welche Alternativen gibt es?
- Fragen Sie den Teilnehmer nach seinen Ideen und Vorstellungen.
- Geben Sie, falls nötig, Tipps.
- Fragen Sie: „Wie wollen Sie das genau machen?“, denn neues Verhalten einzuüben ist schwierig.
- Überlegen Sie sich, wie Sie eventuell helfen können.
- Beenden Sie das Gespräch mit einem Kompliment.

6. Nachbereitung
- Behalten Sie im Blick, ob der Teilnehmer die Dinge jetzt anders macht.
- Machen Sie ihm zügig ein Kompliment unter vier Augen, um das neue Verhalten zu verstärken.
- Verändert sich der Teilnehmer nicht? Nehmen Sie ihn zur Seite und werden Sie deutlicher.

7.3 Wie kann es schiefgehen?

Im letzten Abschnitt ging es um die Technik, die wir aus der Trainerrolle heraus anwenden. Sie ist schon reichlich kompliziert. Und um es noch komplizierter zu machen, soll es jetzt um die Frage gehen, wodurch ein solches Gespräch misslingen kann. Ein Trainer kann auch in dieser Hinsicht in alle Fallen tappen, die in diesem Buch schon behandelt wurden.

Beispiel:

Ich habe solche Gespräche unter vier Augen mit einem Teilnehmer schon oft mit anderen Trainern durchgearbeitet und ich kann solche Gespräche gut anhand eines Beispiels aus der Gruppe demonstrieren. Da ich weiß, dass ich die Technik beherrsche, finde ich es nicht mehr so aufregend, es vorzumachen. Doch egal wie authentisch der Fall auch sein mag, letztlich muss sich ein Teilnehmer in einer solchen Übungssituation ja nicht wirklich ändern und er wird nie richtig ärgerlich werden.

In einer realen Situation finde ich es immer noch spannend, einen Teilnehmer zur Seite zu nehmen. Ich zweifle dann, ob sein Verhalten gravierend genug ist, um ihn deshalb anzusprechen und überlege, ob ich nicht übertreibe. Und wenn ich das Gespräch beginne, klopft mein Herz doch ein bisschen schneller als sonst: Wie wird die Person meine Worte aufnehmen? Ich habe ein Interesse daran, den Konflikt nicht eskalieren zu lassen, den Teilnehmer nicht zu kränken und zu erleben, dass seine Bereitschaft zur Verhaltensänderung aufrichtig gemeint ist. Es steht einiges auf dem Spiel!

Kampf-, Flucht- Erstarrungsreaktion

Ein Teilnehmer kann in einen dieser Verteidigungsmechanismen rutschen und dann ist es an Ihnen, ihm das Gefühl zu vermitteln, dass er sich sicher fühlen kann. Auch Sie als Trainer können in die Kampf-, Flucht- oder Erstarrungsreaktion gehen, etwa weil Ihnen vor dem Gespräch mulmig zumute ist, oder weil Sie durch die Reaktion des Teilnehmers erschrecken.

Transaktionsanalyse

Wenn Sie Feedback geben, triggern Sie damit bei sich selbst leicht den Ich-Zustand „strenge Eltern" und beim Teilnehmer den Ich-Zustand „angepasstes oder freies Kind". Wenn Sie aber in diesen Ich-Zuständen verbleiben, bedeutet dies eine Störung der Verhältnisse für den Rest des Trainings. Der Teilnehmer passt sich Ihnen zuliebe an (angepasstes Kind) und wird sich etwas weniger frei benehmen. Oder er begehrt auf (das freie Kind) und wird auch im weiteren Verlauf des Trainings weniger von Ihnen annehmen. Wie kann es gelingen, frei und kongruent in den Rollen der Transaktionsanalyse zu bleiben?

RET

Feedback geben, ist das für Sie okay oder ist es spannend? Finden Sie es gut, wenn ein Teilnehmer widerspricht oder hat er sich, bitte schön, zu benehmen? Halten Sie es gut aus, wenn dieses Gespräch Emotionen auslöst oder denken Sie, das sei das vorläufige Ende des Kontakts? Es verlangt Belastbarkeit, will man dieses Gespräch erfolgreich führen und wenn Sie Ihre Fallstricke kennen, können Sie Ihre helfende Überzeugung besser abrufen.

Übertragung

Beim Feedback geben können verschiedene alte Muster getriggert werden. Sie erinnern den Teilnehmer beispielsweise an seinen autoritären Vater, seine jähzornige Mutter oder einen schlechtgelaunten Lehrer, dem er es nie recht machen konnte. Wie merken Sie das und wie können Sie den Teilnehmer aus der Übertragung holen?

Kognitive Dissonanz

Mit Ihrem Feedback weisen Sie den Teilnehmer auf einen „Fehler" hin. Aus dem Kapitel über Fehler wissen Sie, dass der Teilnehmer zurückschlagen oder am Boden zerstört sein wird. Wie können Sie sicherstellen, dass der Teilnehmer aus dem Fehler lernen und gleichzeitig sein Selbstbild aufrechterhalten kann? Und wie verhindern Sie, dass Sie in die Selbstrechtfertigung oder die Selbstbeschuldigung hineinkommen?

In den folgenden Abschnitten greife ich diese Stolpersteine nach und nach auf. Ich werde beschreiben, wie man in die Patsche kommen kann und wie man es verhindern kann, bzw. was zu tun ist, wenn man in die Falle getappt ist, um wieder herauszukommen.

7.4 Kampf-, Flucht- oder Erstarrungsreaktion

Es ist heikel, einen Teilnehmer zum Gespräch zur Seite zu nehmen, deshalb kann man in verschiedenen Phasen in der Kampf-, Flucht- oder Erstarrungsreaktion landen: bei der Vorbereitung und/oder während des Gesprächs.

Vorab: Schreiben Sie Ihr Feedback auf

Wenn Sie das Gespräch als heikel einstufen, können Sie schon bei der Vorbereitung merken, welcher Verteidigungsmechanismus aktiviert wird: Sie ärgern sich (Kampf), Sie sind ängstlich/besorgt (Flucht) oder Sie haben einen Blackout (Erstarrung), sobald Sie sich damit beschäftigen, was Sie sagen wollen. Es ist von Vorteil, dies zu bemerken, denn das kann Sie davor bewahren, dass die Emotion in Ihre Botschaft mit einfließt. Außerdem wissen Sie dann bereits in dieser Phase, wo Ihr Risiko im Gespräch ist und können für Abhilfe sorgen.

- Die Kampfreaktion können Sie an Ihrem Ärger ablesen und daran, dass in Ihrem Feedback viel Urteil enthalten ist: „Sie verhalten sich wirklich wie ein kleines Kind", „Ich finde das nicht normal, dass Sie so oft zu spät kommen", „Ich sehe, dass das der Gruppe auch zu viel ist, die langen Reden, die Sie halten." Aus der Kampfreaktion können Sie herauskommen, wenn Sie genau festhalten, was der andere macht und welche Wirkung das hat. Wichtig ist, dass Sie sich dabei auf Wahrnehmungen der Gruppe beschränken, aber nicht hineininterpretieren, wie die Gruppenmitglieder sich fühlen, denn das wissen Sie nicht so genau. Weiter ist es hilfreich, die Beweggründe des Teilnehmers zu kennen: Beispielsweise: Woran liegt es, dass er immer zu spät kommt? Wenn Sie einer guten Absicht auf der Spur sind, werden Sie milder reagieren.
- Um eine Fluchtreaktion handelt es sich, wenn Sie merken, dass Sie jedes Mal kleine Ausreden finden, warum Sie den Teilnehmer nun doch nicht ansprechen müssen. Wenn Sie an ein Gespräch mit ihm denken, werden Sie nervös. Sie kommen aus der Fluchtreaktion heraus, wenn Sie sich dem unguten Gefühl stellen. Wie sehr geht es Ihnen gegen den Strich, dass der Teilnehmer schweigend in der Gruppe sitzt und vor sich hinstarrt und in der Pause mit seiner Kritik zu Ihnen kommt? Wie genervt sind Sie, wenn er auf sein Telefon

schaut, während Sie etwas erklären? Und inwiefern glauben Sie, dass diese Dinge von selbst aufhören, wenn Sie nichts dazu sagen? Wenn Sie sich das vergegenwärtigen, spüren Sie, dass es sich lohnt, für Ihre Interessen einzutreten. Aktivieren Sie Ihren Mut: Es ist wie beim Zahnarzt. Hinterher sind Sie froh, dass Sie dort waren! Auch im Fall einer Fluchtreaktion ist es sinnvoll, konkret zu beschreiben, was Sie wahrnehmen und wie das auf Sie wirkt: Wenn Ihnen klar ist, was Sie sagen wollen, fühlen Sie sich stärker.

- In der Erstarrungsreaktion laufen wir vor unseren Gefühlen weg. Konzentrieren Sie sich auf Ihr Gefühl, egal ob es Angst oder Irritation ist. Sie fühlen gar nichts? Kommen Sie in Bewegung: Gehen Sie in der Pause spazieren und wahrscheinlich werden Sie sich Ihrer Gefühle dann von selbst bewusst. Die Wahrscheinlichkeit ist hoch, dass es Ärger (Kampf) oder Angst (Flucht) ist. Das Gute daran: Jetzt sind Sie einen Schritt weiter und können von der Kampfreaktion in Richtung Nachsicht und von der Fluchtreaktion in Richtung Mut gehen.

Während des Gesprächs

Wenn Sie sich notiert haben, was Sie genau ansprechen wollen, ist der nächste Schritt, den Teilnehmer zur Seite zu nehmen. Schon auf dem Weg zum vereinbarten Ort, an dem das Gespräch stattfinden soll, kann man nervös und aufgewühlt sein. Schauen Sie sich dann jeweils explizit das Gegenstück an. Wenn Sie nervös sind, schauen Sie auf Ihre Botschaft (Was finde ich, was möchte ich sagen?), wenn Sie verärgert sind, schauen Sie auf die Wertschätzung, die Sie dem Teilnehmer entgegenbringen (Ich mag Sie!). So verhindern Sie eine Kampf-, Flucht- oder Erstarrungsreaktion.

Während des Gesprächs können Sie anhand folgender Merkmale erkennen, ob Sie in einen der Verteidigungsmechanismen verfallen:

- In der Kampfreaktion wird Ihre Botschaft zu emotional und bei Widerspruch wiederholen Sie sich. Ihr Vortrag ist langatmig und Sie achten kaum auf die Reaktion Ihres Gegenübers. Sie stülpen Ihrem Gesprächspartner die Vereinbarung über. Nehmen Sie das wahr, seien Sie still und interessiert am Gesprächspartner. Wenn Sie bereit sind, wirklich zuzuhören und den anderen verstehen zu wollen, werden Sie sanfter und das Gespräch wird zum Dialog anstatt zur Bestrafung.
- In der Fluchtreaktion verwässern Sie Ihre Botschaft durch Verkleinerungswörter, vermeiden Sie Augenkontakt und überlegen Sie sich Entschuldigungen für den Teilnehmer. Sie sagen dann Dinge wie: „Es liegt natürlich auch an mir." Platzieren Sie Ihre Füße stabil auf dem Boden und verbinden Sie sich mit Ihrer Botschaft. Trauen Sie sich, das zu sagen und dafür einzustehen: Sie sind der Trainer der Gruppe und haben diesbezüglich Verantwortung.

- In der Erstarrungsreaktion sind Sie nicht wirklich da. Sie bringen Ihre Botschaft aus der Erinnerung heraus, spüren Sie in dem Moment aber nicht. Wenn Sie davor Angst haben, können Sie den Teilnehmer bitten, das Gespräch bei einem kleinen Spaziergang zu führen. Da Sie dann buchstäblich in Bewegung sind, verfallen Sie nicht so leicht in die Erstarrung.

Wenn der Teilnehmer in einer Kampf-, Flucht- oder Erstarrungsreaktion steckt

Auch der Teilnehmer kann in der Kampf-, Flucht- oder Erstarrungsreaktion landen. In dem Moment, in dem Sie den Teilnehmer fragen, ob Sie ihn mal unter vier Augen sprechen können, schrillen womöglich schon seine Alarmglocken: „Was ist denn? Habe ich etwas falsch gemacht?“ Man merkt das an dem leicht aggressiven Ton: („Wieso? Was gibt’s denn?“), einem ängstlichen Blick oder einer versteinerten Haltung. Das kann einen dazu verleiten, den Teilnehmer zu beruhigen („Es ist nichts“) oder ihn zu fragen, wie er sich fühlt, nachdem Sie ihn sprechen wollen („Sie wirken besorgt. Ist das so?“), aber das hat keinen Sinn. Es bringt Sie nur vom Weg ab und wertvolle Zeit wird vergeudet: Ein solches Gespräch findet ja oft in einer Pause statt oder kurz vor bzw. direkt im Anschluss an einen Trainingstag. Noch wichtiger ist: Sie können den anderen gar nicht beruhigen. Sie haben einen Löwen im Gebüsch versteckt und es spricht für sich, dass er unruhig wird, wenn er es rascheln hört, aber nicht sehen kann, was aus dem Gebüsch hervorkommt. Verkünden Sie Ihre Botschaft unmittelbar und lassen Sie auf sich zukommen, was dann passiert.

- *Kampfreaktion:* Der Teilnehmer kommt mit Argumenten, dass er das gar nicht macht, dass er gute Gründe dafür hat, dass es an Ihnen liegt, dass sich andere Trainer noch nie darüber beschwert haben, dass die Gruppe das zu schätzen weiß usw.
- *Fluchtreaktion:* Der Teilnehmer ist sofort am Boden zerstört und bedauert zutiefst, dass Sie so darunter leiden. Er verspricht, sein Verhalten zu ändern. Ihm wurde das auch schon öfter gesagt und er ist untröstlich, dass er doch wieder in seine eigene Falle getappt ist. „Tut mir wirklich leid. Wie gut, dass Sie mich darauf hinweisen."
- *Erstarrungsreaktion:* Der Teilnehmer reagiert eigentlich gar nicht. Er spielt den Ball sofort zurück („Wie soll ich mich denn verhalten?") oder er schweigt. Sie haben das Gefühl, jede Form von Kontakt ist verloren gegangen.

Ist der Teilnehmer in der Kampf- oder Erstarrungsreaktion, kann es Ihnen so vorkommen, als sei Ihre Botschaft nicht angekommen und als müssten Sie wiederholen, worauf es Ihnen ankommt. Das ist aber nicht der Fall, denn die Kampf- bzw. Erstarrungsreaktion zeigt, dass die Botschaft sehr wohl angekommen ist: Der Teilnehmer ist dabei, sich zu verteidigen. Sorgen Sie jetzt dafür, dass die Situation entschärft wird: Akzeptieren Sie, was ist, hören Sie zu, lassen Sie den „Erstarrten" in Bewegung kommen. Allgemein: Nutzen Sie die Tipps aus dem ersten Kapitel.

Ist der Teilnehmer in der Fluchtreaktion können Sie das Gefühl bekommen, zu heftig gewesen zu sein und den Impuls haben, das Gesagte abzumildern: „Also wissen Sie, so schlimm ist es auch wieder nicht." Aber auch dann senden Sie eine Botschaft aus und die Situation wird nicht entschärft. Gehen Sie darauf ein, wie es für den Teilnehmer ist, das zu hören (Dampf ablassen) und fragen Sie nach seinen Absichten. Dadurch wird das Gespräch wieder sachlicher: Was geschieht da genau, warum kommt er zu spät, schaut auf sein Telefon, reagiert jedes Mal als erster usw. Sie helfen dem Teilnehmer, wenn er sich mitteilen kann und wenn er nicht in der Fluchtreaktion verschwindet. Erst dann können Sie zu einer gegenseitigen Abmachung kommen, die für beide Parteien akzeptabel ist.

7.5 Die Transaktionsanalyse

Wenn man sich vorstellt, einen Teilnehmer für ein Gespräch unter vier Augen zur Seite zu nehmen, kommt einem sofort eine Rolle aus der Transaktionsanalyse in den Sinn: die Rolle der kritischen Eltern. In dieser Rolle ist man ja auch, wenn man registriert, dass ein Teilnehmer die Normen verletzt. Führt man das Gespräch aber ausschließlich in dieser Rolle, holt man sich mit ziemlicher Sicherheit eine Abfuhr, weil man den Teilnehmer so in eine der Kinderrollen hineinzwingt. Der Teilnehmer hat dann entweder die Rolle des angepassten Kindes, wobei die Gefahr besteht, dass er die gesamte Zeit über in dieser Rolle bleibt („Bei diesem Trainer muss ich mich in Acht nehmen") oder er hat die Rolle des freien Kindes, wobei die Gefahr besteht, dass er aufsässig wird und sich widersetzt („Was glaubt dieser Trainer wohl, wer er ist?").

Im Hinblick auf ein positives Ergebnis ist es somit wichtig, dass sich die Teilnehmer in allen Rollen frei fühlen können und das erreichen Sie, indem Sie Ihre Rolle variieren. Mit jedem Schritt gehen Sie in eine andere Rolle. Wenn Ihnen das gelingt, sind Sie sehr kongruent: Wenn Sie neugierig sind, sind Sie wirklich neugierig und es schimmert keine „kritische Eltern"-Haltung durch. Wenn Sie die Fakten auf den Tisch legen, sprechen Sie rein aus der Rolle des Erwachsenen-Ichs heraus und nicht „betulich" aus dem fürsorglichen Eltern-Ich heraus. Mit dem Wissen um die Rollen der Transaktionsanalyse kann man dafür sorgen, dass jeder Schritt die optimale Wirkung entfaltet.

1. Vorneweg

Warten Sie nicht zu lange. Weisen Sie darauf hin, wenn Ihre Regeln verletzt wurden, wenn Sie sich von jemandem in der Gruppe gestört fühlen. Sie machen das aus dem kritischen Eltern-Ich heraus. Zu Ihrer Rolle gehört es, den Prozess zu überwachen und diese Position erfüllt eine Bewacherfunktion für Sie.

Schreiben Sie sich auf, welches Verhalten Sie störend finden und welche Wirkung dieses Verhalten hat. Nennen Sie Beispiele. Bei der Suche nach Fakten agieren Sie aus dem Erwachsenen-Ich heraus.

Überlegen Sie, welche positiven Absichten der Teilnehmer haben könnte. Das stärkt oft schon das Empfinden der Verbundenheit mit dem Teilnehmer. Vielleicht finden Sie so heraus, weshalb es ihm schwerfällt, sich anders zu verhalten. Hier sind Sie tätig aus dem fürsorglichen Eltern-Ich heraus.

Bleiben Sie im Umgang mit dem Teilnehmer in der großen Gruppe positiv. Bleiben Sie im Zustand des fürsorglichen Eltern-Ichs, des Erwachsenen-Ichs und des freien Kind-Ichs, wenn Sie Scherze machen, und des angepassten Kind-Ichs, wenn Sie zuhören. Vermeiden Sie das kritische Eltern-Ich: Wenn Sie ihn jetzt schon einmal korrigieren, fließt das unweigerlich in das Gespräch mit ein. Sprechen Sie den Teilnehmer also rechtzeitig an, bevor Sie die Selbstbeherrschung verlieren.

2. Geben Sie Feedback: Sprechen Sie das Verhalten des Teilnehmers und die Wirkung, die es auf Sie hat, an

Benennen Sie das Verhalten. Stellen Sie sicher, dass Sie das Gespräch aus dem Erwachsenen-Ich heraus – und mit neutralem Unterton –beginnen und nicht aus dem kritischen Eltern-Ich heraus und urteilend. Sie erreichen das, indem Sie das

Verhalten so sachlich wie möglich beschreiben. Sie geben genau wieder, was vorgefallen ist, als würden Sie ein Film-Standbild beschreiben. Vermeiden Sie Interpretationen und Wörter, die eine starke Emotion transportieren wie „jedes Mal", „immer", „schrecklich" usw.

Benennen Sie die Wirkung. Jetzt beschreiben Sie so sachlich wie möglich, wie das Verhalten auf Sie wirkt. Sie agieren dann aus dem kritischen Eltern-Ich heraus, denn Sie zeigen auf, dass er eine Norm oder eine Regel überschritten hat. Sie können dabei sowohl Ihr Gefühl beschreiben als auch die Wirkung, die Sie bei der Gruppe wahrnehmen. Was nicht funktioniert, ist, wenn Sie erklären, was die Gruppenmitglieder fühlen, denn das wissen Sie nicht genau. Das würde außerdem bedeuten, dass Sie sich hinter anderen verstecken, aber starke Eltern übernehmen selbst die Verantwortung. Versuchen Sie, im Tonfall leicht zu bleiben, damit das kritische Eltern-Ich nicht zu viel Schwere bekommt.

3. Bitten Sie um eine Reaktion

Geben Sie dem Teilnehmer Gelegenheit, Dampf abzulassen. Das Feedback wird bei dem Teilnehmer eine Reaktion auslösen: eine Kampf-, Flucht- oder Erstarrungsreaktion. Sie übernehmen jetzt die Haltung „fürsorgliche Eltern" und geben ihm Gelegenheit, Dampf abzulassen, Sie fragen nach, wie das für ihn ist und zeigen Verständnis für seine Emotionen.

Fragen Sie nach der Absicht. Wodurch kommt es, dass der Teilnehmer das macht? Hören Sie zu und haken Sie nach, und zwar aus dem angepassten Kind-Ich heraus: Seine Wahrheit zählt, Sie sind einfach nur neugierig.

Machen Sie dem Teilnehmer ein Kompliment für seine (guten) Absichten. Sie tun dies aus dem fürsorglichen Eltern-Ich heraus: „Ich kann verstehen, dass es Ihnen wichtig ist, darzulegen, was der Betriebsrat alles gemacht hat und ich finde es gut, dass Sie so viel Herzblut hineinstecken."

Es entspannt die Sache, wenn Sie in dieser Phase einmal einen Scherz einfließen lassen (freies Kind-Ich). Angenommen, jemand sagt: „Meine Freundin sagt auch immer, dass ich mich leicht in etwas hineinsteigere." Das freie Kind kann dann sagen: „Ach ja, immer die Frauen mit ihren schrecklichen Wahrheiten!"

4. Fassen Sie zusammen: „Also Sie machen ... weil ... und das wirkt auf mich ...."

In der dritten Phase nehmen Sie wieder die Position des Erwachsenen ein und fassen das Gespräch zusammen: „Ihnen ist es also wichtig, darzulegen, was der Betriebsrat alles gemacht hat, weil das im Betrieb zu wenig beachtet wird. Deshalb unterbrechen Sie mich oder andere Teilnehmer, wenn wir an einem Punkt sind, der Sie an den Betriebsrat erinnert. Die Wirkung ist, dass wir dadurch den roten Faden in diesem Training – über den Umgang mit Emotionen – aus den Augen verlieren." Mit hoher Wahrscheinlichkeit wird der Teilnehmer jetzt etwas sagen wie: „Ja okay, das will ich natürlich nicht!", und dann können Sie zur nächsten Phase übergehen.

Wenn ein Teilnehmer sagt: „Das ist doch Ihr Problem!", und keine Bereitschaft zeigt, sein Verhalten zu ändern, erhöhen Sie den Druck. Zuerst haken Sie nach: „Warum nicht?" (angepasstes Kind-Ich) und zeigen sich verständnisvoll (fürsorgliches Eltern-Ich) und sagen, dass es im Hinblick auf Ihre Ziele für Sie nicht akzeptabel ist (kritisches Eltern-Ich). „Verstehe ich das richtig, dass Sie sich so aufregen wegen der Reorganisation, dass Sie sich nicht beherrschen können? Ihnen ist das sehr wichtig, sogar wesentlich (angepasstes Kind-Ich)! Das kann ich mir gut vorstellen (fürsorgliches Eltern-Ich) – und es kann aber nicht so bleiben. Es lenkt mich ab, ich komme vom Weg ab, dem ich in diesem Training folgen möchte" (kritisches Eltern-Ich).

Es ist eine Frage „auf Biegen und Brechen": Sie erklären, dass in Ihrem Training Ihre Regeln gelten. Aber Sie verurteilen den Teilnehmer nicht und wenn es ihm so wichtig ist, den Standpunkt des Betriebsrats einzubringen, kann er auch gern das Training verlassen.

5. Welche Alternativen gibt es?

Fragen Sie den Teilnehmer nach seinen Ideen und Vorstellungen. Wenn der Teilnehmer die Bereitschaft signalisiert, sich zu ändern, können Sie eruieren, wie die Veränderung aussehen könnte. Sie gehen zuerst in die Haltung des angepassten

Kindes, damit er sich selbst überlegt, wie er vorgehen möchte. „Sie wollen sich künftig also zurückhalten und nicht mehr über den Betriebsrat sprechen. Wie könnten Sie das machen?"

Geben Sie, falls nötig, Tipps. An dieser Stelle können Sie selbst Vorschläge und Ideen präsentieren: Sie tun das aus dem kritischen Eltern-Ich heraus. Bringen Sie möglichst genau auf den Punkt, welche Möglichkeiten sich dem Teilnehmer bieten, die Dinge anders zu machen: „Ich kann mir gut vorstellen, dass Sie auch die Gruppe einbinden, damit diese Ihnen zur Seite stehen kann, falls Sie doch wieder ‚loslegen wollen'."

Fragen Sie: „Wie wollen Sie das genau machen?", denn neues Verhalten einzuüben, ist schwierig. Diese Frage stellen Sie in erster Linie aus dem angepassten Kind-Ich heraus: Sie sind gespannt, Sie wollen erfahren, wie der Teilnehmer darüber denkt.

Überlegen Sie sich, wie Sie eventuell helfen können. Wenn Sie den Eindruck haben, dass der Teilnehmer es alleine nicht schafft, können Sie ihm Ihre Hilfe anbieten. Das ist ein Angebot des fürsorglichen Eltern-Ichs.

Machen Sie dem Teilnehmer am Ende ein Kompliment. Das tun Sie aus dem fürsorglichen Eltern-Ich heraus.

6. Nachbereitung

Behalten Sie im Blick, ob der Teilnehmer die Dinge jetzt anders macht. Hier agieren Sie aus dem Erwachsenen-Ich heraus: Sie beobachten sein Verhalten.

Machen Sie dem Teilnehmer bald ein Kompliment unter vier Augen, um das neue Verhalten zu verstärken. Das machen Sie aus dem fürsorglichen Eltern-Ich heraus: „Klasse, dass Ihnen das gelingt!"

Verändert sich der Teilnehmer nicht? Werden Sie dann deutlicher. Das bedeutet, dass Sie das kritische Eltern-Ich stärker einsetzen und Sie berufen sich auf die getroffenen Abmachungen: „Wir hatten vereinbart, dass Sie nicht mehr über den Betriebsrat reden sollten und heute Vormittag haben Sie zweimal von Ihren Erfahrungen erzählt, nämlich … Die Wirkung auf mich ist …" Anschließend wiederholen Sie die vorherigen Phasen, aber bei Phase vier wird die Frage, ob der Teilnehmer sich ändern möchte und sich ändern kann, schärfer gestellt und Sie akzeptieren ein „Ja" nicht ohne Weiteres. Hier kommt das kritische Eltern-Ich wieder explizit nach vorn: „Wie kann ich sicher sein, dass Sie sich ändern wollen und können?"

Wie Sie sehen können, kommen in diesem Gespräch tatsächlich alle Rollen zum Zug. Wenn Ihnen bewusst ist, dass Sie normalerweise eine bestimmte Rolle weniger häufig nutzen, können Sie Ihr Augenmerk darauf richten, auch diese Intervention explizit durchzuführen.

7.6 Rational-Emotive Therapie (RET)

Um ein Feedback-Gespräch anzugehen, braucht man eine gute Portion „tough love“ (liebevolle Strenge): Sich trauen zu sagen, was man zu sagen hat und mit dem Herzen beim Gegenüber sein. Hier eine Auswahl von Überzeugungen, die uns dabei helfen können:

- „Es gehört zu meiner Rolle, einzelne Personen zu korrigieren.“
- „Häufig ist es so, dass sich der Kontakt durch das Gespräch verbessert und falls das Gespräch zu scheitern droht, kann ich immer wieder eingreifen.“
- „Die betreffenden Personen haben diese Art von Feedback in der Regel schon früher gehört, deshalb wird die Botschaft nicht so hart ankommen.“
- „Ich schütze die betreffenden Personen vor Schlimmerem, indem ich sie anspreche und sie ihr Verhalten ändern können.“
- „Die betreffenden Personen können etwas lernen, ich tue Ihnen Gutes mit meinem Feedback. Ich ermögliche Ihnen, Ihre blinden Flecken zu sehen und biete Hilfe dazu an.“

Jedes RET-Denkmuster hat so seine eigenen Probleme mit diesen Überzeugungen.

Der Liebesjunkie

Für jemanden, dem es wichtig ist, gemocht zu werden, ist es eine spannende Sache, andere Menschen kritisch zu betrachten. Ein Trainer wird ein irritierendes Verhalten dann eher unter den Teppich kehren. Das Motto dahinter ist: „Ich mache es dir nicht zu schwer, dann legst auch du mir nichts in den Weg.“ Wenn man einen anderen Menschen wegen seines Verhaltens zur Rede stellt, besteht schließlich das Risiko, dass man hinterher nicht mehr gemocht wird. Der erste Fluchtweg für den Liebesjunkie ist, sich in die professionelle Empathie zu stürzen.

Spricht man den Teilnehmer trotzdem an, besteht das Risiko, dass man dies zu vage tut und die Botschaft nicht klar rüberkommt: „Ich würde gern kurz etwas mit Ihnen besprechen. Es ist an sich nicht so furchtbar wichtig, aber vielleicht doch ganz gut, es sich einmal anzuschauen.“ Bei Abwehr legt man den Plan schnell wieder zur Seite und geht voller Aufmerksamkeit zu Phase drei. Der Teilnehmer wird sich umständlich erklären und es ist dem Liebesjunkie ein Leichtes, dafür Verständnis zu zeigen. Ein richtiger Liebesjunkie empfindet das in dem Moment auch zu hundert Prozent so und damit ist die eigene Meinung vom Tisch. Aber auch, wenn der Trainer nicht hundertprozentiges Verständnis hat, kann er das trotzdem sehr gut spielen. Mit etwas Pech endet die Sache mit seiner Entschuldigung, dass er den Teilnehmer hiermit belästigt hat.

Wenn der Teilnehmer sich zu Änderungen bereit zeigt, gehen Sie dann sogleich über zu Phase 5: konkrete Abmachungen. Phase 4, in der die Angelegenheit mit einer Zusammenfassung auf den Punkt gebracht wird, ist für einen Liebesjunkie eine schwierige Sache.

Überzeugungen, die dem Liebesjunkie helfen:

- „Es gehört zu meiner Rolle, einzelne Personen unter vier Augen anzusprechen. Wenn sie mich deshalb nicht mehr mögen, kann ich das schon aushalten."
- „Ich helfe den Leuten am besten, indem ich klar und deutlich bin. Es ist sehr wahrscheinlich, dass die Beziehung dadurch besser wird, als sie vorher war."

Der Perfektionist

Einem Perfektionisten ist es wichtig, ausreichend Beweismaterial zu haben, bevor er eine andere Person zur Rede stellt. Bauchgefühl allein genügt ihm nicht, das zu kritisierende Verhalten muss mindestens dreimal auf dieselbe Art und Weise vorgekommen sein, denn erst dann kann von einem Muster gesprochen werden. Das bedeutet, dass der Perfektionist womöglich zu lange wartet, bevor er zum Gespräch bittet und dass die Irritation dann bereits zu hohe Wellen schlägt. Es wird somit schwieriger, Feedback neutral zu formulieren.

Während des Gesprächs läuft der Perfektionist Gefahr, dass er das Gespräch vor allem sehr geschickt führen möchte und den Kontakt verliert. Man kann sich lange damit aufhalten, das Feedback richtig zu formulieren und tut sich dann schwer, den Übergang zum „Verständnis für das Gegenüber zeigen" zu schaffen. Das Gespräch kann beladen und förmlich werden.

Überzeugungen, die dem Perfektionisten helfen:

- „Wenn ich mich gestört fühle, ist das Grund genug für ein Gespräch."
- „Meine Absicht – aufrichtig, und mit dem Wunsch, wirklich Kontakt herzustellen – ist wichtiger als die Frage, ob ich meine Worte hundertprozentig richtig gewählt habe."

Trainer mit niedriger Frustrationstoleranz

„Auch das noch, ein Gespräch unter vier Augen führen! Als ob ich nicht schon genug zu tun hätte! Kann dieser Teilnehmer sich denn nicht ein bisschen anpassen? Es wird ihm ja wohl klar sein, dass das so nicht geht!" Dem Trainer mit niedriger Frustrationstoleranz wird alles schnell zu viel und er empfindet alles, was ihm die Arbeit erschwert, als persönlichen Angriff. Das bedeutet, dass er lange wartet, bevor er zum Gespräch bittet oder, dass er das Gespräch bleiben lässt. Wird der Teilnehmer angesprochen, hofft der Trainer auf ein kurzes und leichtfüßiges Gespräch ohne Nebengeräusche. Ein Trainer mit niedriger Frustrationstoleranz kann das Gefühl haben, dass der Teilnehmer ihm persönlich im Weg steht und lässt dann seine Irritation im Feedback mitschwingen.

Gerade weil dieser Trainer ein Gespräch unter vier Augen als „Getue" sieht, das ihn vom echten Training abhält, kann es ihm passieren, dass er ein solches Gespräch herunterrattert. Die Wirkung ist keine Wirkung: Der Teilnehmer verändert sein Verhalten nicht und der Trainer ist noch frustrierter als vorher: „Da steckt man Energie in ein solches Gespräch und herauskommen tut nichts!"

Überzeugungen, die dem Trainer mit niedriger Frustrationstoleranz helfen:

- „Das gehört auch zu meiner Arbeit. Wenn ich eine Person mit störendem Verhalten anspreche, läuft das Training nachher besser."
- „Es ist wichtig, sich zu hundert Prozent einzusetzen, denn nur dann kann es gute Resultate geben. Ich möchte mich deshalb gut darauf vorbereiten."

Der Moralist

Der Moralist hat feste eigene Normen und ist empört, wenn diese von einem Teilnehmer missachtet werden. Wie kann er es wagen, zu spät zu kommen, keine Lernziele zu haben, schon wieder schlechtes Feedback zu geben! Einmal kann der Moralist ihm das noch durchgehen lassen, aber beim zweiten Mal ist die rote Linie überschritten. Am liebsten würde der Moralist ihn im Plenum zur Ordnung rufen, denn er kann es kaum erwarten, ihn zur Rede zu stellen. Wenn Sie im Plenum reagieren, zum Beispiel auf die x-te kritische Frage, besteht das Risiko, dass Sarkasmus in Ihre Reaktion einfließt.

Wenn Sie diesem Teilnehmer Feedback geben, fällt es Ihnen schwer, sein Verhalten konkret zu machen. Sie bleiben leicht in Formulierungen wie „negative Bemerkungen" hängen, anstatt die Bemerkung genau wiederzugeben. In der Wirkung kann sich Ihre Empörung spiegeln. Sie verwenden dann Ausdrücke wie „Sie müssen", „Das geht doch nicht!", „Ich finde das wirklich …", usw.

Vielleicht sind Sie sich dieser Falle schon bewusst geworden und haben bereits gelernt, dass Ihre Irritation nicht die Norm ist. Sie wissen dann, wie Sie die Irritation während des Trainings durch Sanftmut und professionelle Empathie im Zaum halten können. Dann kann es allerdings passieren, dass Sie in das andere Extrem gehen und den Teilnehmer gar nicht mehr ansprechen.

Überzeugungen, die dem Moralisten helfen:

- „Ich kann ruhig davon ausgehen, dass alle Menschen mit ihrem Verhalten positive Absichten verfolgen – auch, wenn ich diese Absichten nicht kenne."
- „Ich kann mir zwar wünschen, dass eine Person sich anders verhalten möge, aber fordern kann ich es nicht."

Der Katastrophendenker

Der Katastrophendenker vergrößert jedes Gefühl, das ihn überkommt, zu einer Katastrophe. Wenn ein in Katastrophen denkender Trainer einmal erkannt hat, dass ein Teilnehmer Schwierigkeiten macht, erlebt er das als nicht zu bewältigende Katastrophe. Aus Angst vor einer Eskalation schreckt er vor dem Gespräch unter vier Augen zurück und fragt sich, wie der Kontakt jemals wieder normalisiert werden kann. Wenn der Teilnehmer beim Gespräch normale Emotionen wie Enttäuschung oder Verärgerung zeigt, kann das den Trainer aus dem Konzept bringen: „Jetzt haben wir's, hier fängt es an. Das wird nichts mehr." Anstatt die Emotionen zu tragen, verteidigt er sich oder schwächt seine Botschaft ab.

Kurz gesagt: Dem Katastrophendenker fällt es schwer, in einem solchen Gespräch entspannt zu bleiben, jede Phase ihre Wirkung erzeugen zu lassen und auf ein gutes Ende zu vertrauen.

Überzeugungen, die dem Katastrophendenker helfen:

„Alles wird gut."

„Es ist logisch, dass einem Gesprächspartner die Botschaft nahegeht. Die Gefühle schwächen sich gewiss wieder ab."

7.7 Übertragung

Sucht man das Gespräch unter vier Augen mit einem Teilnehmer, kann das bei diesem alte Erfahrungen triggern. Angesprochen werden auf unser Verhalten ist für die meisten von uns mit der Kindheit verbunden: Die Eltern korrigierten uns, Lehrer haben mit uns geschimpft. Es kann zwar auch Assoziationen von fürsorglichen Eltern wecken, aber Assoziationen mit kritischen Eltern sind wahrscheinlicher. Sorgen Sie deshalb für eine gute Beziehung vor dem Gespräch. Setzen Sie Ihre professionelle Empathie ein, behandeln Sie den Teilnehmer in der Gruppe positiv, machen Sie in der Pause einmal ein Schwätzchen mit ihm. Wenn einmal eine gute Beziehung besteht, wirkt sich das bei der Übertragung aus.

Während des Gesprächs sorgt schon allein das Prozedere dafür, dass Übertragung weitgehend vermieden werden kann. Sie eröffnen das Gespräch mit einem konkreten Verhalten, das der Teilnehmer wiedererkennen kann, und Sie beschreiben, wie das auf Sie wirkt. Das ist eine erwachsene Herangehensweise, die Übertragung vermeiden hilft. Dass alte Erfahrungen getriggert werden, ist wahrscheinlicher, wenn Sie dem Teilnehmer sofort anderes Verhalten überstülpen wollen („Ich erwarte also, dass Ihr Telefon in der Tasche bleibt!") oder wenn Sie den Teilnehmer verurteilen („Ich finde, das geht nicht!").

Sollte der Teilnehmer trotz sorgfältig erarbeiteter Botschaft heftig reagieren, kann es passieren, dass er in die Übertragung geht. Vielleicht sagt er sogar selbst etwas in der Richtung: „Das ist hier ja wie in einer Schulklasse!“, oder: „Das hat mein Vater auch immer gesagt.“ Kindliches Verhalten kann man sehen: Wut, Traurigkeit. Diese Emotionen fangen Sie in der zweiten Phase ab: Sie geben dem Teilnehmer Gelegenheit, sich abzureagieren und erkennen seine Absicht an. So weiß er, dass er bei Ihnen sicher ist und er kann aus der Übertragung herausgehen. Achten Sie darauf, dass Sie nicht in die Gegenübertragung gehen. Merken Sie, dass Sie auf die Emotionen des Teilnehmers eingehen? Bauen Sie dann ein „Cooling-down“ ein: Sagen Sie, dass Sie erschrocken sind, holen Sie sich einen Kaffee oder schlagen Sie vor, ein Stück zu gehen. Sorgen Sie erst gut für sich selbst und kümmern Sie sich danach um den Teilnehmer.

Wenn sich der Teilnehmer beruhigt hat, ist es wichtig, die Fakten neutral auf den Tisch zu legen (Phase 4). Damit bringen Sie die Botschaft auf das richtige Maß zurück: „Sie wollen gern den Überblick an Ihrem Arbeitsplatz behalten und deshalb checken Sie Ihr Telefon. Mich lenkt das total von meinen Ausführungen ab.“ Diese Bestandsaufnahme wird beiden Seiten gerecht: Seine Absicht hat darin einen Stellenwert und die Wirkung auf Sie hat einen Stellenwert. Die Frage ist, welche Lösung Sie hier finden können, damit Sie beide gut und ungestört arbeiten können.

Bei einem Teilnehmer in der Übertragung verlangt die Abrundung etwas mehr Sorgfalt. Wenn er sehr emotional reagiert hat, egal, ob es Wut, Traurigkeit oder Angst war, kann er im Nachhinein noch damit zu kämpfen haben. Fragen Sie deshalb, wie der Teilnehmer das Gespräch erlebt hat, damit er sich und seinen Emotionen Luft verschaffen kann. Das Kompliment am Ende ist hier noch wichtiger: Sie geben die Botschaft mit, dass er sein darf, wer er ist, dass Sie den Teilnehmer schätzen. Das schmälert mögliche Schamgefühle im Nachhinein.

7.8 Kognitive Dissonanz

Einen Teilnehmer zum Gespräch unter vier Augen zur Seite zu nehmen ist immer etwas aufregend und spannend und wenn Sie ehrlich mit sich selbst sind, lassen Sie dieses Gefühl zu: „Ich finde das megaspannend!“ Oder: „Eigentlich traue ich mich gar nicht.“ Das sind aber keine angenehmen Gedanken, denn der Übergang zur Selbstbeschuldigung ist schnell gemacht: „Was bin ich doch für ein Weichei!“ Das ebnet der Selbstrechtfertigung den Weg und bringt Sie dazu, sich zu überlegen, warum es doch (noch) nicht notwendig ist, den Teilnehmer anzusprechen:

- „So schlimm ist es noch nicht.“
- „Jeder sollte doch so sein dürfen, wie er ist.“

- „Es ist gut für die Gruppe und die Belastbarkeit der Gruppe, wenn die Mitglieder mit Unterschieden umgehen müssen.“
- „In der täglichen Praxis ist jeder anders und in einem Training eben auch.“
- „Vielleicht liegt das auch an mir. Ich muss lernen, mit dieser Art von Verhalten besser zurechtzukommen.“
- „Na, also, heute Morgen war es deutlich weniger schlimm, er passt sich ganz von alleine an.“
- „Man muss den Leuten doch die Chance geben, selbst Erfahrungen zu machen.“

Eine solche Argumentation klingt im Kopf erst einmal glaubhaft, deshalb ist es relativ schwierig, sich selbst auf die Schliche zu kommen. Sobald Sie aber nach Ihrem Gefühl gehen, wissen Sie ziemlich genau, wie es steht. Irritiert Sie dieser Teilnehmer? Ja? Ein bisschen reicht schon aus und Sie wissen, dass Sie handeln müssen.

Auch während des Gesprächs laufen Sie Gefahr, sich in der Selbstrechtfertigung zu verstricken. Sie erläutern Ihr Feedback dann umständlich und sagen: „Ich sehe, dass Sie während des Training ungefähr alle fünfzehn Minuten auf Ihr Telefon schauen. Das lenkt mich ab und ich fühle mich gestört.“ Bis hierhin benennen Sie, so wie es sein soll, das Verhalten und die Wirkung auf Sie, aber damit können Sie es nicht bewenden lassen: „Und schließlich ist es für alle Anwesenden wichtig, dass wir konzentriert arbeiten, deshalb mache ich Sie darauf aufmerksam. Ich habe lange gezweifelt, aber ich bin zu dem Ergebnis gelangt, dass ich es sagen sollte, denn sonst wird es nur noch schlimmer und ich würde anfangen, mich darüber zu ärgern und das wäre auch nicht gut.“ Wenn Sie so reden, sind Sie in erster Linie mit sich selbst am Reden: „Ich komme vielleicht jetzt rüber wie ein Nörgler, aber es ist doch okay, dass ich das sage.“

Wenn das Gespräch daneben geht, können Sie am Ende in der Selbstbeschuldigung landen: „Ich habe das schlecht gemacht, ich bin schlecht!“ Dann muss das Gefühl verarbeitet werden und später betrachtet werden, was Ihr Anteil an dem Scheitern des Gesprächs war. Nur dann können Sie etwas daraus lernen.

Auch der Teilnehmer ist der Gefahr ausgesetzt, in eine Selbstrechtfertigung oder Selbstbeschuldigung zu verfallen. Wenn man einen Menschen zum Gespräch unter vier Augen bittet, kritisiert man ihn und dadurch entsteht kognitive Dissonanz. „Ich mache wohl was falsch“ passt nicht zu „Ich bin gut“-Überzeugungen, die bei den meisten Menschen vorhanden sind. Diesen Widerspruch kann der kritisierte Mensch entschärfen, indem er sich entweder denkt, dass Sie Unsinn reden oder dass seine „Ich bin gut“-Überzeugung falsch ist. Beide Kognitionen sind ineffektiv, denn, im ersten Fall wird es Ihrer Beziehung schaden und der Teilnehmer wird sich nicht ändern. Auch der zweite Fall, die Selbstbeschuldigung, führt in die Sackgasse, denn der Teilnehmer fühlt sich nicht mehr wohl mit sich selbst. Er kann nicht mehr unbelastet lernen.

Es ist deshalb wichtig, die kognitive Dissonanz klein zu halten und das können Sie in jeder Phase tun.

- Beim Feedback thematisieren Sie das Verhalten des Teilnehmers so konkret wie möglich und die Wirkung so klar und deutlich wie möglich. Sie lassen Ausdrücke wie „Sie sind" oder eine starke Abneigung beiseite. So kann die Botschaft besser gehört werden, ohne dass das Selbstbild beschädigt würde.
- Beim Auffangen der Reaktion zeigen Sie Verständnis für die Emotionen und fragen Sie weiter nach der Absicht. Dadurch, dass Sie Verständnis für die Emotion zeigen, sagen Sie im Grunde: „Du bist/Sie sind okay!"
- Wenn Sie die Absicht, das Verhalten und die Wirkung so unverfälscht wie möglich nebeneinanderstellen, zeigen Sie, dass Sie beide okay sind (die Absichten des Teilnehmers sind legitim und Sie dürfen sich an der Wirkung stören) und Sie benennen das Verhalten noch einmal. Damit sagen Sie im Grunde genommen: Wir sind beide okay und es ist wichtig, dass Sie Ihr Verhalten ändern.
- Wenn der Teilnehmer nichts ändern möchte, senden Sie weiterhin die Botschaft, dass Sie ihn okay finden, weil Sie seine Absichten verstehen können. Aber gleichzeitig wollen Sie, dass er sein Verhalten ändert.
- Wenn Ihnen das gelingt, wird fast jeder Gesprächspartner zur Verhaltensänderung bereit sein. Es steht beim Gesprächspartner nämlich nicht mehr sein Selbstbild auf dem Spiel.

7.9 Üben, üben, üben

Vielleicht fanden Sie es immer schon problematisch, einen Teilnehmer zur Seite zu nehmen und vielleicht haben Sie nach diesem Kapitel ganz den Mut verloren. Wenn so vieles schief gehen kann, dann lasse ich lieber gleich die Finger davon! Aber vielleicht sehen Sie das Gespräch unter vier Augen mit einem Teilnehmer jetzt auch als einmalige Chance. Wenn so vieles schief gehen kann, will ich gleich anfangen und anhand der aufgezeigten Fallstricke in diesem Buch üben!

Dieses Kapitel möchte sich natürlich in diesem letzten Sinn verstanden wissen. Es gibt unzählige Übungsmöglichkeiten, denn wenn Sie einmal anfangen, nach dem „schwarzen Schaf" Ausschau zu halten, werden Sie in jeder Gruppe jemanden finden, der ein wenig Rückhalt gut gebrauchen kann. Das Schöne daran ist: Je öfter Sie üben, desto leichter werden die Gespräche und desto mehr lernen Sie mit Ihren Verteidigungsmechanismen, Ihren Überzeugungen usw. umzugehen.

Zum Schluss

Ich möchte realistisch bleiben: Trainer ist ein Beruf, der ohne Stress nicht denkbar ist und wenn er das doch einmal sein sollte, ist es vielleicht an der Zeit, eine neue Herausforderung zu suchen. Ein gewisses Maß an Aufregung und Spannung macht den Beruf interessant. Aber zu viel Spannung ist schade und daran möchte dieses Buch etwas ändern. Fünf Spiegel für Ihre blinden Flecken, damit Sie zunehmend besser mit schwierigen Situationen zurechtkommen und sich möglichst selten selbst im Weg stehen. Je besser Sie sich selbst kennen und um Ihre Fallen wissen, desto besser wird es Ihnen gelingen, in Ihrer Rolle zu bleiben und desto besser ist Ihr Standing vor der Gruppe. Damit Sie vor allem Ihren Beruf ausüben können, den Beruf des Trainers!

Das Wagnis zu Scheitern[4]

Heutzutage kann man Workshops buchen, die „Freude am Scheitern" versprechen. Man lernt dort, Versagen und Scheitern zu genießen, anstatt von Versagensängsten geplagt durch das Leben zu gehen. Denn, so der Werbetext, „aus der Erfahrung des Scheiterns kann man einen Nutzen ziehen".

Das ist wahr. [Der niederländische Geräteturner] Epke Zonderland holte 2012 bei den Olympischen Sommerspielen die Goldmedaille am Reck und in jeder Zeitung war zu lesen, wie er bei den Spielen vier Jahre zuvor vom Reck gefallen war. Damals gescheitert, jetzt erfolgreich. Damals am Boden, jetzt mit einer Darbietung, die jedem Respekt abverlangte. Es stimmt also, Zonderland hat aus dem Scheitern einen Nutzen gezogen. Aber hat ihm das Freude bereitet? Hat er vor vier Jahren gejubelt: „Ja, ich habe versagt! Jetzt kann ich daraus lernen und in vier Jahren olympisches Gold holen!" Ich mag das nicht wirklich glauben. Im Nachhinein kann es sich als lehrreich und sinnvoll erweisen, versagt zu haben: Rückschläge überwunden, Drachen besiegt! Wenn man aber mittendrin steckt, ist das kein Spaß.

Die meisten Trainer sind nicht sehr gut darin, zu scheitern. Wir Trainer finden es wunderbar, wenn unsere Teilnehmer Fehler machen, denn anhand ihrer Fehler können wir ihnen etwas beibringen. Wenn wir aber selbst vor der Gruppe stehen, wollen wir vor allem gut sein. Und wenn es nicht hervorragend läuft, haben wir damit ein Problem. Die einmal vergebene „Note 5" auf den Evaluationsbögen ist wie in unsere Netzhaut eingraviert. Der Nachmittag, der so zäh verlief, raubt uns nun den Schlaf. Und der Teilnehmer, der am Ende des Tages erklärt, er hätte schon etwas mehr Tiefgang erwartet, löst Wut und Scham in uns aus.

Das ist alles andere als „Freude am Scheitern", es schmerzt schlicht und ergreifend. Ist das Dummheit? Müssen wir alle in Therapie und lernen, wie man die Lust am eigenen Scheitern zelebriert? Natürlich nicht. Aus Studien geht hervor, dass wir im Grunde genommen gar nicht anders können. Wir ertragen kognitive Dissonanz einfach nicht: Die Erkenntnis, dass wir einen Fehler gemacht haben, kollidiert mit unserem Selbstbild. Wir sehen uns selbst gern als vernünftige und kompetente Menschen. Fehler passen nicht ins Bild und deshalb geht unser Bemühen automatisch dahin, die Dissonanz wieder aufzuheben. Wir tun das vorzugsweise, indem wir leugnen, etwas falsch gemacht zu haben. Und wenn das nicht klappt, etwa, weil wir den Fehler nicht wegargumentieren können, ist Selbstbeschuldigung eine gern gewählte Alternative: „Ich habe einen Fehler gemacht. Jetzt ist es also raus: Ich kann das nicht/habe alles falsch gemacht/habe mich schrecklich blamiert." Selbstbeschuldigung ist schmerzhaft und deshalb hüpfen unsere Gedanken zwischen Selbstbeschuldigung und Selbstrechtfertigung hin und her: Der Anfang endloser Dialoge im Kopf über die Frage, wer nun wirklich schuld hat.

---

4 Dieser Text wurde im Dezember 2012 in der Zeitschrift *Tijdschrift voor ontwikkling in organisaties* veröffentlicht.

Also Freude am Scheitern: Nein. Scheitern ist Mist. Allerdings ist Scheitern in letzter Instanz doch ein Garant für unser Weiterkommen. Wir lernen sehr viel mehr, wenn wir unsere Fehlleistungen analysieren, als wenn wir unsere Erfolge hätscheln. Wir kommen voran, wenn wir die Konfrontation mit unseren Fehlern wagen – und das nicht nur nachts, wenn uns Grübeleien beschleichen, sondern am helllichten Tag, vorzugsweise im Gespräch mit einer Kollegin oder einem Kollegen. Das erfordert Mut. Den Mut, sich zu konfrontieren mit Dingen, die einem nicht gelungen sind; den Mut, es erneut zu versuchen, obwohl die Gefahr, wieder zu scheitern, besteht; den Mut, den Schmerz, der zum Scheitern gehört, zuzulassen.

Also ja, es gibt einen Nutzen durch das Scheitern. Aber ich möchte das – bitte – nicht als Freude erleben müssen. Erlauben wir uns doch, dass es schmerzhaft sein darf und dass wir uns dennoch mutig zeigen in dem „Wagnis zu scheitern“.

Anhang 1

Hilfestellung für Perfektionisten, Menschen mit niedriger Frustrationstoleranz, Liebesjunkies, Moralisten und Katastrophendenker

Als ich zum ersten Mal mit der Rational-Emotiven Therapie in Berührung kam, empfand ich es als Erleichterung, etwas über die fünf dysfunktionalen Denkmuster zu erfahren. Ich war also nicht verrückt, sondern meine idiotischen Gedanken kamen auch bei anderen Menschen häufig vor, sogar so häufig, dass es eine Theorie darüber gab! In diesem Anhang werde ich ausführlicher auf die fünf dysfunktionalen Denkmuster, welche in der RET unterschieden werden, eingehen. Dabei will ich die Muster zugespitzt auf den Trainerberuf darstellen: Wie zeigen sich die fünf Muster in unserem Bereich? Wie wenden Sie sie von sich ab, sodass Sie zu einer effektiven Reaktion fähig sind? Bevor wir dazu kommen, vorab noch drei Bemerkungen.

1. Denkmuster sind keine Persönlichkeitstypen

Die Tatsache, dass Ihr Denkmuster perfektionistisch ist, sagt noch nichts darüber aus, ob Sie ein Perfektionist *sind.* Wir haben alle verschiedene Denkmuster und manchmal verlaufen diese durcheinander. Eigentlich müsste ich also von einem „perfektionistischen Denkmuster“ sprechen oder von einem „moralischen Denkmuster“, aber das würde die Lesbarkeit des Textes beeinträchtigen. Deshalb ziehe ich es vor, von einem „Perfektionisten“ und einem „Liebesjunkie“ zu sprechen, auch wenn damit Denkmuster gemeint sind und keine Persönlichkeitstypen.

2. Die Rational-Emotive Therapie (RET) geht von der Kraft der Gedanken aus

Nicht eine Situation an sich, sondern die Art und Weise, wie wir über die Situation denken, bestimmt unser Verhalten und die Gefühle, die wir dann haben. Das heißt, wir können effektiver und professioneller werden, wenn wir lernen, unsere dysfunktionalen Gedanken zu korrigieren. In diesem Anhang lesen Sie, wie das geht. Für jedes Denkmuster beschreibe ich, was die schwierigen Situationen (A) sind, welche Gedanken (B) dazu gehören und welche Gefühle und Verhaltensweisen daraus erwachsen (C). Des Weiteren werde ich beschreiben, wie wir lernen können, anders zu denken (D) und zu welchen (anderen) Gefühlen und Verhaltensweisen dieses Denken führen kann (E).

A Schwierige Situation	B Dysfunktionaler Gedanke	C Gefühl	C Verhalten
	D Hilfreicher Gedanke	E Neues Gefühl	E Neues Verhalten

Abbildung 41: Das ABC-Modell der RET

Es ist nicht unbedingt einfach, den Vorsatz, anders zu denken, umzusetzen. Deshalb ergänze ich das RET-Modell mit Vorschlägen, wie Sie mit unguten Gefühlen, wenn sie schon einmal da sind, umgehen können und wie Sie Ihr Verhalten ändern können, sodass die dysfunktionalen Gedanken weniger wirksam werden.

3. „Wenn Sie diesen Anhang gelesen haben, werden Sie nie wieder Probleme haben mit ...“

Dieses Versprechen kann ich Ihnen leider nicht geben. Unsere Gedanken sind oft tief in uns verankert und lassen sich nicht ohne Weiteres ändern. Es kann durchaus sein, dass ein bestimmtes Denkmuster Ihr ganzes Leben lang eine Schwachstelle bleibt. Sie können aber lernen, die Momente zu erkennen, an denen Sie in diese Gedanken zu verfallen drohen: Welche Teilnehmer oder was für Situationen drücken bei Ihnen auf den roten Knopf? Wenn Sie sich das einmal bewusst gemacht haben, können Sie Ihre Interpretationen und Evaluationen jedenfalls besser managen.

Der Perfektionist

Aus der Zwischenevaluation geht hervor, dass elf Personen zufrieden oder begeistert sind und eine Teilnehmerin sehr unzufrieden ist. Sie meint, das Training bringe wenig und eine enge Begleitung durch den Trainer sei nicht gegeben. Ein Perfektionist denkt: „Schrecklich, was für eine Blamage! Ich habe versagt!“, und grämt sich.

A-B-C

Perfektionisten fällt es schwer, mit Fehlern umzugehen. Die Kritik eines Teilnehmers, eine Gruppe, die kaum Lernfortschritte gemacht hat, ein Co-Trainer, der in den Pausen süffisant die Schwächen in Ihrem Vortrag offenlegt. Die meisten Trainer sind von so etwas nicht begeistert, aber ein Perfektionist leidet richtig darunter. Perfektionisten ertragen Fehler nicht: Sie wollen immer alles perfekt machen.

Perfektionisten befürchten oft, als Betrüger enttarnt zu werden. Ein Fehler bedeutet Versagen. Der Gedanke, der sich dahinter verbirgt, lautet: „Jetzt kommt es raus, dass ich das nicht kann." Oder: „Wenn ich einen Fehler mache, kann jeder sehen, dass ich ein Versager bin." Unter Trainern kommt diese Art von Gedanken häufig vor und so kann letztlich jede Gruppe die größten Ängste des Trainers Wirklichkeit werden lassen und den Beweis dafür liefern, dass er es im Grunde genommen nicht kann.

Jeder Perfektionist versteht es ausgezeichnet, hervorzuheben, was er nicht gut gemacht hat, welche Möglichkeiten er nicht genutzt hat, welchen Teilnehmer er nicht erreicht hat. Er nimmt jede Kritik persönlich. Nein, den Teilnehmer trifft keine Schuld, er hat es nicht gut gemacht! Der Perfektionist kann nur schlecht relativieren. Eine Übung, die nicht erwartungsgemäß funktioniert, ein Kursteil, der nicht ankommt, eine Gruppe, die nicht vor Begeisterung tobt, ein Teilnehmer, der den Trainer kritisch beäugt, all das beweist, dass der Trainer nicht gut genug ist. Durch diese Haltung leiden Perfektionisten mehr unter ihrer Arbeit, als notwendig wäre. Nahezu jeder Trainer erntet (auch) Kritik, aber Perfektionisten grübeln endlos darüber nach. Das mag sinnvoll erscheinen, aber eigentlich handelt es sich um Selbstvorwürfe (siehe dazu auch Kapitel 6 über Lernen aus Fehlern).

Perfektionisten gehen ungern Risiken ein, denn Risiken bergen die Gefahr des Scheiterns in sich. Aus diesem Grund sind Perfektionisten oft Kontrollfreaks. In dem Versuch, Fehler zu vermeiden, bereiten sie sich beispielsweise sehr gut auf ein Training vor. Während des Trainings liegt ihr Augenmerk darauf, das Drehbuch möglichst perfekt abzuarbeiten, nur kommt so wenig Kontakt zu den Teilnehmern zustande, sodass sie nicht mehr improvisieren können.

Von B nach D

Einem Perfektionisten ist zwar bewusst, dass der Wunsch, alles perfekt machen zu wollen, unrealistisch ist, aber der Gedanke „Ich darf keine Fehler machen“ ist sehr präsent. Stellen Sie diesem Gedanken deshalb einen realistischen Gedanken, der Fehler relativieren hilft, gegenüber: „Ich darf lernen“, „Niemand ist perfekt“, „Eine *Acht* ist prima, aber eine *Sechs* ist auch keine Katastrophe“.

Beispiel:

Elf Teilnehmer sind zufrieden, eine Teilnehmerin meint, das Training bringe wenig und eine enge Begleitung durch den Trainer sei nicht gegeben. Ein hilfreicher Gedanke ist nun: „Das ist natürlich nicht schön für sie, aber es ist unrealistisch, zu wollen, dass mich immer jeder fantastisch findet. Ich werde sehen, was ich tun kann, damit die Teilnehmerin mehr vom Training profitiert.“ Wenn Sie so denken, können Sie gelassen auf das Feedback reagieren. Das ist für Sie und für die Teilnehmerin angenehmer.

Da das perfektionistische Denkmuster von Sätzen wie „Jetzt blamiere ich mich aber“ getragen wird, sollten Sie an Ihrer inneren Stabilität arbeiten. Das können Sie tun, indem Sie ein realistisches Selbstbild pflegen. Ein Problem bei Perfektionisten ist auch, dass sie positives Feedback oft nicht glauben. Hören Sie deshalb genau hin, was Sie gut können und glauben Sie es. Bitten Sie um Feedback und prägen Sie sich auch das positive Feedback ein, damit es zu einem realistischen Selbstbild beitragen kann: Was sind Ihre besonderen Qualitäten, was können Sie sehr gut? Das ist wichtig, denn wenn Sie Ihre Arbeit mit Selbstvertrauen machen, können Sie zu Ihren Fehlern stehen, ohne den Boden unter den Füßen zu verlieren.

Auch sollten Sie sich bewusst machen, dass Trainer, die gelegentlich einen Fehler machen, sich besser als Modell für die Teilnehmer eignen. Die Teilnehmer spüren, dass sie selbst auch Fehler machen dürfen, was sich positiv auf den Lernerfolg auswirkt. Das heißt, Sie als Trainer tragen zu einem sicheren Lernklima bei, wenn Sie sich nicht selbst wegen der Dinge, die nicht so toll laufen, verurteilen.

E Der Umgang mit Ihren Gefühlen

Zu wissen, dass es dysfunktionale Gedanken sind, die Ihren Umgang mit Fehlern bestimmen, befreit Sie nicht (unmittelbar) davon, sich wegen Fehlern zu grämen. Manche Trainer machen sich mit RET sogar das Leben doppelt schwer: „Ich gehe also falsch mit meinen Fehlern um.“ Akzeptieren Sie, dass Sie so gestrickt sind und, dass es Ihnen schwerfällt, sich Fehler zu erlauben. Lassen Sie Milde walten: Es fühlt sich schrecklich an, so sei es denn. Suchen Sie sich etwas zur Ablenkung: einen guten Film, Kontakt zu anderen Menschen, ein Spaziergang in der Natur.

E Verhaltensänderung

Der Perfektionist ist bestrebt, Fehler, so gut es geht, zu vermeiden. Aber dieses Bestreben macht ihn nur noch perfektionistischer. Es ist in Ordnung, Fehler zu machen und daraus zu lernen: Die Welt geht davon nicht unter und Sie sind nicht blamiert! Gehen Sie ruhig Risiken ein, aber in bescheidenem Maß.

- Lassen Sie sich auf neue Herausforderungen ein, auch wenn Sie denken, dass Sie es vielleicht nicht hinkriegen.
- Arbeiten Sie nach der 80/20-Regel: In welchen Bereichen wollen Sie Topqualität liefern und wo können Sie auch einmal einen Gang zurückschalten?
- Wählen Sie aus Ihrem Programm: Was muss unbedingt bleiben und was kann gestrichen werden?

Zu guter Letzt: Finden Sie heraus, wie Sie aus Ihren Fehlern lernen können, anstatt unter den Fehlern zu leiden. Damit können Sie Ihr Denkmuster unterbrechen, der vermeintliche „Fehler" wird zur Chance, sich weiterzuentwickeln. Mehr dazu ist in Kapitel 6 zu finden.

A Schwierige Situationen Fehler. Kritik. Eine „Sieben" auf dem Bewertungsbogen. Ein Gruppe/ein Teilnehmer, der nicht ausreichend lernt und liefert.	*B Gedanke* Jetzt ist es raus, ich kann das nicht.	*C Gefühl* Depressionen.	*C Verhalten* Grübeln. Risikovermeidung. Noch mehr arbeiten.
	D Helfender Gedanke Ich darf lernen. Niemand ist perfekt. Gut ist genug. Innere Stabilität stärken: Komplimenten Glauben schenken. Realisieren, was man gut kann.	*E Neues Gefühl* Niedergeschlagenheit erkennen und akzeptieren. Ablenkung suchen: Spaß und Entspannung.	*E Neues Verhalten* 80/20-Regel. Auswählen, was Sie gut können und was nicht. Aus Fehlern lernen.

Abbildung 42: Perfektionist – Verhaltensänderung

Niedrige Frustrationstoleranz

Beispiel:

Sie haben sich mit der Organisation über die Beschaffenheit des Seminarraums verständigt. Als Sie um halb neun in den Raum gehen, finden Sie sich in einem kleinen Zimmer wieder, im dem ein großer, bleischwerer Tisch steht. Sie denken: „Oh, nein, so kann ich nicht arbeiten!“

A-B-C

Im Leben läuft nicht immer alles so, wie man es gerne hätte: Es regnet, obwohl man den Schirm vergessen hat, am Trainingsort wird mit viel Lärm Kaffee serviert, und das, obwohl Sie gerade etwas Schwieriges erklären, nach dem Training müssen Sie auch noch die Bewertungsbögen bearbeiten und auf dem Heimweg stehen Sie im Stau. Auch das noch! Wenn Sie unter einer niedrigen Frustrationstoleranz leiden, sind das alles keine Dinge, auf die Sie genervt reagieren. Ihr Grundgedanke lautet: „Es könnte doch alles einfacher sein! Ich ertrage das so nicht!“ Es fühlt sich an, als hätte sich das Universum gegen Sie verschworen und würde nichts unversucht lassen, um Ihnen das Leben schwer zu machen.

Ein Trainer mit einer niedrigen Frustrationstoleranz fordert von der ganzen Welt, dass seine Sache gut läuft: „Ist das etwa zu viel verlangt?“ Das bedeutet, dass er „hinderliches“ Verhalten anderer als Versuch wertet, ihm das Leben schwer zu machen. Ein Teilnehmer, der keine Lust auf das Training hat, sabotiert den Trainer. Eine Sekretärin, die nicht dafür gesorgt hat, dass der Saal in Ordnung ist, nimmt keine Rücksicht auf die Gefühle des Trainers. Eine Versammlung, die nicht gut vorbereitet wurde, erzeugt Wut: „Wie können die Leute mir die Zeit so versauen!“

Menschen mit einer niedrigen Frustrationstoleranz sind schnell auf Hundert. Sie können jähzornig werden, aus der Haut fahren. Das kann auch ganz offen stattfinden: Sie wirken dann wie ein bockiges, aufsässiges Kind, das wütend aufstampft, wenn es seinen Willen nicht bekommt. Der Jähzorn kann auch im Verborgenen bleiben: Sie klagen dann auf dem Weg zur Toilette über die Gruppe, die nichts Besseres zu tun hat, als Ihnen Steine in den Weg zu legen. „Perlen vor die Säue!“ Oder es ist Sonntagabend und Sie haben absolut keine Lust mehr, das Training des nächsten Tages vorzubereiten: „Ja, geht's noch, ich mache diese Arbeit seit 15 Jahren, das habe ich wirklich nicht nötig. Die Gruppe soll auch ein wenig arbeiten, ich habe nicht vor, den Karren alleine zu ziehen.“

Von B nach D

Lernen Sie, zu erkennen, wann Sie zu mentalen Verteidigungsstrategien übergehen: Wann denken Sie sich, das alles sei unfair und Sie können es so nicht schaffen? Rufen Sie einen hilfreichen Gedanken hinzu: „Das ist nicht schön, aber ich kann es aushalten.“ Es gibt eine Menge Dinge, die Sie nicht toll finden müssen. Die wenigsten Menschen genießen es, Ihre Verwaltungsaufgaben zu erledigen, die meisten Trainer sind von zähen Gruppen genervt. Aber Sie schaffen das, Sie können es stemmen.

Beispiel:

Der große Tisch im Seminarraum stört. Sie können sich nun auch denken: „Das ist wirklich nicht gut, ich werde sehen, ob es noch einen anderen Raum gibt. Wenn das nicht der Fall ist, werde ich meine Arbeitsformen etwas anpassen, damit wir uns auch in diesem Raum bewegen und in Kontakt kommen können.“

Wenn Sie unter einer niedrigen Frustrationstoleranz leiden, kann es nützlich sein, sich zu vergegenwärtigen, dass Sie dabei sind, aus einem Problem zwei Probleme zu machen. Ein Teilnehmer, dem anzusehen ist, dass er keine Lust hat, macht keinem Trainer Freude. Wenn Sie aber denken, dass Sie das nicht ertragen können, haben Sie noch ein zweites Problem dazu. Es hilft schon weiter, nur das eine Problem zu sehen: Gut, das stört mich, aber ich kann damit umgehen. Sie können sich bewusst die positiven Seiten ansehen: Was ist positiv an einem Teilnehmer, der keine Lust hat? Machen Sie Überlegungen wie: „Ich kann üben, wie man Kontakt hält“, „Ich kann beobachten, wie die anderen in der Gruppe darauf reagieren und daraus etwas lernen.“ So können Sie die Situation relativieren.

E Der Umgang mit Ihren Gefühlen

Es ist die tiefste Überzeugung von Menschen mit einer niedrigen Frustrationstoleranz, dass das Leben einfach sein sollte und dass es unerträglich ist, wenn die Dinge nicht von selbst funktionieren. Unangenehme Gefühle – Langeweile, Angst, Kummer und Trauer, Wut – sollen so vermieden werden. Wenn das nicht gelingt, werden sie ärgerlich.

Dass Sie es im Leben leicht haben wollen, ist verständlich, aber das kann nicht immer gelingen. Die Herausforderung besteht darin, Ihre Wut anzuerkennen und die Spur zurückzuverfolgen. Was war der Auslöser und welcher erwachsenen Reaktion gehen Sie in diesem Moment aus dem Weg? Steuererklärung ausfüllen, den Teilnehmer anrufen und fragen, wie es ihm im Training geht, Evaluation mit dem Auftraggeber, auch wenn Sie dafür nicht bezahlt werden, die Wohnung aufräumen? Menschen mit einer niedrigen Frustrationstoleranz sind manchmal wie bequeme Kinder, die meinen, alles müsse von selbst gehen. Geben Sie sich einen Ruck und übernehmen Sie die Erwachsenenrolle. Letzteres beinhaltet auch, dass Sie aktiv die Schattenseiten des Lebens akzeptieren.

Zu realisieren, dass man verärgert ist, bedeutet übrigens nicht, dass man diesem Ärger auch Luft machen muss: Das ist nur kontraproduktiv. Nur höchst selten ist ein Training besser geworden, nachdem der Trainer ausgerastet ist. Sie bestätigen sich sonst noch in dem Gedanken, dass es tatsächlich unerträglich ist.

E Verhaltensänderung

Wenn Sie davon ausgehen, dass alles im Leben einfach sein sollte, werden Sie schwierige Situationen vermeiden. Stellen Sie sich vor, ein Training gerät ab und zu ins Stocken: Sie spüren wenig Kontakt zur Gruppe und ein Teilnehmer reagiert mit vielfachem „Ja, aber…“. Der Perfektionist wird sich darauf stürzen: Hier muss Abhilfe geschaffen werden! Aber der Trainer mit niedriger Frustrationstoleranz wird irritiert aufgeben: Ein Kursteilnehmer, der sich so gebärdet, ist nicht mein Ding! Und die Gruppe kann auch einmal selbst in Aktion kommen! Sie stehlen sich dadurch aus der Verantwortung und lernen nicht, mit schwierigen Situationen umzugehen.

Menschen mit einer niedrigen Frustrationstoleranz kommen somit nicht umhin, Verantwortung zu übernehmen. Entscheiden Sie: Was ist Ihnen wirklich wichtig? Sie disziplinieren sich, indem Sie Konsequenzen mit Ihrer Wahl verbinden. Wenn Sie entscheiden, dass ein bestimmtes Training wichtig ist und ein angefordertes Angebot weniger wichtig, werfen Sie sich für das Training in die Waagschale und erledigen Sie alles, was dazu gehört, auch manche nervende Tätigkeit. Wenn dann der Auftraggeber zum dritten Mal wegen des Angebots anklopft, lassen Sie das weiterhin liegen.

<table>
<tr>
<td rowspan="2">A Schwierige Situationen
Alles, was sperrig ist:
Ein Teilnehmer hat keine Lust.
Der Kaffee ist kalt.
Der Auftraggeber möchte, dass Sie die Evaluationsbögen ausarbeiten.
Der Beamer geht nicht.</td>
<td>B Gedanke
Es sollte alles leichter gehen!
Das ist unfair: Jetzt klappt auch das nicht!
Das halte ich nicht aus!</td>
<td>C Gefühl
Verärgert, aufsässig wie ein Kind.</td>
<td>C Verhalten
Reizbar, schnell auf Hundert: jähzornig.
Innerlich klagen.
Aufstampfen, wenn Sie Ihren Willen nicht durchsetzen können.</td>
</tr>
<tr>
<td>D Helfender Gedanke
Lernen Sie erkennen, wenn Sie Situationen aus dem Weg gehen.
Das ist nicht schön, aber ich halte das aus.</td>
<td>E Neues Gefühl
Nehmen Sie Ihre Wut wahr und verfolgen Sie zurück, wie es dazu kam.
Geben Sie sich einen Ruck und fühlen Sie sich erwachsen.</td>
<td>E Neues Verhalten
Übernehmen Sie die Verantwortung.
Entscheiden Sie, was Sie machen wollen und machen Sie es dann auch.
Disziplin.
Selbstbeherrschung.
Wut äußern ist kontraproduktiv.</td>
</tr>
</table>

Abbildung 43: Verhaltensänderung bei niedriger Frustrationstoleranz

Der Liebesjunkie

Beispiel:

Sie führen mit einer Kollegin ein Training durch. Mit einer Frau aus der Gruppe haben Sie zuvor schon intensiv gearbeitet. Dabei haben Sie den Eindruck gewonnen, dass sie einen guten Draht zueinander haben und das fühlt sich gut an. In der Pause sucht diese Teilnehmerin das Gespräch mit Ihrer Kollegin und erzählt ihr, sie sei an Brustkrebs erkrankt. Jetzt fühlen Sie sich zurückgewiesen. Sie hatten erwartet, dass sie damit zu Ihnen kommen würde, aber nein, das hat sie nicht gemacht. Sie denken: „So was Blödes! Ich habe mir das wohl nur eingebildet, dass wir gut miteinander können. Sie ist aber gar nicht an mir interessiert. Ich bin ja auch ein Nichts."

A-B-C

Für einen Trainer ist es eine gute Sache, wenn die Teilnehmer ihn mögen, denn sie lernen dann besser. Dass Sie als Trainer dafür sorgen wollen, von den Teilnehmern gemocht zu werden, ist natürlich prima. Wenn es aber zu einer Forderung wird und zur Voraussetzung dafür, dass Sie sich selbst positiv wahrnehmen können, wird es zum Hindernis. Dann leiden Sie unter Liebessucht und eine positive Atmosphäre wird für Sie zur Bedingung, um gut funktionieren zu können. Sie brauchen die Bestätigung durch andere. Ihre größte Angst ist, dass die Gruppe lieber den anderen Trainer hätte und sie nun widerwillig bei Ihnen gelandet ist. Auf den Evaluationsbögen schauen Sie sich als erstes die Bemerkungen über die Atmosphäre an. Es steckt Ihnen quer, wenn das Training höher bewertet wird als der Trainer, denn das würde ja heißen, dass die Teilnehmer den Inhalt gut fanden, aber nicht Sie, den Trainer.

Weil Sie geliebt werden wollen, sagen Sie nicht gerne Nein, gehen Sie auf alle Fragen aus der Gruppe ein und beenden Sie Diskussionen nur ungern. Wenn Sie einmal einer Bitte nicht nachkommen wollen, erklären Sie umständlich, weshalb und wollen gerne hören, dass Ihr Gegenüber das akzeptiert. Möglicherweise haben Sie Probleme damit, Teilnehmern negatives Feedback zu geben, obwohl auch das zu Ihrer Rolle als Trainer gehört. Wenn sich jemand unangemessen verhält, ist Ihr erster Gedanke, dass Sie Anlass dazu gegeben haben – und auch Ihr zweiter und dritter Gedanke. Ein häufiger Effekt ist, dass Sie zu viel in der Retterrolle sind, mit der Konsequenz, dass die Teilnehmer zu wenig in den Lern- und Übungsmodus gebracht werden.

Ihr unangenehmster Teilnehmer ist jemand, der Sie zurückweist, kühl reagiert und nicht auf Kontakt eingeht. Wenn zwei Teilnehmer miteinander lachen, fühlen Sie sich ausgeschlossen. Wenn Teilnehmer sich mit Küsschen begrüßen und Ihnen die Hand geben, interpretieren Sie das als Zurückweisung. Es beschäftigt Sie, was die anderen über Sie reden könnten, wenn Sie nicht dabei sind und Sie befürchten, dass es sich um schlimme Dinge handeln könnte.

Liebesjunkies haben oft ein Lachen im Gesicht, präsentieren sich als nette Mitmenschen, plaudern hier und da, sind in den Pausen für die Teilnehmer ansprechbar und genießen es, wenn andere zeigen, dass sie sie sympathisch finden. Ein Liebesjunkie macht viele Komplimente und er wird einem Teilnehmer auch für eine Bemerkung danken, die ihm eigentlich gar nicht ins Konzept passt. Es fällt ihm schwer, Konflikte auszutragen oder einen Kurs zu fahren, den die Gruppe nicht möchte. Er arbeitet viel mit „Runden“, damit jeder an die Reihe kommt, aber dadurch verliert die Sache an Fahrt und aus dem Training wird eine Gesprächsgruppe.

Von B nach D

Als Liebesjunkie interpretieren Sie Signale rasch negativ. Ein Teilnehmer unterhält sich mit Ihrem Kollegen und Sie sehen darin den Hinweis, dass er Sie nicht mag. Aber machen Sie sich bitte bewusst, dass ein guter Draht zu anderen Menschen keine Zurückweisung Ihrer Person ist. Wenn eine Teilnehmerin gerne mit Ihrem Co-Trainer spricht, sagt das nichts über Sie aus. Die Teilnehmerin findet Sie noch genauso okay wie vorher. Wenn Teilnehmer intensiv miteinander im Gespräch sind, heißt das, dass sie mit etwas anderem beschäftigt sind und nicht mit Ihnen. Das sagt nichts darüber aus, was sie von Ihnen halten. Indem Sie so denken, verändern Sie Ihre Interpretation der Geschehnisse.

Für einen Liebesjunkie ist es eine Katastrophe, wenn er einen Teilnehmer hat, der ihn nicht mag. Werden Sie sich jener Momente gewahr, in denen Sie dabei sind, anderen zu behagen und das zu Lasten Ihres eigenen Kurses. Rufen Sie einen hilfreichen Gedanken auf, damit Sie wieder Ihren Kurs spüren können: „Ich bin als Trainer hier und nicht, um von jedermann nett gefunden zu werden. Ich bin hier, damit die Teilnehmer etwas lernen“, „Ich freue mich, wenn andere Menschen mich mögen, aber das ist kein Ziel an sich. Wenn jemand mich nicht mag, bin ich nicht weniger wert.“

Zu guter Letzt hilft es auch, aktiv an alle Menschen zu denken, die Sie toll finden! Menschen, die Sie als Person kennen, die Sie lieben, weil Sie sind, wie Sie sind und nicht wegen der Dinge, die Sie als Trainer tun.

	B Gedanke Wenn sie mich nicht nett finden, habe ich kein Existenzrecht. Es ist eine Katastrophe, wenn jemand mich zurückweist.	*C Gefühl* Angst.	*C Verhalten* Immer freundlich sein. Konflikte vermeiden. Ein Lächeln im Gesicht. Viele Komplimente machen. Zuvorkommend sein.
A Schwierige Situationen Zurückweisung. Fehlende Aufmerksamkeit. Ein Teilnehmer begeistert sich mehr für den anderen Trainer.	*D Hilfreicher Gedanke* „Ich bin als Trainer nicht da, um nett gefunden zu werden, ich bin da, um den Menschen etwas beizubringen." „Es gefällt mir, wenn die Leute mich mögen, aber es ist kein Ziel für mich. Wenn jemand mich nicht mag, bin ich als Mensch immer noch okay." Denken Sie an die Menschen, die Sie um Ihrer selbst willen lieben, nicht wegen Ihrer Arbeit. Werden Sie sich gewahr, wenn Sie kurz davor sind, anderen zu behagen, rufen Sie einen anderen Gedanken in sich auf.	*E Neues Gefühl* Trennen Sie Person und Rolle: Nehmen Sie Kritik an Ihrer Rolle nicht persönlich.	*E Neues Verhalten* Grenzen setzen. Sagen Sie „unfreundliche" Dinge. Geben Sie negatives Feedback und lassen Sie negatives Feedback zu. Sprechen Sie Teilnehmer auf Ihr Verhalten an. Suchen Sie aktiv Kontakt zu Teilnehmern, mit denen Sie nicht warm werden. Sprechen Sie diesen Punkt an, wenn sich nichts ändert.

Abbildung 44: Liebesjunkie – Verhaltensänderung

Beispiel:

Sie bestreiten ein Training zu zweit und merken, dass die Teilnehmer viel öfter Ihren Co-Trainer anschauen als Sie. Sie reagieren freundlicher und spontaner auf ihn, sie haben einen guten Draht zu ihm. Wenn Sie nun denken: „Okay, er gefällt ihnen besser als ich, ich bin ja auch nicht so toll wie er“, machen Sie sich abhängig von der „Liebe“ der anderen. Ein realistischer Gedanke wäre: „Das gefällt mir nicht, dass sie ihn für sympathischer und besser zu halten scheinen, aber ich bin deshalb nicht weniger wert.“

E Der Umgang mit Ihren Gefühlen

Versuchen Sie, Kritik nicht persönlich zu nehmen: Wenn Leute etwas an Ihrer Arbeit als Trainer auszusetzen haben, sind nicht Sie als Person gemeint. Spüren Sie die Trennlinie zwischen Ihrer Person und Ihrer Rolle. In dem Kapitel über das Phänomen der Übertragung können Sie nachlesen, wie Sie als Trainer negative Gefühle auslösen können und wie wenig das mit Ihnen selbst zu tun hat. Lesen Sie es und glauben Sie es.

Ein Kollege hat einmal gesagt, dass ein Drittel der Menschen in jeder Gruppe Sie – den Trainer – fantastisch findet, ein Drittel findet Sie okay und ein Drittel findet keinen besonderen Zugang. Dieses Verhältnis ist für den Liebesjunkie an sich inakzeptabel, aber vielleicht können Sie dennoch akzeptieren, dass Sie nicht der Lieblingstrainer von allen sein können. Wenn Sie jedes Jahr mit mehreren Hundert Teilnehmern zu tun haben, dürfen doch zehn von ihnen denken, dass Sie nicht wirklich ihr Typ sind? (Und der echte Liebesjunkie denkt nun: „Zehn!? Zehn pro Jahr!? Aber das ist eine Katastrophe!“)

E Verhaltensänderung

Wenn es Ihnen extrem wichtig ist, von anderen nett gefunden zu werden, ist davon auszugehen, dass Sie Konflikte eher vermeiden. Aber ein Trainer muss sich auch trauen, Grenzen zu setzen und „unschöne“ Dinge auszusprechen. Lernen Sie, Ihre eigenen Wünsche zu kommunizieren und zu verteidigen. In einem Training wagen Sie es beispielsweise, zu spät erscheinende oder schlecht vorbereitete Teilnehmer anzusprechen. Lernen Sie, dies auf souveräne Art und Weise zu machen, das heißt, Sie berücksichtigen dabei Ihre Wünsche und Sie haben die Interessen und Meinungen der anderen im Blick. Wenn Sie sich bisher wenig mit Konfliktmanagement auseinandergesetzt haben, kann es nämlich passieren, dass Sie ins andere Extrem gehen. Das ist schlecht für die Stimmung, kommt bei den Menschen nicht gut an und Ihr dysfunktionaler Gedanke wird genährt. Üben Sie, andere respektvoll auf eine Sache anzusprechen. Im letzten Kapitel lesen Sie mehr darüber, wie man einen einzelnen Teilnehmer zum Gespräch unter vier Augen bittet – der ultimative Test für den Liebesjunkie!

Üben Sie im Training auch, negatives Feedback zu geben und zuzulassen. Entscheiden Sie sich nicht immer an erster Stelle für positives Feedback: Bei manchen Arbeitsformen erreichen Sie damit eher das Gegenteil, zum Beispiel bei einem konfrontierenden Start. Mehr dazu finden Sie in meinem Buch *Trainingen ontwerpen* (Pearson, 2011). Außerdem senden Sie damit die Botschaft, die Teilnehmer seien dem negativem Feedback nicht gewachsen. Auch hierbei geht der Schuss nach hinten los. Schauen Sie sich an, was die Teilnehmer vertragen und vertragen Sie es mit ihm.

Liebesjunkies leiden unter dem Gefühl, jemand könnte sie nicht mögen. Dies offen zu zeigen, ist aber mit starken Ängsten verbunden: Was, wenn das Gefühl bestätigt wird? Deshalb neigen Sie dazu, Ihre Ängste hinter einem Lächeln zu verbergen und sich – in Gedanken – zu rächen, wenn Sie vermuten, dass jemand Sie nicht mag. Effektiver ist es, über Ihre Gefühle zu reden. Suchen Sie das Gespräch, wenn Sie mit einem Teilnehmer nicht warm werden und sich zurückgewiesen fühlen. Weiter ist es für Liebesjunkies wichtig, zu lernen, dass sie auch dann okay sind, wenn sie allein sind. Nehmen Sie sich Zeit, allein etwas zu unternehmen und die Unternehmung(en) zu genießen. Arbeiten Sie häufig mit einem Co-Trainer und gewinnen Sie dadurch Sicherheit? Versuchen Sie dann, auch einmal allein vor der Gruppe zu stehen.

Der Moralist

Beispiel:

Ein Teilnehmer erklärt gleich zu Beginn, dass er an Rollenspielen nicht teilnehmen möchte: „Das ist immer so unecht!“ Sie denken: „In einem Training machen Sie mit, oder Sie können auch gehen!“

A-B-C

Je länger Sie diesen Beruf ausüben, desto strikter werden Ihre Normen darüber, was notwendig ist für einen gelungenen Lernprozess. Sie stellen also immer höhere Anforderungen an die Teilnehmer: „Die Leute müssen selbst die Verantwortung übernehmen!“, „In einem Training lässt man doch sein Telefon nicht an.“ Ihre Normen sind geformt durch jahrelange Erfahrung und Sie bestehen darauf, dass es so gemacht wird, wie Sie wollen, wie Sie es für normal halten. Wenn andere Ihre Normen verletzen, irritiert Sie das sehr: „Das macht man doch nicht!?“

Sie können es schwer haben in der gemeinsamen Arbeit mit einem Kollegen, der Ihre Normen nicht handhabt. Der Co-Trainer spricht zu viel und Sie halten Ihre Ungeduld kaum im Zaum. Diskussionen, die viel zu schnell im Keim erstickt werden – wie kann er bloß? Ihre Empörung liegt ständig auf der Lauer und Sie

fühlen sich gestresst, wenn andere Ihre ungeschriebenen Regeln missachten. Getragen von Ihrer Professionalität können Sie natürlich erklären, warum es wichtig ist, dass die Teilnehmer ihre Hausaufgaben machen, oder dass eine Erklärung durch den Trainer nie länger als dreißig Minuten dauern sollte, oder dass es für das Arbeitsklima desaströs ist, wenn jemand unter dem Tisch ein Buch liest. Die Argumente verstärken Ihre Überzeugung, im Recht zu sein, sogar noch. Aber auf die Gruppe können Sie wie strenge Eltern wirken: Sie polarisieren und vergrößern die Unterschiede.

Von B nach D

Ein Moralist stülpt den Teilnehmern seine Forderungen über. Der Gegenpol zu dieser Haltung ist die professionelle Empathie: Ihr Teilnehmer darf anders sein als Sie und das ist in Ordnung. Ihre Anfangshaltung ist von wesentlicher Bedeutung: Bringen Sie sich selbst in eine Haltung, die den Teilnehmern ohne Einschränkung erlaubt, sie selbst zu sein. Das beinhaltet, dass Sie sie nicht als Person verurteilen, wenn sie Dinge tun, die Sie nicht wollen: zu spät kommen, das Telefon vor sich auf dem Tisch liegen haben, keine Lernziele definieren. Machen Sie sich bewusst, dass jeder Teilnehmer seine persönliche Geschichte mitbringt und dass er gute Gründe dafür haben kann, zu tun, was er tut, auch wenn Sie diese Gründe nicht kennen. Gehen Sie von positiven Absichten aus. Dann ist es auch einfacher, einen Teilnehmer auf sein Verhalten anzusprechen, ohne ihn einzuschüchtern.

Beispiel:

Ein Teilnehmer möchte sich nicht an den Rollenspielen beteiligen, weil ihm Rollenspiele zu unecht sind. Sie rufen den professionellen Gedanken auf: „Jeder hat das Recht, Rollenspiele unecht zu finden.“

E Der Umgang mit Ihren Gefühlen

Auch wenn Sie wissen, dass Sie zu streng denken, reicht das allein noch nicht aus, Ihre Gefühle auf Kommando zu besänftigen. Versuchen Sie, zu erkennen, wann genau Sie Ihre Normen wie in Granit gemeißelt handhaben und öffnen Sie sich, wenn „sanftere“ Kollegen Sie darauf hinweisen. Es hilft auch, sich einen Kollegen, den Sie bewundern und der deutlich weniger fordernd ist als Sie, ins Gedächtnis zu rufen. Versuchen Sie, sich vorzustellen, wie diese Person reagieren würde und lassen Sie sanftere Gefühle bei sich selbst entstehen.

Ebenso ist es nützlich, sich bewusst zu machen, wann Sie selbst Ihre Normen verletzen und wie andere Menschen darauf reagieren. Stellen Sie sich vor, Sie finden es lächerlich, wenn jemand keine Lernziele hat – können Sie sich an eine „Lernsituation“ erinnern, in die Sie selbst unmotiviert hineingegangen sind? Können Sie sich noch vergegenwärtigen, warum das für Sie damals logisch war? Und können Sie diese Rechtfertigung jetzt auch für den Teilnehmer spüren?

Beispiel:

Ich habe wenig Verständnis für Teilnehmer, die absagen, „weil sie sich nicht gut fühlen“. Wir haben doch nur ein paar Termine, kann man da seine Prioritäten nicht anders setzen? Ich habe dann selbst einmal an einem Achtsamkeitskurs teilgenommen, der an sechs Abenden stattfand. Am vierten Abend kam ich hundemüde von einem Training nach Hause. Nach einigem gedanklichen Hin und Her („Geh doch einfach hin, nicht anstellen“, „aber ich bin so müde, dann bringt es mir doch nichts!“) schrieb ich eine SMS, dass ich zu wenig Energie hätte, zu kommen. Ich bekam eine liebevolle SMS des Dozenten zurück: „Das scheint dann die richtige Entscheidung zu sein. Ich wünsche Ihnen einen schönen Abend.“ Ich war überrascht und es tat mir richtig gut. Das ist ein guter Anker für mich als Trainer.

E Verhaltensänderung

Ein Moralist hat ein Problem damit, wenn andere Menschen seine Regeln nicht befolgen. Es ist deshalb interessant, genau solche Situationen aufzusuchen. Suchen Sie gezielt Gegenwind, seien Sie neugierig auf Kollegen, die anders denken und suchen Sie nicht nur nach Bestätigung Ihrer Sichtweise. Lesen Sie dazu auch Kapitel 6: Es geht darum, die kognitive Dissonanz zuzulassen und nicht in die Selbstrechtfertigung zu verfallen.

Aus dem Blickwinkel der Transaktionsanalyse ist der Moralist häufig in der Rolle der kritischen Eltern. Der Gegenpol ist das freie Kind. Vielleicht sind Sie privat durchaus öfter in dieser Rolle, verbannen sie aber aus dem beruflichen Leben. Sie können üben, auch diese Rolle mit in Ihr Training zu nehmen. Lassen Sie die Dinge auf sich zukommen, ohne sie beherrschen zu wollen. Vorteilhaft ist, Ihre Impulse zu kontrollieren. Gehen Sie nicht sofort in die Kampfreaktion wenn Ihr Gegenüber anderer Meinung ist als Sie, üben Sie sich im Zuhören und versuchen Sie, sich in die Position des anderen einzufühlen. Relativieren Sie Ihre Bedeutung: Ihr Wille ist nicht Gesetz, ein Training ist eine gemeinsame Sache.

A Schwierige Situationen	*B Gedanke*	*C Gefühl*	*C Verhalten*
Teilnehmer, die Ihre Normen überschreiten: Telefon eingeschaltet lassen. Sich nicht engagieren. Keine Vorbereitung. Nicht offen für Feedback. Keine eigenen Lernziele definieren. Co-Trainer, die Ihre Normen überschreiten.	Die Leute müssen… Wie können Menschen nur… Wie kann das sein, das geht doch nicht!	Ärger, Wut, Traurigkeit.	Polarisieren und eskalieren. Strenge Eltern.
	D Hilfreicher Gedanke	*E Neues Gefühl*	*E Neues Verhalten*
	Der Teilnehmer darf so sein wie er ist, auch wenn das bedeutet: anders als ich.	Professionelle Empathie. Sanftheit.	Impulskontrolle. Zuhören, sich einfühlen. Ihr Wille ist nicht Gesetz.

Abbildung 45: Moralist – Verhaltensänderung

Der Katastrophendenker

Beispiel:

Beginn des Trainings, die erste Übung. Die Teilnehmer machen in Zweiergruppen eine Übung „Verhandeln“, zu der Sie jedem getrennt geheime Informationen gegeben haben. Sie gehen im Raum umher und merken, dass Sie versehentlich beiden „Verhandlungspartnern“ dieselbe Information gegeben haben. So kann die Übung nicht funktionieren. Sie denken: „Oh nein, mit so einem Start kann das nichts mehr werden. Ich habe das in mich gesetzte Vertrauen verspielt, das übrige Training ist damit komplett vergeigt.

A-B-C

Ein Katastrophendenker macht aus einer Mücke einen Elefanten. Wenn A schiefgeht, sind alle weiteren Buchstaben des Alphabets ruiniert. Diese Denkweise kann in Kombination mit allen anderen Mustern vorkommen: Eine kleine Zurückweisung bedeutet, dass die ganze Gruppe mich doof findet. Wenn diese Übung misslingt, geht das Training schief. Wenn die Leute jetzt schon die Telefone auf dem Tisch liegen lassen, wird sich als Nächstes zeigen, dass sie gar nicht mehr bei der Sache sind. Der Kerngedanke lautet: „Da haben wir's, hier fängt es schon an und ab jetzt wird es nur noch schlimmer werden." Sie fühlen nach kurzer Zeit, dass Unheil in der Luft hängt und erwarten das Schlimmste: „Diese Gruppe wird schwierig werden."

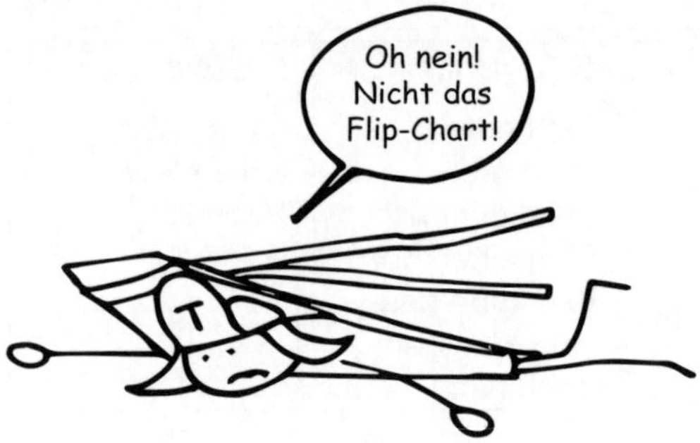

Von B nach D

Der Katastrophendenker ist ein As im Fantasieren, er kann sich komplette Unheilszenarien ausdenken. Erkennen Sie Ihre Angst und erkennen Sie, wenn Sie in „Worst-Case-Szenarien" denken. Halten Sie die Dramatik in Grenzen. Überprüfen Sie zu diesem Zweck die Realität – besprechen Sie beispielsweise Ihre Gedanken mit einem Kollegen. Wenn Sie allein sind, können Sie Ihre Gedanken anhand der Logik überprüfen. Nach welchem Gesetz misslingen alle weiteren Module, wenn der Beamer beim ersten Modul versagt?

Provokatives Coaching kann dem Katastrophendenker helfen: Man denkt sich besonders scheußliche Szenarien aus und relativiert damit das eigene Katastrophendenken. Wenn Sie schließlich über Ihre Gedanken lachen müssen, sind Sie schon ein gutes Stück weitergekommen.

Denken Sie sich auch positive Szenarien aus. Kann aus der Mücke ein Schmetterling werden? Wenn ja, wie? Lenken Sie die Gedanken aktiv in eine andere Richtung. Das heißt nicht, dass Sie sich unerreichbaren Fantasien hingeben sollen, es geht nur darum, realistisch zu betrachten, ob die Dinge sich nicht genauso gut positiv entwickeln können. Es ist sehr gut möglich, dass das Flugzeug nicht abstürzt, sondern wohlbehalten die andere Seite des Ozeans erreicht.

Beispiel:

Ich biete ein Training an, an dem viele Trainer teilnehmen, die es schrecklich finden, wenn die Teilnehmer Widerstände haben. Teilnehmer, die von ihrem Chef geschickt wurden und sofort klar machen: „Was Sie da sagen, stimmt doch hinten und vorne nicht!“ Wenn das Training anfängt, verspreche ich ihnen, dass sie am Ende des Trainings mit Widerstand werden umgehen können und sich sogar darüber freuen werden, weil sich der Kontakt mit der Gruppe bessert und die Teilnehmer mehr lernen. Es ist immer schön zu beobachten, wie wenig die Katastrophendenker meinen Worten glauben können, aber am Ende des Tages doch „umfallen“.

Zurück zur Praxis: Wie schlimm ist es, wenn Sie die falschen Übungen verteilt haben? Ist es eine Katastrophe? Oder denken Sie sich: „Das ist jetzt danebengegangen, ich habe einen Fehler gemacht. Das kann jedem passieren, ich werde das wieder in Ordnung bringen.“ Der Katastrophendenker denkt sich: „Wenn das mal gut geht!“ Mögliches Gegengewicht: „Es ist gut, so wie es läuft.“

E Der Umgang mit Ihren Gefühlen

Sogar wenn Ihnen bewusst ist, dass Ihre Ängste unrealistisch sind, flammen sie immer wieder auf. Hilfreich ist es, wenn die Ängste zugelassen werden können, denn vom Verdrängen werden sie nur noch größer. Sie bekommen dann Angst vor der Angst, also: doppelte Angst. Geben Sie der Angst ihren Platz und seien Sie nachsichtig mit sich selbst: Ich habe jetzt ein wenig Angst. Anschließend denken Sie aktiv an etwas anderes. Das bedeutet, dass Ihr Gefühl ausgebremst wird. Wenn die Angst zurückkommt, wiederholen Sie den Vorgang: einräumen, dass die Angst da ist und Ihre Aufmerksamkeit auf etwas anderes richten.

Außerdem können Sie daran arbeiten, Ihre Zuversicht zu festigen, indem Sie sich zum Beispiel an spannende Dinge heranwagen und feststellen, dass Sie die Herausforderung gemeistert haben. So entwickeln Sie mehr Vertrauen zu sich selbst, Ihrem Programm und zur Gruppe. Sie sind ja nicht die einzige Person, die das Training zum Erfolg führt.

E Verhaltensänderung

Katastrophendenker sehen in jedem Risiko eine mögliche Katastrophe und versuchen deshalb, Risiken zu meiden. Nicht fliegen, man könnte ja abstürzen. Nicht die Gruppe auf etwas hinweisen, die Teilnehmer könnten ja ärgerlich reagieren. Nicht den neuen Auftrag annehmen, es könnte ja schiefgehen. Nur so lernt man nie, dass aus der Mücke kein Elefant werden muss. Katastrophendenker tun sich also einen Gefallen, wenn sie Herausforderungen annehmen und kleine Rückschläge und Risiken zulassen. Nur so lässt sich der Teufelskreis durchbrechen und der Katastrophendenker kann erleben, dass nicht immer und überall Katastrophen lauern: „Feel the fear and do it anyway!"

Handeln Sie so, als hätten Sie keine Angst. Machen Sie das, was Ihre professionelle Rolle von Ihnen verlangt. So rücken Sie die Dinge wieder ins richtige Licht und die Angst kann nachlassen. Seien Sie mutig, haben Sie Vertrauen. Es hilft einem Katastrophendenker, seinen Körper zu spüren, damit der Kopf nicht beherrschend wird. Seien Sie im Hier und Jetzt, denken Sie nicht in die Zukunft.

<table>
<tr><td rowspan="2">A Schwierige Situationen
Eine Mücke: Etwas ist schief gelaufen.</td><td>B Gedanke
Was für A gilt, gilt auch für B bis einschließlich Z.
Da haben wir es.
Ich wusste ja, dass es schiefgehen würde.
Unheilfantasien.
Von der Mücke zum Elefanten.</td><td>C Gefühl
Angst.</td><td>C Verhalten
Kopfloses Handeln.
Drama.
Übertreibung.
Risikovermeidung.
Beschlusslosigkeit.</td></tr>
<tr><td>D Hilfreicher Gedanke
Denken Sie sich äußerst schreckliche Szenarien aus und halten Sie sich einen Lachspiegel vor.
Denken Sie sich positive Szenarien aus.</td><td>E Neues Gefühl
Erkennen Sie Ihre Gefühle an und ziehen Sie die Bremse.
Trainieren Sie Vertrauen.</td><td>E Neues Verhalten
Herausforderungen annehmen.
Risiken zulassen.
Feel the fear and do it anyway.</td></tr>
</table>

Abbildung 46: Katastrophendenker – Verhaltensänderung

Anhang 2

Teilnehmer aus ihren Fehlern lernen lassen

Auch Teilnehmer wollen nicht gern scheitern, auch bei ihnen kollidiert diese Erfahrung mit ihrem Selbstbild: „Jetzt ist es klar, ich kann das nicht!“ Vor allem bei Rollenspielen ist das relevant, denn bei Rollenspielen kann man sich blamieren. Es kommt nicht von ungefähr, dass viele Teilnehmer Rollenspiele ablehnen: Wer aus sich herausgeht, kann sich blamieren. Der Trainer kann einiges dafür tun, damit sich die Teilnehmer sicher fühlen und sich an die Aufgabe herantrauen.

Feedback auf Verhalten: Halten Sie es sachlich

Es gibt viele Möglichkeiten, Feedback zu geben. Zum Beispiel:

- „Sie sind richtig begeistert.“
- „Ich fand es toll, wie Sie die Eröffnung gemacht haben: Sie haben ziemlich schnell gesprochen und dabei sehr begeistert gewirkt.“
- „Als Sie eröffnet haben, haben Sie ziemlich schnell gesprochen und in etwas höherem Tonfall; dadurch sind Sie rübergekommen als jemand, der begeistert ist.“

Die ersten beiden Beispiele für ein Feedback bewirken, dass der Teilnehmer das Feedback auf seine Person bezieht. „Sie *sind* begeistert“ oder „Ich finde es (Sie) toll“. Geht es darum, aus Fehlern zu lernen, ist ein sachlicher Blick erforderlich und eine präzise Beschreibung des Verhaltens und der Wirkung. Das geschieht im dritten Beispielsatz.

Die Unterschiede zwischen diesen Formulierungen von Feedback werden besonders nachvollziehbar, wenn Sie sich vorstellen, einem Teilnehmer Feedback auf einen Fehler geben zu müssen. Dann zeigt sich, dass „auf die Person eingehen“ plötzlich peinlich/schmerzlich/heikel/sensibel ist und die Art von Feedback wie im dritten Beispielsatz viel leichter akzeptiert werden kann.

- „Sie sind sehr ungeduldig.“
- „Ich fand Ihr Tempo nicht angenehm.“
- „In der Mitte Ihres Vortrags haben Sie acht Sheets in fünf Minuten gezeigt. Da konnte ich nicht mehr folgen.“

Beschreiben Sie in Ihrem Feedback immer zuerst das Verhalten und dann die Wirkung. Vermeiden Sie Beurteilung.

Welche Art von Feedback provoziert Selbstbeschuldigung oder Selbstrechtfertigung?

1. „Anfangs schauen Sie die Leute an und ich fühle mich gemeint, aber dann reden Sie so schnell, dass ich nicht folgen kann.“ Das „aber“ suggeriert, dass der zweite Teil des Satzes wertvoller ist als der erste Teil und mehr Aussagekraft über die Person des Angesprochenen besitzt. Aber so schwarz-weiß sind die Dinge nicht. Die genannten Verhaltensweisen existieren nebeneinander.
2. Nach dem positiven Feedback sofort einen Tipp formulieren und das negative Feedback weglassen: „Sie schauen die Leute richtig an und bekommen deshalb Antworten auf Ihre Fragen. Sie könnten eventuell etwas langsamer sprechen.“ Das schnelle Sprechen und seine Wirkung werden hier nicht benannt. Offenbar soll es nicht angesprochen werden. Ist es zu heikel? Bedeutet es, dass ich nicht gut genug bin?
3. Sich entschuldigen: „Ich mache das auch immer und ich kann es gut nachvollziehen, denn der andere hat sich auch nicht gerade vorbildlich verhalten, aber ....“ Wenn Sie Ihr Feedback so einkleiden, muss es sich wohl um eine sehr unerfreuliche Botschaft handeln.
4. Kein Gleichgewicht im Feedback: „Sehr viel „plus“ und wenig „minus“ oder umgekehrt. Ein Merkmal der lernenden Haltung ist, dass immer beides vorhanden ist: Dinge, die man effektiv macht und Dinge, die man ineffektiv macht.
5. Die Worte „gut“ und „falsch/schlecht“ vermeiden, denn sie könnten bedrohlich wirken. Aber, bedrohlich werden die Worte erst, wenn Sie dahingehend argumentieren, dass eine Person gut oder schlecht ist. Seien wir ehrlich: Es gibt effektives und ineffektives Verhalten. Das darf man, was mich angeht, gut oder schlecht nennen und muss es nicht verschleiert ausdrücken. Es riecht irgendwie nach Selbstrechtfertigung: Ich mache es nicht falsch, ich mache es nur anders!

Empathie mit dem Teilnehmer: Ja, Sie sind okay

Wenn ein Teilnehmer in einem Rollenspiel geübt hat, ist der erste Schritt immer, dass man ihn erst wieder runterkommen und sich beruhigen lässt. Nutzen Sie diesen Schritt, um der betreffenden Person das Gefühl zu geben, dass sie okay ist. Zu diesem Zeitpunkt geben Sie also noch keine Analyse der Darbietung, Sie fordern nicht dazu auf, das Verhalten zu reflektieren, Sie zeigen sich mitfühlend. Am besten gelingt das, wenn Sie das Gefühl des Teilnehmers in Worte fassen und sein Erleben in den Mittelpunkt stellen.

Trainer: „Was meinen Sie, wie ist es gelaufen?“

Teilnehmer: „Na ja, den Anfang fand ich schon schwierig, aber später ging es besser. Ich weiß es eigentlich nicht so genau. (Schaut den Gegenspieler an) Ich glaube, in Ihren Augen war ich ein ziemlicher Blödmann.“ (Gegenspieler nickt)

Trainer (lachend): „Aber Sie fanden ihn doch auch doof!“

Teilnehmer: „Ja, das stimmt. Unglaublich, was für ein eigensinniger…"

Trainer: „Ja, genau, er hat das gut gespielt und hat es Ihnen ordentlich schwer gemacht."

So gestaltet sich der Punkt „Runterkommen und beruhigen" kurz und die positive Botschaft ist deutlich: „Sie sind okay!" Der Trainer versteht, wie Sie sich fühlen und es ist vollkommen in Ordnung, dass Sie sich so fühlen. Dadurch, dass der Trainer hervorhebt, der Gegenspieler habe gut „gespielt", ist augenblicklich klar, dass die „er ist doof"-Bemerkung nicht persönlich gemeint ist. Danach können Sie „unbelastet" zum Feedback kommen. Sie fühlen sich ein und leben mit, egal ob es um Selbstbeschuldigung oder Selbstrechtfertigung geht. Beides darf stattfinden. Wenn Sie so an die Sache herangehen, nutzen Sie ein Prinzip, das im nächsten Abschnitt näher beleuchtet wird.

Kritik an Feinden versus Kritik an Freunden

Bei Kritik macht es einen Unterschied, von wem man sie bekommt. Wird man von Menschen, die man nicht mag, kritisiert, ist die Sache einfach: Man schiebt die Kritik beiseite. Die Person ist nicht mein Fall, was sie sagt, berührt mich nicht. Wenn man aber Kritik von einem Menschen, den man sehr schätzt, zu hören bekommt, ist es schwieriger, das Gesagte zu negieren. Dieser Mensch hat unsere Wertschätzung, deshalb sind seine Äußerungen für uns von Bedeutung. Bauen Sie deshalb eine gute Beziehung zu Ihren Teilnehmern auf und sorgen Sie dafür, dass die Teilnehmer sich auch untereinander wohlfühlen. Dann nehmen sie das gegenseitige Feedback eher ernst.

Zweite, dritte, vierte Chance

Sobald sich herauskristallisiert hat, was der Teilnehmer nicht so geschickt umgesetzt hat, lassen Sie ihn einen Aspekt davon neu versuchen und unterstützen ihn dabei, damit er einen Erfolg erlebt. Das ist eine deutliche Botschaft für diesen Teilnehmer und die Gruppe: Hier werden Fehler gemacht und aus unseren Fehlern lernen wir am meisten! Wenn Sie schon in der ersten Tageshälfte ein Rollenspiel einbauen, arbeiten Sie direkt an einem sicheren Lernklima. Das Training wird ein sicherer Ort, gerade weil die Teilnehmer etwas Angstbesetztes tun und dabei merken, dass es nicht schlimm ist, Fehler zu machen.

Gleich an die Arbeit mit der passenden Herausforderung – groß genug, aber nicht zu groß

Wenn man zu lange mit dem Fehler-Machen wartet – den ganzen Vormittag nur dem Trainer zuhören – bekommt das Üben etwas Unbehagliches. Je länger gewartet wird, desto mehr haben die Teilnehmer zu verlieren. Lassen Sie die Gruppe baldmöglichst an die Arbeit gehen und lassen Sie sie sogleich Fehler machen. Wenn von Anfang an nur Erfolge erzielt werden, müssen die Teilnehmer etwas „zurückhalten“ und es kann der Eindruck entstehen, als würde es sich darum drehen, wie gut sie sind. Wenn jemand sehenden Auges scheitert und daraus seine Lehren zieht, wird das zur Norm in der Gruppe.

Das bedeutet, dass Sie nun den richtigen Bereich für den nächsten Entwicklungsschritt auszuwählen haben: Dieser befindet sich genau am Rand des noch Unbekannten, noch nicht Erlernten. Für die Gruppe wählen Sie die richtigen Inhalte und bringen die einzelnen Programmpunkte in die richtige Reihenfolge. Auf der individuellen Ebene machen Sie das, indem Sie den Gegenspieler bei Rollenspielen so anleiten, dass es schwierig, aber nicht zu schwierig wird.

Milde Reaktion auf „Ja, aber“

Sie geben jemandem Feedback und ernten Unverständnis: „So mache ich das immer und normalerweise klappt das prima!“ Die meisten Trainer empfinden in solchen Situationen leichte Irritation: „Lassen Sie die Verteidigung doch einmal weg und hören Sie sich das Feedback an!“ Aber mit dem Inhalt dieses Kapitels ist dieses „Fluchtverhalten“ auf einmal völlig logisch. Offenbar ist die kognitive Dissonanz für diesen Teilnehmer zu groß und deshalb muss er sich noch rechtfertigen. Je mehr Sie argumentieren, desto mehr Unsicherheit bringen Sie in die Situation hinein und desto notwendiger wird die Rechtfertigung. Deshalb ist es hilfreich, hier mild zu reagieren: „Das ist schön, dass es normalerweise klappt. Und da kann ich mir gut vorstellen, dass es seltsam ist, nun andere Töne zu hören. Stimmt das?“ Das gibt dem Gegenüber die Gelegenheit, sich zunächst Luft zu verschaffen und sich dann sein Feedback anzuhören.

Wenn ein Teilnehmer mit „Ja, aber“ reagiert, ist es im Übrigen lohnenswert, sich die Formulierung des Feedbacks anzuschauen. Wenn Sie oder die Beobachter am Anfang mit einem Urteil anstatt mit der Benennung des konkreten Verhaltens kommen, provozieren Sie damit Selbstrechtfertigung.

Weiterführende Literatur?

In dem Buch *Werken met de successpiraal* (Thema Verlag, 2011) können Sie mehr über die Begleitung von Rollenspielen lesen. Der Ausdruck kognitive Dissonanz kommt in dem Buch kein einziges Mal vor, aber mit dem Wissen aus diesem Kapitel werden Sie merken, dass alles darauf abzielt, den Teilnehmer so uneingeschränkt wie möglich lernen zu lassen.

Literatur zu ausgewählten Themen

Kampf-, Flucht- Erstarrungsreaktion

Brugman, K., Budde, J. & Collewijn, B. (2010). *Ik (k)en mijn ikken. Ontdek andere kanten van jezelf met voice dialogue*. Zaltbommel (NL): Thema.

Schurink, G. (2009). *Mindfulness. Een praktische training in het omgaan met gevoelens en gewoontes*. Zaltbommel (NL): Thema.

Transaktionsanalyse

Berne, E. (2002). *Spiele der Erwachsenen. Psychologie der menschlichen Beziehungen*. Reinbek: Rowohlt.

Rational-Emotive Therapie (RET)

Bender, R. & Zandbergen, A. (2010). *RET in actie. Groepsoefeningen voor trainers*. Zaltbommel (NL): Thema.

Ijzermans, T. & Bender, R. (2013). *Wie mache ich aus einem Elefanten wieder eine Mücke? Mit Emotionen konstruktiv umgehen*. Göttingen: Hogrefe.

Ijzermans, T. & Dirkx, C. (2012). *Wieder Ärger im Büro? Mit Emotionen am Arbeitsplatz konstruktiv umgehen*. Göttingen: Hogrefe.

Zandbergen, A. & Ijzermans, T. (2008). *RET op een rijtje*. Zaltbommel (NL): Thema.

Übertragung und Gegenübertragung

Boswijk-Hummel, R. (1997). *Liefde in wonderland. Overdracht en tegenoverdracht in de hulprelatie*. Haalem (NL): De Toorts.

Dekkers, A. & Galan, K. de (2009). *Lachen met lef. Provocatief coachen in woord en beeld*. Amsterdam (NL): Pearson Education.

Delft, F. van (2007). *Overdracht en tegenoverdracht. Een therapeutisch fenomeen vertaald naar alledaagse psychosociale begeleiding*. den Haag (NL): Boom Lemma.

Kognitive Dissonanz

Tavris, C. & Aronson, E. (2010). *Ich habe recht, auch wenn ich mich irre. Warum wir fragwürdige Überzeugungen, schlechte Entscheidungen und verletzendes Handeln rechtfertigen*. München: Riemann.

Die Autorin des Buches

Karin de Galan ist eine leidenschaftliche Trainerin mit einer 20-jährigen Erfahrung in diesem Beruf. Sie ist spezialisiert auf das Training von Trainern und entwickelte ein eigenes didaktisches Modell, um Trainings zu entwerfen und auszugestalten. Sie hat verschiedene Bücher für Trainer geschrieben. Von ihrem ersten Buch „Trainen. Een praktijkgids“ (Pearson, 2010) wurden über 25000 Exemplare verkauft. „Gruppen souverän leiten“ ist ihr sechstes Buch.

Karin de Galan ist zudem die treibende Kraft hinter der Galan School voor Training. Dieses Unternehmen organisiert Fortbildungen für Trainer, darunter die Schulungsprogramme „Train the trainer“ und „Vom Fachkundigen zum Trainer“. Mehr Informationen finden Sie unter www.schoolvoortraining.nl.